凤凰文库
PHOENIX LIBRARY

**凤凰文库·艺术理论研究系列**

主　　编　范景中
执行主编　沈语冰
项目总监　毛晓剑
项目执行　王林军

凤凰文库·艺术理论研究系列

范景中 主编

沈语冰 执行主编

江苏凤凰美术出版社

[美] 道格拉斯·克林普 著
[美] 路易斯·劳勒 摄影
汤益明 译

# 在博物馆的废墟上

Douglas Crimp
with photographs by
Louise Lawler

On the Museum's Ruins

此书获国家社科基金重大招标项目"西方当代艺术理论文献翻译与研究"（项目编号：13ZD124）资助

图书在版编目(CIP)数据

在博物馆的废墟上 /(美)道格拉斯·克林普著；汤益明译. —南京：江苏凤凰美术出版社，2020.6(2023.1重印)
ISBN 978-7-5580-3927-0

Ⅰ.①在… Ⅱ.①道… ②汤… Ⅲ.①博物馆学—文集 Ⅳ.①G260-53

中国版本图书馆 CIP 数据核字(2020)第 068207 号

On the Museum's Ruins
Copyright © — Massachusetts Institute of Technology. Published by the MIT Press.
Simplified Chinese edition copyright：
2020 Jiangsu Phoenix Fine Arts Publishing Ltd.
All rights reserved.

著作权合同登记号：图字 10-2015-338 号

| | | |
|---|---|---|
| **责任编辑** | 陆鸿雁 | |
| **特约编辑** | 郑 晓 | |
| **审　　读** | 沈语冰 | 王志亮 |
| **装帧设计** | 周伟伟 | |
| **责任监印** | 生 嫄 | |

| | | |
|---|---|---|
| 书　　名 | 在博物馆的废墟上 | |
| 著　　者 | (美)道格拉斯·克林普 | |
| 译　　者 | 汤益明 | |
| 出版发行 | 江苏凤凰美术出版社(南京市湖南路1号　邮编：210009) | |
| 制　　版 | 江苏凤凰制版有限公司 | |
| 印　　刷 | 江苏凤凰通达印刷有限公司 | |
| 开　　本 | 652 毫米×960 毫米　1/16 | |
| 印　　张 | 22.25 | |
| 字　　数 | 320 千字　插图 111 幅 | |
| 版　　次 | 2020 年 6 月第 1 版　2023 年 1 月第 2 次印刷 | |
| 标准书号 | ISBN 978-7-5580-3927-0 | |
| 定　　价 | 98.00 元 | |

营销部电话　025-68155675　营销部地址　南京市湖南路1号
江苏凤凰美术出版社图书凡印装错误可向承印厂调换

# 目　录

前言及致谢　*4*

导论　现代主义终结时期的摄影　*1*

## 第一部分　博物馆里的摄影　*33*

1. 在博物馆的废墟上　*35*
2. 博物馆的旧主题，图书馆的新主题　*51*
3. 绘画的终结　*65*
4. 后现代主义的摄影活动　*85*
5. 挪用挪用　*99*

## 第二部分　雕塑的终结　*121*

6. 重新定义场域特定性　*123*

## 第三部分　后现代史　*163*

7. 这不是艺术博物馆　*165*
8. 艺术展览　*192*
9. 后现代博物馆　*227*

论文来源　*268*

注释　*269*

索引　*306*

译后记　*320*

左侧悬挂作品

**《风景》(Paysage)**

(约 1607 年)
罗隆德·雅各布斯·萨弗里(Roelond Jacobsz Savery)
1576 年生于克特雷特(Courtroi)
1639 年卒于乌得勒支(Utrecht)
木板油画,编号 CR144
古斯塔夫·里维洛德(Gustave Revillod)遗赠
1890 年,日内瓦

右侧悬挂作品

**《旅馆门前的车站》(La Halte devant l'auberge)**

飞利浦·沃维曼(Philips Wouwerman)
又名哈勒姆(Haarlem)的沃维曼(1619—1668)
布面油画,编号 1942—30
纪尧姆·法夫尔(Guillaume Favre)遗赠
1942 年,日内瓦

# 前言及致谢

除导论之外,本书中的论文曾发表于学术期刊及博物馆目录上。这次再版具有双重意义:既能让人们理解它们的整体意图,同时也与路易斯·劳勒(Louise Lawler)相应的摄影作品一起展示。这些论文的总体观点是一件艺术作品意义的形成与机构①所建构的种种境况相关。在此,我对自己的批评文章重新进行组织——当然,在某种程度上,基于按照作者署名及考虑主题一致性的惯例。考虑到本书是与劳勒合作的成果,我希望强调以上惯例。劳勒的摄影作品——无论作为论文的配图或独立出现在书中——不仅是为了阐明我的观点,而且也是为了对它们作进一步的阐述和梳理。她的摄影作品分为三类:为阐述本人论文而特别拍摄的;适合我论文的现成图片;为本书创作的但与特定论文无关的摄影作品。与劳勒协商后,我也选择了一些并非她拍摄的插图。

写作这些论文时,我还是《十月》(October)的编辑,许多论文在此杂志上首次发表。我的许多立场也形成于此期刊的总体宗旨之中,即让当前的理论关注与当代艺术实践相关。与杂志有关的几位同仁对我的学

---

① 英文 institution,从字面上看,指机构、制度、习俗。在不同的语境中有不同的含义。与博物馆一起出现时,译为"机构";在较为抽象的上下文中,译为"体制"。——译者注(本书所有脚注均为译者注,特此说明)

术发展尤为重要：一开始是克雷格·欧文斯(Craig Owens)；后来是本雅明·布赫洛(Benjamin Buchloh)、罗莎琳·多伊奇(Rosalyn Deutsche)以及亚伦·瑟库拉(Allan Sekula)。阿比盖尔·所罗门-戈多(Abigail Solomon-Godeau)、琳达·诺克琳(Linda Nochlin)、理查德·塞拉(Richard Serra)和克拉拉·维尔格拉夫-塞拉(Clara Weyergraf-Serra)也一直提供支持和帮助。出版过程中，我的研究助理卡梅隆·菲茨西蒙斯(Cameron Fitzsimmons)帮助我准备照片、参考文献和索引；导论得益于迈克尔·华纳(Michael Warner)和罗莎琳·多伊奇的建议，他们源源不断地提供友谊和帮助。路易斯·劳勒想要表达对本雅明·布赫洛的感谢，后者对她的摄影稿提出编辑方面的专业意见。

本书大部分论文经历过学术和艺术界听众的检验，我感激众多博物馆、艺术院校和大学邀请我做讲座，特别是加州艺术学院和惠特尼美国艺术博物馆(Whitney Museum of American Art)的独立研究项目，其研究人员和学生多次成为极具挑战性的对话者。

我最初的博物馆研究得到国家美术馆视觉艺术高级研究中心的切斯特·戴尔奖学金(Chester Dale Fellowship)的资助，国家艺术基金会的艺术评论奖学金使我能够在柏林工作一年，而本书的出版得到盖蒂资助计划的帮助。

### 董事会

主席：

L. 盖伊·汉内(L. Guy Hannen)

总裁兼首席执行官：

克里斯多夫·伯奇(Christopher Burge)

执行副总裁：

弗朗索瓦·居里埃尔(高逸龙)(Francois Curiel)

斯蒂芬·拉西(Stephen Lash)

J. 布莱恩·科(J. Brian Coe)

伊恩·C. 肯尼迪(Ian C. Kennedy)

凯伦·A. G. 劳德(Karen A. G. Loud)

高级副总裁：

斯蒂芬·C. 梅西(Stephen C. Massey)

安东尼·M. 菲利普(Anthony M. Phillips)

丹尼尔·B. 戴维森(Daniel B. Davidson)

杰弗里·艾略特(Geoffrey Elliot)

**委托拍卖规则**

所有财产按照"**无其他担保**"条款按"**原样**"出售,就即将出售的财产的状况,佳士得和卖方都不做出明示或默示担保或任何陈述。任何声明,无论口头或书面的,都不构成保证或陈述。对(财产)状况的描述不构成担保。在目录里对物品状况的描述,包括损坏或维修情况,是给利益相关人提供的一种服务,而不构成对"**无其他担保条款**"这个条款的修改或使该条款无效。

客户委托热线

**苏富比拍卖场景**

独立式、绒布覆盖的展示墙
拍卖台
雕塑
护栏
基座
天鹅绒覆盖的小画架

唐纳德·马龙(Donald Marron)
安排苏珊·布伦戴奇(Susan Brundage)
与谢丽尔主教(Cheryl Bishop)
在纽约普惠公司会面
1982年

# 导　论

## 现代主义终结时期的摄影

从20世纪70年代晚期艺术界的狭隘视角来看,摄影是作为分水岭出现的。摄影被彻底重新评估,与传统的视觉艺术媒介具有同等地位,而且依据同样的艺术史信条,进入到博物馆。新的摄影鉴赏法则被构想出来;摄影大师的标准被极大扩展;摄影作品的市场价格扶摇直上。与此重新评估形成对比的是两个巧合的发展:唯物主义摄影史和异见摄影实践。我对这些转变的看法是,如果将它们结合在一起,相互关联,这些转变能够告诉我们一些关于后现代主义(postmodernism)的事,"后现代主义"这个术语正好在那时开始被广泛使用。

但我的第一篇关于摄影的论文提出了现代主义的解释。在写作论文《在博物馆的废墟上》("On the Museum's Ruins")之前的两年,我仍然想区分"合理的"现代主义摄影实践和"不合理"的假设,即总体上,摄影是现代主义的美学媒介。在《正片/负片》("Positive/Negative")中,我认为埃德加·德加(Edgar Degas)拍摄于1895年左右,被保存下来的少量摄影作品,是关于摄影本身的(这样的概念——摄影本身——后来对我来说似乎是荒谬的)。通过在照片冲印中运用摄影的正负片工艺,如叠印或运用萨巴捷效应(Sebatier-effect),即在冲印过程中,把负片暴露在外部光线下经常会产生的偶发效应。这种效应导致(照片)明暗的局部反转,德加完成了现代主义的自反性(self-reflexivity)。

不过,我讨论的最后一张照片是德加的侄女奥德特(Odette)简单明了的肖像。我将这位小女孩描述为上相的(photogenic),并有意利用这个词的字面意思,在这里,物体——例如在《自然的铅笔》(*The Pencil of Nature*)中,福克斯·塔尔博特(Fox Talbot)用来展示黑影照片(photogram)技术的蕾丝——本身就是纯粹的正-负片,因此对于摄影过程是适当的隐喻。文章得出如下结论:

> 德加拍摄的奥德特照片中的蕾丝背景、图案壁纸以及带插图的报纸充满这类隐喻。奥德特自己也穿着蕾丝礼裙。这是一张上相的照片,一切都被分解为黑与白。甚至奥德特可爱的微笑也被分解了。她正处于换乳牙的年纪,而她微笑时显示出两颗门牙已经掉了。在这张照片中,大量的蕾丝是关于微笑的双关语,法语单词的蕾丝花边是 dentelle,dent 是其缩写,意思是牙齿。所以,奥德特的微笑是真正上相的;它已经被简化为显现与不显现、正与反、黑与白,它对摄影是一种揶揄的隐喻。[1]

《正片/负片》发表后的那个夏天,我探望了在爱达荷州(Idaho)的家人。80 多岁的祖母问我,她是否可以读懂这篇文章。我不能想象她能理解到什么程度,因为,虽然她是受过教育的女性,但她确实不熟悉现代主义艺术理论或德里达的屈折词缀(Derridian inflection)——把摄影作为一种马拉美似的写作(Mallarmean writing)——我的文章中充满了那类理论。祖母读完这篇论文后告诉我,她觉得有趣,但我犯了个错误。"那个小女孩穿的不是蕾丝礼服裙",她对我说,"它是网眼(eyelet)刺绣"[不是"小牙齿(little tooth)",而是"小眼睛(little eye)"]。

我认为,上述老祖母似的观察,特别是考虑到我祖母如此擅长"女红"——针绣、缝被子、用旧袜子来编织地毯,而这些袜子的破洞以前也是她补过的。我不记得她是否曾经做过蕾丝或刺绣。但无论是蕾丝还是刺绣,我安慰自己,那又有什么区别呢?重要的是这种理论。我现在意识到,虽然面对祖母的纠正所引起的自我防卫,并不真是因为这评论是老祖母似的,而是因为它让我想起了某些艺术史学家,当面对某种理论时,通过列举微不足道的、依据经验的错误来否定它。然而,我的祖母不是艺术史学家,她的所见是不同的。她对蕾丝与刺绣、牙齿与眼睛的区别的认知,是源于我所设想的学科论争不屑一顾的那种专业知识。在这个例子中,蕾丝或刺绣或许真的并不重要,但重要的是,祖母能看到我不能看到的:这表明我们所见的一切取决于个人的历史及我们以不同方式构建的主观性。

\*

路易斯·劳勒的黑白摄影挂在我身后的墙上。乍眼一看,它的主题有点儿难以辨别。这张照片以 2∶1 的比例分为两部分:上部分主要是深色的,但以一些浅色作为点缀;下面三分之一又被分成两部分,颜色上浅下深。浅色条状部分之中包含一深色矩形,如果凑近些,可以看到以下信息:

> 埃德加·德加(1834—1917)
> 拿花的女芭蕾舞演员
> 在舞台上致敬,1878 年
> 艾萨克卡曼多(Isaac de Camondo)1911 年遗赠

通过以上文字,我们能够更容易"看"这张照片。它展示了德加一幅粉彩画下半部分的中心,从中我们可以辨认出芭蕾舞短裙,一位芭蕾舞演员的双腿,一束鲜花,闪亮的舞台地板的反光。接下来是镌刻着标签的图片外框,再下面是挂照片的那面墙。这幅摄影呈现了德加的作品,但这是一种再现——重构、剪切、下移,以展示画框及博物馆的墙面。

我从 1982 年就拥有这幅照片,当时我付款预订了 100 张劳勒为"第 7 届卡塞尔文献展"制作的信纸,[2] 我问她是否可以换成一幅摄影作品。

得知我对德加感兴趣,她把这件作品给了我。我认为这幅照片恰好契合了自己的写作轨迹,这轨迹超越了单独的艺术作品,涵盖其机构所建构的种种境况,从艺术品到博物馆。但在对此思考时,我错过了这张照片的"legs"的双关语。

大约在我获得这张照片并忽略"legs"这个词时,克雷格·欧文斯发表了他的论文《他者的话语:女性主义者和后现代主义》("The Discourse of Others: Feminists and Postmodernism")。在文中,他对许多后现代主义理论家(他自己也是其中之一)提出批评,因为他们在解读女艺术家们的作品时"绕开"了女性主义的内容。我对辛迪·舍曼(Cindy Sherman)和谢莉·莱文(Sherrie Levine)摄影的诠释也被他的批评文章提及。以下为欧文斯对莱文的评论:

> 谢莉·莱文挪用——原样挪用了沃克·埃文斯(Walker Evans)拍摄的贫困农民照片,或者更确切地说,挪用爱德华·韦斯顿(Edward Weston)拍摄的儿子尼尔(Neil)摆成古希腊裸体雕像姿势的照片。她是否只是在图像泛滥的文化中,正如经常重复的那样,戏剧性地将创造力的可能性降低?或者说她拒绝作者身份,实际上是拒绝创作者作为其作品之"父"的角色,以及拒绝依法赋予作者的父权吗?(莱文总是采用女性、自然、孩子、穷人、精神病人等他者的图像来创作的事实,能作为解读她所采用的策略的论据)³

稍后,我有理由考虑对欧文斯在括号里列举的"他者"做可能的补充。我把莱文翻拍的韦斯顿的儿子尼尔的系列摄影挂在我的卧室里好几年。在很多时候,我卧室的某位访客会问:"照片里的那个小男孩是谁?"——通常暗示我对儿童色情有兴趣。我想反驳那样的暗示,但又不太容易解释那些照片对我意味着什么,或者至少我认为它们对我意味着什么,我通常会说些善意的谎言,只说它们是一位著名摄影师拍摄的自己儿子的照片。从而能够为拥有这些照片找到一个可信的理由,而无需向我刚才提到的那些人解释后现代主义(考虑到这些访客对此不是特别感兴趣)。

但后来我不得不承认这个问题并不像我想象的那么幼稚。在我卧室里的男人们完全能够读懂——从韦斯顿作品中的姿势、构图、小尼尔身上的布光,使其身体渲染得像古典雕塑一样——这是历史悠久的同性恋符号。从这些联系到儿童色情符号,他们所说的不过是1989年秋所颁布的美国联邦艺术基金法律的内容。此法案由右翼议员杰西·赫尔姆斯(Jesse Helms)提出,它无疑是对罗伯特·梅普尔索普(Robert Mapplethorpe)摄影作品的回应——明确地把同性恋与猥亵及儿童性虐待等同起来。[4]

《挪用挪用》("Appropriating Appropriation")写作于1982年,并在本文集中重印。在此文中,我将罗伯特·梅普尔索普拍摄的古典姿势的裸体照片与谢莉·莱文挪用爱德华·韦斯顿的尼尔的照片做对比。我试图在文中区分两种形式的挪用:梅普尔索普对现代主义风格的挪用——如韦斯顿的古典风格,以及莱文对材料的后现代主义挪用——仅仅通过翻拍挪用了韦斯顿的真实作品。我认为,梅普尔索普的挪用与美学主导的传统相一致,它既受传统影响,似乎又更新了传统,而莱文的作品通过拒绝重新创造形象,来中断上述居于主导地位的话语。我认为梅普尔索普的作品,延续了博物馆艺术的传统,而莱文的作品对传统保持了警惕。

但是,有关当代艺术的论战可能不尽相同,梅普尔索普的摄影在全国引起的轩然大波,在赫尔姆斯对美国国家艺术基金会(NEA)拨款法案的修正案通过时达到高峰,科克伦美术馆(Corcoran Gallery)宣布取消"罗伯特·梅普尔索普:完美的时刻"(*Robert Mapplethorpe: The Perfect Moment*)展览。最终他暂时被无罪释放,但被指控"教唆淫秽"和"非法使用未成年人的裸体照片",辛辛那提当代艺术中心(Cincinnati Contemporary Arts Center)及主管因组织同名展览也被指控。[5]我在1982年未能注意到的,却在1989年被杰西·赫尔姆斯注意到了:在某种程度上,梅普尔索普的作品中断了莱文没有中断的传统。而韦斯顿的男性裸体很符合西方同性社交传统,同性恋欲望要么被抑制,要么被否认,

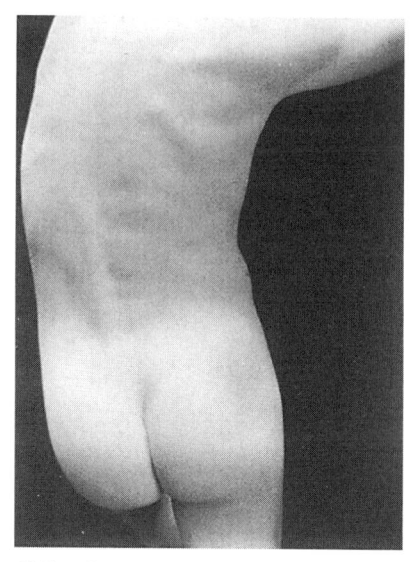

谢莉·莱文,《无题》
向爱德华·韦斯顿致敬,1981 年

罗伯特·梅普尔索普,《迈克尔·里德》
(Michael Reed),1987 年(图片为罗
伯特·梅普尔索普所有)

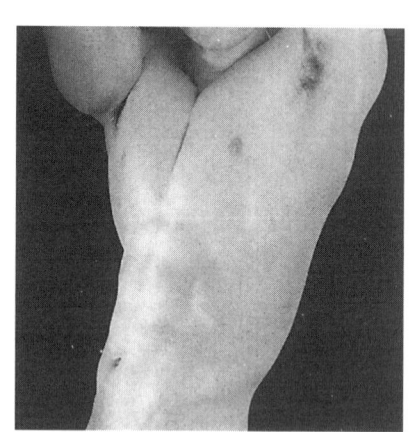

罗伯特·梅普尔索普,《查尔斯》
(Charles),1985 年(图片为罗伯特·梅
普尔索普所有)

而梅普尔索普的照片经常以公开的同性恋来描绘色情（赫尔姆斯自己的修正语自相矛盾，但又策略性地混淆这两者的区别）。[6]因此，当我把梅普尔索普的裸体作品作为传统流派（如静物和肖像画派）艺术作品分类时，杰西·赫尔姆斯却将梅普尔索普的《X作品集》(X portfolio)中的图像视为明显的同性恋图像。梅普尔索普所跨越的安全的同性社交与危险的同性恋之间的界线，恰好也是传统博物馆文化美学与自我界定的同性恋亚文化特权之间的界线。

尽管大多数提交给辛辛那提陪审团的《X作品集》中的"令人不快的"照片带有明确的性虐主题，其中两张却是孩子的肖像。一张是少年杰西·迈克布莱德（Jesse McBride）的裸体照片，形象足够无辜，如果我们把它和韦斯顿拍摄的被指控为同性恋的尼尔的照片对比，更显得清白。尼尔在拍照时与梅普尔索普作品中的男孩杰西·迈克布莱德差不多同龄。但这显而易见的清白再次提醒我们，赫尔姆斯坚持把梅普尔索普的所有摄影作品都放在艺术家的同性恋身份这一语境中去解读。在关于美国国家艺术基金的立法限制讨论中，《纽约时报》援引这位参议员的话：

> 关于削减联邦基金对同性恋主题艺术项目的赞助，"老赫尔姆斯每次都会赢"。"梅普尔索普这家伙"，赫尔姆斯先生对这位艺术家的名字有各种称呼，"是一个公认的同性恋。现在他死了，但同性恋主题贯穿于他的作品中"。[7]

杰西·迈克布莱德的"丑闻"在于照片是由一位公开的同性恋者所拍摄，而此人也拍摄过显而易见的"不正当"性行为照片，并死于艾滋病。

辛辛那提检察官试图采用赫尔姆斯的语境，而不接受我在《挪用挪用》中所呼吁的语境：即将令人不快的照片与作为整体的展览联系在一起，这使得陪审团能够看到古典裸体、静物画以及各类肖像作品。[8]然而，尽管检察官利用策略，成功地从梅普尔索普的全部作品中把有问题的照片分离出来，被告却通过把这些作品置于博物馆话语中而胜诉。参与辩护的专家证人——主要是博物馆高级职员——描述了梅普尔索普广泛的美学关注,详述其摄影作品的"形式品质",将它们简化为抽象、线条和形式以及光影明暗。"完美的时刻"的策展人珍妮特·卡尔顿(Janet Kardon)如此描述梅普尔索普身着背心皮裤,把牛鞭塞进直肠的自拍肖像,称其为"人体研究":

> 人体居于中央。地平线以三分之二的方式,几乎是经典的三分之二、三分之一比例分割。光线投射的方式使光线笼罩在人体上,很对称,这是他拍摄花朵的典型特征……[9]

控方试图证明这些相当形式化的品质可能导致淫秽的结果,此举凸显了审判的许多矛盾。梅普尔索普拍摄的杰西·迈克布莱德肖像中,孩子坐在软垫座椅的背后,椅子放在冰箱的旁边。沿着椅子后面的墙,一条相交的电线呈箭头状,可以这么说,指向男孩生殖器的方向。但当检察官试图对此指控时,男孩的母亲轻描淡写地回应,"冰箱需要电才能运转"。[10]

从梅普尔索普的照片中剥离出的意义,在任何情况下,不仅仅局限于纯形式主义领域。在辛辛那提审判庭上,乔治·伊士曼·豪斯国际摄影博物馆(the George Eastman House International Museum of Photography)的高级策展人罗伯特·索比扎克(Robert Sobieszak)表达了另一种误读:

> 得知《X作品集》是由罗伯特·梅普尔索普拍摄的,并了解他的意图后,我认为它们是艺术作品。这些作品以强有力的方式,揭示出这位富有创造性的艺术家的主要关注点……他正在努力面对生命中的困境。他对生命意义的追寻,和梵高并没有什么不同。[11]

这种说法否认了梅普尔索普的意愿及他对性亚文化的积极参与,我们没有理由相信他陷入"困境"或"努力面对困扰"。[12]这样的声明否认了主体对他自己性取向的呈现。把梅普尔索普的作品与梵高的作品相比——或者,更确切地说,与作为流行神话的梵高相比——梅普尔索普的表达被渲染为病态的;因此他的作品由于"令人不安"的主题具有意义,而不是尽管主题"令人不安",但仍然有意义。

所以,梅普尔索普的作品跨越了博物馆文化美学与自我定义的同性恋亚文化特权之间的界线,这界线被重新划定以使作品安全地进入博物馆。虽然这是针对猥亵指控的一个成功的策略,但审美价值辩护根本无法维护少数人群自我性取向呈现的权利。事实上,在这场广泛传播的关于艺术表达的审查的论战中,几乎没有任何人被要求为梅普尔索普作品中描述或表现的亚文化代言。[13] 而因为梅普尔索普死于艾滋病,他也不能为自己辩护。

\*

然而,挂在我身后的这幅劳勒摄影中的"legs"的双关语是什么?当然,法语中的"legs"是"遗产"(bequest)的意思,因此这一标签只不过是劳勒通常在她的"博物馆"照片中拍摄到的标志;那些关于艺术品材料史的虚幻指示,它们不只是艺术家所描绘的事物,但又不构成完整的叙述。但是,对以英语为母语的读者来说,卡曼多的遗赠和芭蕾舞演员的腿从语言学角度巧妙地暗示了财产和性别。这些腿属于谁?它们待价而沽吗?劳勒不只是拍芭蕾舞演员的腿,还有那些德加画过的腿;她拍摄这些涉及腿的意义系统中的符号。

那么,杰西·迈克布莱德的腿,或者,更确切地说,他的小阴茎又是什么?杰西·赫尔姆斯和辛辛那提的检察官应该会让我们相信,小男孩的生殖器是所有人关注的焦点。但是含沙射影的暗示不仅有赖于这张特定的照片;而且取决于把这张照片放在一个更广泛的再现的模型中。在《纽约时报》的周日艺术休闲版中,希尔顿·克莱默(Hilton Kramer)写道:"在梅普尔索普的许多照片中,观众看到的是……绝对的和极度集中的男性性禀赋,以至于人类主体的其他属性被降低到无意义的程度。在这些照片中,男人只作为性对象,也就是说,同性恋对象呈现。"[14] 我不否认梅普尔索普许多照片中有同性恋特征甚至"性对象化",但我认为我们不得不存疑,把男性仅仅作为性对象会怎样,他是否由此就成为同性恋对象。使主体客体化,毫无疑问是专属男性的特权。当然,当女性仅仅被塑造成性对象时,我们并不把她对应为一个女同性恋对象。在克莱默假定和制定的关于再现的律令中,只有女性被认为是适当的性对象,是男性主体恰当的客体。[15]

如何依照性别明确地、含蓄地来区分再现和主体性,近20年来无疑已成为女性主义文化工作的主题;最近,反同性恋分析使女性主义批评得以扩展和复杂化,包括什么被指定为性(区别于性别)、性取向或性对象选择。[16]然而,本书收录的关于主体性讨论的论文并不包含这些性别差异和性的问题。性这个词的这两种意思(性别差异和性)都带有片面性。当我写这些论文时,我将传统人文主义意义上的再现主体理解为它的作者,它替代了一般概念的人类,而我想要换掉那个主体。我想表明,创造性的主体是一种对现代审美理解非常必要的虚构,而在后现代学科中代替它的是机构,如果我们把机构理解为一种话语系统的话。在这些论文中,博物馆是此系统的象征;同时它以提供外壳的方式被展示:它将创造性的主体置于其中。

\*

我的论文标题概括了本书的课题,即建立在福柯博物馆考古学基础上的后现代主义视觉艺术理论。提出现代艺术认识论是艺术博物馆隐藏的功能,在此,艺术被迫显现出自律与疏离的特性,成为分离的东西,仅仅指涉自己内部的历史和动力。作为艺术生产手段,摄影把艺术的理想主义扩展到广阔的话语维度,成为一座虚构的博物馆和一部艺术史。然而,摄影本身,被排除在博物馆和艺术史之外,因为摄影指向它自身之外的世界几乎是必然的。因此,当摄影被允许作为一种艺术门类进入博物馆,博物馆认识论的连贯性就瓦解了。"外面的世界"被允许进入,艺术的自律性显现为一种假象,一种博物馆的建构。虽然这种话语的不连贯性,标志着后现代主义的出现,后现代主义不仅关乎阐释理论,也关乎实践。《在博物馆的废墟上》所讨论的问题,不仅仅是博物馆迟迟没有决定承认摄影的异质性,也包括这种异质性已经进入博物馆的事实,比如在罗伯特·劳森伯格(Robert Rauschenberg)20世纪60年代初的丝网印刷作品中所呈现的。我将那些作品认定为后现代主义的,既是因为它们揭示了这种异质性,也因为它们通过摄影图像破坏了绘画的整体性又与之混合,从而使异质性得以实现。

《在博物馆的废墟上》引入一系列的对立:后现代主义与现代主义,"考古学"与艺术史,摄影与绘画,混合性(hybirdity)与整体性。在接下来的论文中,这些对立被修正为:例如,抵制后现代主义与顺应后现代主义,历史唯物主义与历史相对论,实践与作品,偶然性和自律性。每篇论文表现出一种平衡、并置与解释——为解释艺术品、机构、展览、批评话语、历史而并置在一起。由于反复重新构思,与本书同名论文的目标并未完全得到实现。在写作这些论文的十年期间,正如我自己的兴趣和立场发生了改变一样,文化活动及其生产和接受的条件也迅速改变。虽然我在总体上关注的问题有所重叠,但按年代顺序,对应于本书的三个部分,这些论文根据三种批评形式可以分为:(1)对作者身份(authorship)和真实性(authenticity)的后结构主义批判,(2)对审美唯心主义的唯物主义批判,(3)对前卫艺术的体制化批判。

\*

摄影,一个分水岭——现代主义和后现代主义之间的分水岭。或者看上去似乎如此。五篇论文组成本书的第一部分,《博物馆里的摄影》("Photography in the Museum")写作于1980年至1982年之间。每篇文章试图从不同的侧重点,以建立从现代主义到后现代主义转变的理论依据为目标,寻求以下现象的相互关系:(1)对摄影进行重新分类,使其事实上成为一种艺术形式,及随之产生的"博物馆化";(2)摄影的重新分类,对传统的现代主义媒介以及承担主导地位的美学理论所带来的威胁;(3)拒绝作者身份和真实性原则的新摄影实践出现,导致摄影被重新理解。

众所周知,如果说现代主义美学理论和实践始于19世纪早期博物馆的创建时期,那么它们还伴随着摄影术的发明,被那些由机械确定的图像所萦绕。在现代主义时期,绘画作为博物馆艺术的主要形式,是在与摄影的描述性能力、广泛传播性和大众吸引力的对抗中发展起来的。绘画被孤立于博物馆中,越来越回避客观的描绘,坚持其材料的独特性,变得封闭而执拗。依据形式主义批评,它只涉及自身——"自身"既指其物质本质,又指自成一体的媒介历史。但在保证绘画特殊含义的自我指涉性后面,存在着艺术家的主体性立场,因为绘画最终不得不超越其物质性而具有人性。艺术的自律性总是——即使是隐含的——遵从于更高层次的自律性,即至高无上的人性主题。

摄影不可能轻易被赋予这样的自律性。虽然或多或少是一种艺术形式,它仍被博物馆排除在外,除非摄影作为一种手段、工具,在其他方面寻求发展。在新闻广告、物理科学、考古学和艺术史领域,摄影所具有的图解和再现能力,可以被有效利用。摄影的意义不是被人性主体所保证,而是确立于产生它的话语结构中。它并不指涉自身或自身的历史,而是指涉"外面的世界"。尽管如此,总有摄影师自认为继承了艺术家的衣钵。他们模仿绘画,巧妙地冲印,制作限量版,摒弃实用性,接受技巧。简而言之,他们将主体性的约束给予摄影媒介,因此它们能勉强被允许在博物馆占有一席之地。然而,形式主义理论的影响力更大,所以并不是因为摄影对绘画的模仿确保其在博物馆的地位。相反,正是摄影对"自己"的忠诚,使其进入博物馆。因此,1830年发明的摄影在近150年后才被发现:它一直都是艺术。但这对博物馆和绘画可能意味着什么?迄今为止,它们仍在抵抗摄影的诱惑吗?

这种转变似乎是再次肯定的信号,这也许背叛了博物馆成立的前提和绘画的自信。关于审美自律性和主体性的修辞令人不安地转移到摄影上,而绘画则以新表现主义之名,开拓其描述性的潜力。但与此转变相反,后现代艺术家提出了其他主张:独创性和真实性由博物馆参与产生;主观表现不是审美实践的来源或保证,而是其效果。

*

如果说摄影似乎把博物馆卷入危机之中,它也恰好及时缓解了已经显现的危机。20世纪70年代中期的经济衰退,使博物馆的运营和购置预算紧缩,摄影作品的采购、展览、租借成本远远低于博物馆的传统陈列品。但不仅仅是经济方面的危机;从20世纪60年代开始,当代艺术实践不仅在资金上,而且在物质和意识形态方面导致博物馆资源的紧张。

整个20世纪60年代,极少主义雕塑对艺术家和艺术品的特权发起攻击,转而把特权赋予观众,观众对极少主义雕塑与其放置场所的相互关系的自我感知,使作品产生意义。极少主义艺术品由现成的工业材料组装而成的事实(但不限于这样的事实),是艺术家自己影响力降低的例证。因此,通常作为艺术家主体性标准的手工性被放弃,观众所经历的是自己的主体性经验。在此接受条件下,意义是由作品及其展览现场的关系所产生的,被称为场域特定性(site specificity)。场域特定性的激进性不仅在于观众主体替代艺术家主体,而且在于通过艺术作品与特定环境的结合来确保这样的替代。现代艺术的唯心主义——艺术客体内部及本身被认为具有固定的和跨越历史的意义——决定客体的无地方性(placelessness),其归属不在特定之处,此种无地方(no-place)在现实中是博物馆——真实的博物馆和作为传播体系代表的博物馆,包括艺术家的工作室、商业画廊、藏家之家、雕塑花园、公共广场、公司总部大厅、银行金库……场域特定性通过对循环流动性(circulatory mobility)的拒绝,对特定场域的归属,来反对唯心主义,揭示被遮蔽的物质系统。

但正是特定的这个词,将对现代主义的中断起到完全的决定性意义。对于极少主义雕塑家,艺术作品被插入的语境,通常只造成场域本身的审美领域的扩展。甚至作品不能从一个位置移动到另一个位置,打个比方,正如大地艺术,场域的物质性是通用的——因此建筑、城市、景观都是中性的。只有当艺术家们承认艺术的场域的社会特性,他们才开始用唯物主义反对唯心主义,而这种唯物主义不再是现象学的,而是唯心地建立在物质或主体基础上的。这种发展将再次被作为后现代主义的定义,在有关理查德·塞拉的公共雕塑的论文《重新定义场域特定性》中被我采用,在这些论文中,此篇明确地使用马克思主义作为其诠释结构。[17]

\*

历史唯物主义,特别是经过瓦尔特·本雅明(Walter Benjamin)的沉思默想后,渐渐地、或许自相矛盾地改变了我开头提到的福柯式的博物馆考古学。本书最后部分的三篇论文运用这些历史编纂学的方法,来反对肯定的后现代主义(an affirmative postmodernism)中的折衷主义和修正主义的历史相对论。20世纪80年代中期,后现代主义已经很少被认为是对现代主义的批判,而被认为是对现代主义自身关键部分的抛弃,这样的认识,为"怎么都行"的多元主义提供了合法性。后现代主义这个术语描述的是现在和过去都可以被剥夺任何和所有历史性的决定和冲突的情形。艺术机构广泛地接受这个立场,以此重建艺术,甚至重建所谓的自律的、普遍的、永恒的后现代主义艺术。

我的回应是检查机构本身,它们代表的历史及代表自己历史的方式。在追随早期的考古项目时,我发现,随着从古到今的连续演变,博物馆历史和艺术史很相似。把博物馆的起源定位为收藏和保护人类审美遗产的普遍冲动,其历史从未被知识所阻断。(美学本身是现代的发明,在不同的历史节点,包括现在,收藏品在对象和分类系统上大相径庭)最后三篇论文分别作为它们的动因,以三个"起源"机构,文艺复兴后期的多宝阁(Wunderkammer),卡塞尔的弗里德里希美术馆(the Fridericianum in Kassel)和柏林的老博物馆(Berlin's Altes Museum)为例,不是为了揭示它们的真实历史,而是观察它们如何被当代博物馆学的历史相对论所利用。这里所讨论的问题是当代艺术展览:新博物馆的建设、现有博物馆的扩张和重组,以创造无冲突的艺术史呈现,与此同时,抹杀或收编当下对抗性的艺术实践。

对抗性实践的问题,这些实践与后现代主义定义和理论的关系问题,是本书的核心。无论是左派的扼腕叹息,还是右派的幸灾乐祸,前卫的"终结"通常被视为后现代主义可能性的条件。我对此表示怀疑。对我来说,我所声称的后现代主义实践,似乎是未完成的前卫事业的延续。事实上,战前前卫通过批判现代主义的后现代主义视角出现,实际上是尚未封号(avant-la-lettre)的后现代主义[①]。在这方面,我既同意彼得·比格尔(Peter Burger)的《先锋派理论》(Theory of the Avant-Garde)[②],又与之观点不同,这导致现代主义艺术之间的重要区别——如前所述自律艺术——及前卫的介入。根据比格尔的理论,随着彻底的为艺术而艺术的现代主义的出现,使艺术的自律体制化,因此,前卫既寻求对艺术作为体制的质疑,又赋予艺术一个社会目的:

> "艺术作为体制"的概念……指的是艺术生产和分配的机制,以及在一定时期内盛行的艺术观念,它们决定作品的接受。前卫转而反对以下两方面——艺术品所依赖的分配机制,以及由自律概念所定义的资产阶级社会中的艺术的地位。只有追随艺术,19世纪的唯美主义才把自己从生活实践中完全分离,才能"纯粹地"发展美学。但是自律性的另一方面,艺术缺乏对社会的影响,也显而易见。前卫派的抗议,其目的是使艺术重新融入生活实践,揭示了自律性与无任何后果之间的联系。

> 当前卫派要求艺术再次成为实践,他们的意思并不是说艺术作品的内容应该具有重大的社会意义。这一要求也不在于提高个人作品内容的水平。相反,它把自身引向艺术的社会功能方面,这一过程确定影响作品的效果及特定内容……前卫派提出艺术的扬弃——黑格尔意义上的扬弃:艺术不是简单地被摧毁,而是转移到

---

[①] 当时"后现代主义"(postmodernism)一词尚未出现。
[②] "Avant Garde"一词,译为"先锋"或"前卫"。在艺术界大都译为"前卫"。为保持本套丛书术语翻译的一致性,译为"前卫"。在已出版的中文译本《先锋派理论》中,"Avant Garde"译为"先锋"。

生活的实践中,尽管改变了形式,它将会被保留下来。**18**

然而,对于比格尔而言,这是一个失败的历史性项目:艺术对生活实践的扬弃并未发生,"并且可能不会发生在资产阶级社会中,除非它是对自律艺术的虚假扬弃"**19**。在对自律艺术作品的干预中,前卫艺术的失败显而易见。在原先项目的消亡之后,采用前卫技术,"使前卫艺术体制化,从而真实地否定前卫艺术者的意图"。这是比格尔所谓的新前卫的功能。**20**

比格尔的战后前卫(他的新前卫)观点明显与我的不同。**21** 照我看来,大约与比格尔在德国出版著作的同时(20世纪70年代早期),当代艺术家就开始借鉴和运用他的历史前卫理论中的经验。艺术作为体制的挑战是,是否在作品中有任何明确的,超过比格尔援引的达达和超现实主义的实践,比如马塞尔·布达埃尔(Marcel Broodthaers)、汉斯·哈克(Hans Haacke)或路易斯·劳勒的作品。同时,体制对挑战性作品的收编和抵消能力也被艺术和批评领域所公认。我的一些文章试图揭示伪造现代主义体制历史所必需的证伪,无论是历史的还是当代的,使现代主义免于前卫艺术所带来的冲突的影响。

但是,在我的文章中,对于一些问题的看法与比格尔的立场相同。比格尔将前卫的失败归于无法使艺术返回社会本位,而且认为这个失败是由资产阶级霸权的延续性决定的。**22** 同样,我自己的文章把后现代主义实践的有效性限制为对艺术作为体制(art-as-institution)的批判,仅仅暗示了艺术融入社会实践的明显停滞的可能性。我认为,这将错误地表明,揭示艺术的体制化并不是具有实际后果的社会实践。更严重的是,这表明,一旦社会本身已经彻底改变了,艺术只能在社会中扮演一个有用的角色,假设艺术仅仅是反映而不是产生社会关系。比格尔和我的立场都受制于以现代主义激进主张为核心的前卫主义(vangardism)。从这个意义上说,我的后现代主义理论存在内部的矛盾的——既有现代主义的断裂,也有现代主义最显著的特征之一——连续性。

比格尔对前卫主义的承诺,并不限于使艺术实际潜力的实现服从于革命性的社会秩序。在他对法兰克福学派(the Frankfurt School)谴责大众文化的毫无疑问的重复中,也可以辨别这样的观点。对于比格尔,他仍然称文化工业是前卫的对立面,因为它带来了"消除艺术与生活之间的距离的假象"[23]。借助瓦尔特·本雅明的工作,我在这方面的立场不那么僵化,但是我的论文没有分析后现代主义对绝对区分"高雅"和"低俗"文化进行的挑战,或博物馆在继续加固这样的区分所扮演的角色。[24]

\*

正是死亡的幽灵最终暴露出我的后现代主义观念的局限。在完成这个文集最近的一篇论文时[《这不是艺术博物馆》("This Is Not a Museum of Art"),写于1988年],我积极地参与到结束艾滋病危机的草根运动中。然而,我参与的直接政治行动并不表示与这些论文中提出的立场有分歧。更确切地说,我的参与源于试图将这些立场调整为对艾滋病的美学反应的分析,在我看来,这在不同的发展趋势之间被划分:比格尔所谓的个体作品内容水平上的改变以及艺术在社会中的功能的改变。前一种趋势包括传统的、以艾滋病为主题的艺术品——"关于"艾滋病的绘画、戏剧、小说、诗歌;后者包括激进的政治活动文化参与,最常使用宣传图片和纪录片。[25]这样的作品逃避博物馆,不是因为它不在此展览,而是因为它是在体制范围之外创作的。艾滋病激进主义艺术(AIDS activist art)实践源于集体运动,它清晰地表达、实际上是生产了政治运动。通常以匿名和集体的方式创作;挪用"高雅艺术"、流行文化和大众广告的技术;针对由特定支持者构成的(群体);仅仅与当地和短暂的情况有关;无法保留给后代——这样的艺术难道不是将"艺术扬弃到生活实践中"的例子吗?

或者问题应该是,这难道不是后现代艺术吗?从这些实践的角度来看,后现代主义看上去与本书中关于它的理论化截然不同。的确,我现在觉得更准确地说,出版的论文集是关于现代主义的终结。尽管(这说法)有些勉强,当代艺术对博物馆及其产生的现代美学的批判,仍然"属于"博物馆,正如我对这些实践的分析仍然与现代主义的问题相关。在《勾勒后现代》("Mapping the Postmodern")中,安德烈亚斯·胡伊森(Andreas Huyssen)关于后结构主义理论与后现代主义的关系,有类似的观点:

> 我认为我们必须首先考虑后现代性的概念,而不是提供一个后现代性理论(*theory of postmodernity*),以及发展对当代文化的分析。法国理论首先为我们提供了现代性的考古学(*archeology of modernity*),在现代主义枯竭阶段的现代主义理论。就好像现代主义的创造力已经转化到理论中,并在后结构主义文本中达到完全的自我意识——正如密涅瓦的猫头鹰在黄昏起飞。在精神分析和历史意识中,后结构主义为现代主义提供一套以后天性(Nachträglichkeit)为特征的理论。**26**

这当然适用于我的论文,因为它们最初的灵感来自于福柯的早期著作,其阐述的客体是现代主义考古学。从这种认识中得出的是对象和探究方法的转变。面对艾滋病的审美反应,不可能停留在博物馆,不仅因为最有力的反应很少出现于此。艾滋病激进主义艺术并不是为了从根本上打断我们对艺术本身的看法,而是为了介入到更广阔的舞台中呈现:大众媒体、医学话语、社会政策、社区组织、性别认同……因此,任何对此作品的评估和理论化的尝试都不仅与美学相关,而且与它涉及的全方位的话语相关。只有通过混合式的方法,如在当地进行的,但与学科知识格格不入的文化研究;从理论上说,通过相互矛盾的理论所产生的张力,似乎更适合这样的任务。

我的论文集中所关注的当代艺术实践和体制的狭隘性导致了对后现代理论整体性的怀疑,因此,其中每个文化行动都成为更大条件下的某种征兆,如分裂、精神分裂、怀旧、健忘症的症候。最让我担心的是,这些表述方式对差异和冲突的抑制,它们无法区分批评文章所批判的是什么。但我关注的焦点的狭隘性也导致已经提及的狭隘主义、偏见和前卫主义。在高雅艺术世界中所保留的,除了那些具备审美功能的形式之外,忽略了所有形式的差异,准确地说,我无法将后现代主义的真正意义理解为在知识领域内自身差异的爆发。这与通过异质性和"外部世界"的入侵所造成的连贯性崩溃不同,但它也不是建立在经济基础之上的表面条件或文化逻辑。[27]

\*

1988年秋,尼古拉斯·尼克松(Nicholas Nixon)的摄影大展在现代艺术博物馆举行,展品包括一系列新拍摄的艾滋病人肖像(PWAs)。每幅肖像图片都是按照几个星期的间隔拍摄的,按时间顺序排列的照片,只有当拍摄对象死亡时,作品才被视为是完整的。这些照片激怒了我。我所反对的、关于博物馆里的摄影的一切,都包含在这些图片及伴随它们的批判性评论中:盲目迷恋技术(据说尼克松的"成就"在于他使用老式大画幅相机来重新制作快照美感);不惜以牺牲拍摄对象为代价,坚持艺术家的主体性(尼克松的主题宏大而普遍,充满生与死的奥秘);[28] 以及对产生图像的每一种社会关系的消除,从摄影师与拍摄对象的互动,到政府未能应对传染病(指艾滋病)对"边缘"群体所产生的超乎比例的影响。但是,迫使我考虑为这些照片写点什么的,不是它们重新提出关于博物馆里摄影的问题,而是它们如此忠实地复制了大众媒体对于被冷酷无情地称之为"艾滋病患者"们的刻板印象:他们的他者性、孤立、绝望,他们不可避免的衰弱和死亡。据我所见,艾滋病激进主义者抗议尼克松的展览,并要求展示不同的图片:"那些充满着活力、生气、爱、性感、美丽,采取行动,起来反击的艾滋病患者。"[29]

然而,我看到过不同的照片,斯塔舒·卡巴塔斯(Stashu Kybartas)的影像作品《丹尼》(Danny),这是一幅罹患艾滋病的年轻男同性恋充满爱的肖像作品。他的皮肤表面长满卡波济氏肉瘤,脸因化疗而浮肿,录像作品拍摄完成时他已经死去。伴随视频中时断时续的画外音,卡巴塔斯也为自己拍照,哀悼这位被他认为具有性吸引力的男人。对我而言,《丹尼》和尼克松的丑陋照片形成鲜明的对比,它让后者如此完美地——

如此无意识地从媒体的刻板印象中浓缩的东西变得非常明显:"这些图片不是像时常所说的那样,是为了让我们克服对疾病和死亡的恐惧。也不仅仅如我们经常控诉的那样,意在加强艾滋病患者作为牺牲者或贱民的地位。更确切地说,它们是恐惧的图像,想象艾滋病人仍然是性的恐怖图像。"[30] 我开始比拥有它们的博物馆更多地了解尼克松的摄影作品,它们将纪录片的特殊性转化为审美普遍性。我所理解的是,这样的转变构成一种非常特殊且非常重要的社会效应,即煽动性恐惧和厌恶,同时假装呼吁共同的人性。

我对博物馆批判的目标是形式主义,通过消除艺术中所有的社会背景,形式主义不可避免地对艺术产生影响。但批判本身并没有完全摆脱形式主义——这是用艺术机构替代艺术作品的形式主义,这种前卫的形式主义不能辨别出"在个人作品内容层面"是如何变化的,在某些情况下可能导致"艺术在社会中发生作用的方式"的改变,即使那些艺术品出现在博物馆里。由罗伯特·梅普尔索普的照片所发起的争议的重要教训在于,它们的社会影响远远超过了与"艺术摄影"的形式一致性,以及对创作主题的坚持。机构对表象背后的主体的强调,所禁锢的不仅是构建创作主体的历史的、体制的结构;被同样禁锢的还有受这些结构影响,并通过这些结构的表现形式建构的主体,这些主体是性别化的、以性为导向的,或者说是被指定的。如果希尔顿·克莱默谴责梅普尔索普将人类主体"还原"为性对象,这并不是,正如他可能认为或可能希望我们认为的那样,不是因为这些摄影使模特丧失人性;而是因为克莱默,作为照片的观看主体,发现自己处于一位男性凝视另一位男性的生殖器的位置。如果罗伯特·索比扎克认为需要捍卫《X作品集》照片对于意义的寻求,并不是因为梅普尔索普试图应对他生活中的困境,而是因为作为观众的索比扎克发现自己陷入困境。最后,在非常不同的(焦距屏与感光片位置的)对准中,如果科贝拉·默瑟(Kobena Mercer)批评梅普尔索普对黑人男性的性物化——默瑟这个例子是建立在女性主义之上的,而不是否定女性理论的批评——他对自己最初的批评进行复杂的修正,原因在于他认识到自己不仅是作为刻板的客体,也是表现所需要的主体。[31]

对现代主义的形式主义真正的后现代批评,不仅仅是"超越包含这些不连续的艺术作品的机构所建构的种种境况",正如我构想以路易斯·劳勒的照片来阐明我自己的计划。机构并不只是发挥它负面的力量——使艺术作品从生活实践中消除——同时也积极地使艺术品和观众之间产生一种特定的社会关系。梅普尔索普的照片并没有废除那种由机构所确定的关系——这就是为什么我不愿意把它们与谢莉·莱文的后现代挪用相比较。但是它们的确利用它,结果不是将描绘的模特呈现为同性恋客体,而是将男性观众瞬间呈现为同性恋主体。在随后的争议中,人们都相继占据了这样的位置,这是对我们所保持的立场的安慰。

*

我希望这本书对博物馆的批判,能够对什么可以被称为关于知识客体的话语,提供一种有用的分析。但它没有走向另一步:关于知识主体的话语分析。这一步是由米歇尔·福柯的著作,从《事物的次序》[《词与物》(*The Order of Things*)]到《性史》(*The History of Sexuality*)发展而来,这一轨迹也可称为具有从现代主义考古学向后现代主义理论发展的特征。本书论文与前者相关;我现在的关注与后者相关。这两者的分界线是夺走米歇尔·福柯以及无数人生命的那种传染病①。

---

① 指艾滋病。

巴黎 纽约 罗马 东京

曾经这儿有一个小男孩
一切都好起来了
剧终

霍德勒沙龙(Salon Hodler), 1992年

左侧悬挂作品

**爱德华·鲁舍(Edward Ruscha)**

《♯1号梦》(Dreams ♯1),1987年
纸上丙烯,17英寸×46英寸

艺术家 3/14/89 到 420
Thaddeus Ropac,萨尔斯堡"弗洛伊德"(Salzburg "Freud") 5/2/89
卡斯特(Castelli)画廊,578百老汇(Broadway),群体绘画展览 9/26/89
卡斯特画廊购买 9/28/89
LC apt 1/22/90

右侧悬挂作品

**《缠绕的球》(Ball of Twine),1963年**

罗伊·利希滕斯坦(Roy Lichtenstein)
纸上铅笔,15英寸×12 1/2 英寸

艺术家送给卡斯特画廊的礼物 6/64
LC 公寓 6/24/64
费城博物馆展览(6/63-9/65)
LC 公寓 10/5/65
帕萨迪纳市博物馆(第一次回顾展 4/18-5/28/67),巡回展
沃克艺术中心(6/23-7/30/67)
阿姆斯特丹市立博物馆(10/5/67)
LC 公寓 6/26/68
古根海姆博物馆(纽约第一次回顾展),巡回展
纳尔逊艺术画廊,堪萨斯城
西雅图艺术博物馆;哥伦比亚美术画廊
当代艺术博物馆,芝加哥
LC 公寓 12/9/70

巴黎现代艺术中心,绘画回顾展,"没有胶带的图纸(Dessins sans bande)"
柏林国家美术馆
俄亥俄州立大学 10/21/75
大都会博物馆和艺术中心,迈阿密 2/17/76
LC 公寓 15/8/79
现代艺术博物馆(MOMA),"纪念 Toiny Castelli: Toiny 绘画展,利奥及让-克里斯托弗卡斯特收藏展"(4/6-7/17/88)
LC 公寓 1/24/89
东汉普顿市政大厅,"60年代视野:利奥·卡斯特、迈克尔及伊莉娜·索纳本德收藏精选展"(8/10-9/22/91)
LC 公寓 10/29/91

接待区

# 第一部分
## 博物馆里的摄影

# 1. 在博物馆的废墟上

> 德语词 *museal*（博物馆似的）带有令人不快的意味。这个词描述的是那些对旁观者来说无关紧要的、正处于死亡过程中的事物。对它们的保存，更多是出于对历史的尊重，而不是现实的需要。博物馆（museum）和陵墓（mausoleum）之间的联系不仅在于语音上的相似，前者就是艺术品的家族陵墓。
>
> ——西奥多·W. 阿多诺（Theodor W. Adorno），《瓦莱里、普鲁斯特与博物馆》（"Valéry Proust Museum"）

在评论大都会艺术博物馆新的安德鲁·梅耶陈列室（Andre Meyer Galleries）中 19 世纪艺术展的布置时，希尔顿·克莱默嘲笑其中包括沙龙绘画。把那些绘画作品的特点归为愚蠢、善感、虚弱无力后，克莱默接着断言，即使这种重新布置出现在上一个时代，这样的作品仍然应该待在博物馆的储藏室里。它们曾理所当然地被弃置于此：

> 毕竟，尸体的命运是要被埋葬的。沙龙绘画的确已经了无生气。
>
> 然而，当下并没有哪种艺术如此缺乏生气，以至于没有哪位艺术史家能够在其腐朽的遗骸中察觉出一点儿有生命力的幻影。但事实上，在过去的 10 年里，学术界兴起的强大分支专业，专注于这

种令人悲哀的研究。[1]

克莱默用死亡和腐朽来隐喻博物馆,令人想到阿多诺的那篇论文。这篇文章分析了瓦莱里和普鲁斯特相反而又互补的博物馆体验。只是,阿多诺坚持认为,这种博物馆似的死亡乃是陷入文化矛盾的体制的必然效果,因而其效果也会延伸到其中的每一件物品。[2] 相反,克莱默坚信杰作永垂不朽,艺术品兴亡的条件不在于作为其载体的博物馆或特定的艺术史,而在于艺术品本身。能对艺术品自律性造成威胁的,仅仅是不恰当的展示所导致的扭曲。因此,他希望解释"将格罗姆(Gerome)艳俗的《皮格马利翁与加拉泰亚》(*Pygmalion and Galatea*)与戈雅的《佩皮托肖像》(*Pepito*)以及马奈的《女人与鹦鹉》(*Woman with a Parrot*)并置一室,所带来的奇异的变味效果。何种品位,或者说怎样的价值标准,能够轻易地容纳如此明显的相反性?"

答案可以在引起激烈讨论的现象——现代主义的死亡中找到。只要现代主义运动被认为是蓬勃发展的,像格罗姆或布格罗(Bouguereau)那样的画家能再次流行是根本不可能的。现代主义在道德和美学权威方面所施加的影响排除了这种发展的可能,但现代主义的消亡,几乎没有留给我们任何对这种倒退品位的警惕。在新的后现代主义体系下,怎样都行……

大都会博物馆对19世纪艺术品的重新陈列,表现出后现代主义思潮已经被理解。美丽的安德鲁·梅耶陈列室,显示了一个主流博物馆首次以一种后现代主义的眼光全面综合地阐释19世纪的艺术。[3]

我们有伪装成进步的现代主义者克莱默进行文化保守主义说教的例子。不过,这也是对在现代主义及当下转型时期的博物馆的话语实践的有趣评估。然而,克莱默的分析并未考虑到博物馆在多大程度上可以承上启下地呈现艺术品。在当代、后现代主义艺术实践中,这是值得商榷的问题。

大都会博物馆安德鲁·梅耶陈列室中爱德华·马奈(Eduoard Manet)的绘画,1982年(路易斯·劳勒摄)

在《另类准则》("Other Criteria")一文中,列奥·施坦伯格(Leo Steinberg)率先将后现代主义这个术语运用于视觉艺术中,以此讨论罗伯特·劳森伯格把绘画平面转换为施坦伯格所谓的"平台"(flatbed),特指印刷术。[4]这种平台式画面(flatbed picture plane)是一种全新的画面。在施坦伯格看来,它导致了"艺术主题从自然转向文化的最激进的转变"。[5]也就是说,平台是这样的平面:它能接受大量与前现代主义或现代主义绘画领域中的作品无法相容的、异质文化图像和手工制品(施坦伯格认为,现代主义绘画保留了对观众来说"自然的"观看取向,而这是被后现代主义绘画所摒弃的)。尽管此文写于1968年,施坦伯格对后现代主义一词的含义所具有的深远影响并无精确的概念,但是,我们仍然可以通过严肃地考察后现代主义定义,对他解读出的劳森伯格作品中隐含的革命性进行关注和引申。

施坦伯格的《另类准则》显示出与米歇尔·福柯的"考古学"事业重要的相似性。后现代主义一词,不仅暗示着对福柯所提出的现代主义的知识或档案体系丧失所有权,而且更确切地说,通过坚持在截然不同的绘画表面叠加、组织不同类型的数据,施坦伯格借用图像来呈现福柯所谓的不同历史阶段的不相容性:正如在一个桌子上,知识被罗列出来。福柯的考古学以诸如断裂、决裂、临界、限制、转换等概念来替代传统、影响、发展、进化、来源、起源等统一的历史主义思想。

因此,依据福柯的术语,如果劳森伯格的绘画表面果真具有施坦伯格所断言的那种转换,那么它就不能说是由现代主义绘画表面演化而来,或以任何方式与现代主义绘画表面具有延续性。[6]如果劳森伯格的平台式画面体现了与现代主义过去的断裂或决裂,正如我所相信的那样,许多其他的当代艺术家的作品也的确如此,那么,也许我们确实正在经历福柯所描述的那种在认识论领域的变革转换。当然,在特定历史时期,不仅知识的组织形式不知不觉地发生变革转换,而且新的权力体制及与之相互依存的新的话语也随之出现。福柯分析过现代的监禁机构——疯人院、医院、监狱以及它们各自的话语构成——疯癫、疾病和犯

路易斯·劳勒,《从这里到那里》(From Here to There),1990 年

罪。还有另一种监禁机构——博物馆,以及另一种规训——艺术史,有待考古学分析。它们成为我们所谓的现代艺术话语的先决条件。而福柯自己则提出以此方式开始思考分析。

*

现代主义的开端通常以19世纪60年代初马奈创作的作品为标志,而他的绘画与艺术史的传承关系以伤风败俗的形式明显地表现出来。《奥林匹亚》(*Olympia*)中的现代交际花,显然是以提香《乌尔比诺的维纳斯》(*Venus of Urbino*)为原型,马奈把她的身体涂成粉红色。与马奈有意识地在他的作品中提出与艺术史来源相关的问题相距一个世纪之后,[7] 劳森伯格引用委拉斯开兹的《镜前的维纳斯》(*Rokeby Venus*)和鲁本斯的《维纳斯对镜梳妆》(*Venus at Her Toilet*)的图像创作了一系列作品。然而,劳森伯格对老大师们作品的引用与马奈的绘画作品产生的效果完全不同;区别于马奈以绘画方式转换复制原作的人物姿态、构图和某些细节,劳森伯格只是简单地将原作的照片以丝网版的方式印在可能包含诸如卡车、直升机等图像的画面上。如果说卡车和直升机没有侵入到《奥林匹亚》的画面,显然不仅因为此类属于现代时期的产物尚未发明,而且因为在现代主义初期,承载图像的画面在结构上具有延续性,这与后现代主义初期产生的绘画逻辑截然不同。福柯在一篇关于福楼拜的作品《圣安东尼的诱惑》(*Temptation of St. Anthony*)的论文中,论述了究竟是什么构成了马奈特定的绘画逻辑:

> 《草地上的午餐》和《奥林匹亚》也许是最早的"博物馆"绘画,欧洲艺术史上第一批不回应乔尔乔涅、拉斐尔和委拉斯开兹的成就的绘画作品,而是一种对绘画与其自身崭新的、实质化关系的承认(利用表面上与老大师作品显而易见的联系,以清晰可辨的引用作为掩护),这表明博物馆的存在以及那些绘画作品,在博物馆里所获得的特殊现实和相互依赖的关系。在同一时期,《圣安东尼的诱惑》则是

第一部洞悉初具雏形的图书馆发展的文学作品,在那里不容置疑的认知正慢慢地潜滋暗长。福楼拜之于图书馆,正如马奈之于博物馆。他们都有意识地把自己的创作与先前的绘画或文学作品产生关联,或者说保持绘画或写作的某些方面无限的开放性。他们在文献范围内创作艺术品。不是蓄意制造耶利米似的哀歌,譬如讲述青春逝去、缺乏活力、创造力下降,借以责备亚历山大主义时代,而是发掘文化的本质:现在的每一幅作品都受制于绘画的巨大表面,而所有的文学作品都局限于关于写作的不确定的低语中。[8]

在此文的后半部分,福柯写道:"《圣安东尼的诱惑》似乎是对《布瓦尔和佩居谢》(*Bouvard and Pecuchet*)的召唤,至少在某种程度上,后者是前者怪诞风格的缩影。"如果说《圣安东尼的诱惑》指出图书馆是现代文学的孵化器,那么,《布瓦尔和佩居谢》则指责图书馆是堆积不可救药的古典文化的垃圾场。《布瓦尔和佩居谢》这部小说系统地戏仿了19世纪中叶那些被人们盲目接受、前后矛盾、不合时宜、愚蠢透顶的庸见。事实上,在福楼拜最后这部未完成的小说中,《庸见辞典》("Dictionary of Received Ideas")构成其第二卷的一部分。

《布瓦尔和佩居谢》讲述两个邂逅、一见如故的疯狂的巴黎单身抄写员的故事。他们同样厌恶城市生活,尤其厌倦终日枯坐办公桌前的命运。布瓦尔继承了一小笔遗产,两人在诺曼底买了一处农场,希望在此退休,以告别前半生的巴黎办公室生涯。一开始,他们打算耕种自己的农场,然而惨遭失败。接着,他们从农业转向更专业的林木栽培领域。再度失败之后,他们决定从事园林建筑业。为了给这些新手艺做准备,他们查阅各种指导手册,却发现这些手册的内容互相矛盾,充满错误信息,令人困惑。手册上的建议要么混乱不清,要么完全行不通;理论与实践永远无法一致。他们屡试屡败,屡败屡试,然而,当他们毫不动摇地转向下一次活动时,每次都发现试验的结果与那些文字所声称的毫不相干。他们尝试过化学、生理学、解剖学、地质学、考古学……不胜枚举。最终,他们屈从于这样的事实:那些所依赖的知识体系其实是脱离现实的杂乱无章的悖论。于是,他们重操旧业,继续当抄写员。在小说的结尾,福楼拜描述了这样一个情节:

> 他们随意地抄写所发现的一切:烟袋、报纸、海报、破书等(原件和它们的仿制品,每一类找一个代表)。
>
> 然后,他们觉得需要对这些概念分类,并设置表格来填写对立的反义词,如"国王的罪行和人民的罪行"——宗教的庇护、宗教的罪恶、历史的美丽等。然而有时,他们很难将每种事物归类,为此伤透脑筋。
>
> 继续!绞尽脑汁!继续抄写!每页必须填满。一切都是平等的,善与恶、滑稽与崇高、美丽与丑陋、无关紧要的和典型的,最终成为统计数据,只不过是些事实和现象而已。
>
> 最后的极乐![9]

尤金尼奥·多纳托(Eugenio Donato)在关于《布瓦尔和佩居谢》的论文中,令人信服地提出另一种见解:两个单身汉的异常行为也许并不像福柯和其他人所认为的那样事关图书馆——百科全书,而是在影射博物馆。这不仅因为"博物馆"这个词在小说中是个高高在上的术语,而且还因为它将截然不同的东西都聚集在一起。不仅囊括图书馆里的一切,甚至也包括图书馆:

> 如果说布瓦尔和佩居谢的收集品无法建成一个图书馆,然而他们却设法构建了一个私人博物馆。事实上,博物馆是此小说的中心;它与两位主人公对考古学、地质学、历史学的兴趣密切相关,因此,通过**博物馆**来清楚地陈述有关起源、因果关系、表达和象征的问题。**博物馆**及其试图回答的问题,取决于考古学的认识论。它的再现和历史主张都是基于对起源的大量形而上学的假设,毕竟,考古学本身,是关于 archēs(希腊文,意思是至高无上的、原初的)的科

学。考古学中的起源有两方面的重要性：首先，每件考古器物都必须是原始物件；而这些原始物件必须能够反过来解释之后的宏大历史"意义"。因此，在福楼拜充满讽刺的故事中，布瓦尔和佩居谢所发现的洗礼池成为凯尔特献祭石（Celtic sacrificial stone），而凯尔特文化则主宰着（西方）文化历史的起源。[10]

布瓦尔和佩居谢不仅指出来自凯尔特遗址的那些石头是所有西方文化的起源，而且也是那些文化的"意义"。那些史前巨石柱引导他们建构男性生殖崇拜的博物馆：

> 从前，塔、金字塔、蜡烛、界碑甚至树木都具有阳具的象征意义，而对于布瓦尔和佩居谢来说，几乎所有的一切都象征着阳具。他们收集马车的摆杆、椅子腿、酒窖的门闩、药剂师的研杵。他们会问前来参观的人："你们认为那东西看上去像什么？"然后告知神秘答案，如果人们有异议，他们则遗憾地耸耸肩。[11]

甚至在男根崇拜器物的子类别里，福楼拜保留了博物馆物品的异质性，这种异质性是对知识体系所需的系统性和同质化的公然挑衅。

> 博物馆中展示的一系列物品仅仅基于一种假设，它们在某种程度上构建起具有连贯性的具象世界。这种假设是：一种重复的、转喻性的替代，如用片段替代整体、将物品转化为标签、将一系列物品转化为一系列标签，仍然可以产生一种适合非语言世界的表达。这样的假设之所以存在，是因为人们不加批判地相信：排序和分类，亦即碎片化的空间并置（指博物馆展品陈列），可以再现人们对世界的认识。如果这种假设不存在，那么，博物馆里的陈列品只不过是"摆设"——一堆毫无意义和价值的碎片化的物品，既不能指代原来的物品，也无法隐喻什么。[12]

福楼拜通过《布瓦尔和佩居谢》的喜剧反映出对博物馆的认识。博物馆建立在从古典时期就沿袭下来的考古学和博物学基础上，它从建立之初就是令人怀疑的机构。博物馆学的历史则是一部不断试图否定博物馆异质性、使之成为统一系统或系列的历史。对博物馆的"摆设"进行排列的可能性,反映在布瓦尔和佩居谢的行为中,也一直持续到今天。尤其是在20世纪70至80年代,类似对安德鲁·梅耶陈列室的19世纪藏品那样的重新布置,屡见不鲜,这也验证了上述对博物馆的认识。所以,让希尔顿·克莱默惊恐的是:(安德鲁·梅耶陈列室的展览)打破了整个现代主义时期确定博物馆中审美对象秩序的标准——杰作中"不证自明"的特性已被抛弃,而这是由"怎样都行"的观念所导致的。这雄辩地证明,博物馆声称能保持陈列品的连贯性的论断是多么不堪一击。

*

二战之后,安德烈·马尔罗(Andre Malraux)的《无墙的博物馆》(*Museum without Walls*)是关于博物馆使命的最伟大的纪念碑似的著作。如果说《布瓦尔和佩居谢》只是19世纪中叶对庸见的戏仿,那么《无墙的博物馆》则是20世纪中期对此观念更为夸张的表达。马尔罗夸大那些"作为人文学科的艺术史"的论断。[13]马尔罗在风格概念中发现能体现艺术本质的、最终的同质化原则,被摄影媒介有趣地实体化了。任何能被拍成照片的艺术品,都可以在马尔罗的超级博物馆中占有一席之地。然而,摄影不仅能保障各种物品及其局部细节等在博物馆的准入,其本身也是组织手段:它将日益扩大的异质性降低为完美简单的相似性。通过摄影复制,一件刻有浮雕的宝石紧挨着另一页上着色的圆形浮雕或雕刻的浮雕;收藏于安特卫普的鲁本斯作品的细节,可以和罗马的米开朗基罗作品的细节相比较。艺术史学家的讲座幻灯片和艺术史学生考试用的艺术品比较幻灯片都被纳入无墙的博物馆。最近,一位杰出的艺术史家将古斯塔夫·卡耶博特(Gustave Caillebotte)创作于19世纪70年代的《巴黎的雨天》(*A Rainy Day*)所画的鹅卵石街道的细节油画速写,与罗伯特·雷曼(Robert Ryman)创作于1966年的《温莎》(*Winsor*)系列中的一张作品,在投影屏幕上快速地左右并置在一起。它

们看上去简直一模一样。**14** 然而,准确地说,这种艺术的本质、风格究竟能提供怎样的知识体系呢? 马尔罗这样认为:

> 在无墙的博物馆中,油画、壁画、细密画、彩色玻璃镶嵌画似乎都是同属一大类。因为无论是细密画、壁画、彩色玻璃镶嵌画,还是壁毯、塞西亚饰板、油画、古希腊瓶画的"细节"甚至雕像,都成为"彩色底片"。在照片冲印过程中,它们失去作为**物体**的属性;但同样的,它们可能获得的最大的意义是在**风格**方面。我们显然很难清楚地分辨出观看埃斯库罗斯(Aeschylean)的悲剧(迫在眉睫的波斯威胁,萨拉米斯海湾的若隐若现)与阅读此剧本所产生的效果的巨大差距;然而,隐隐约约地,我们感觉到差异。埃斯库罗斯所留下的是他的天才。同样,对摄影复制品来说,它们失去作为物的本来的意义和功能(宗教的或其他的);我们只能将这些复制品作为艺术品来看,并深刻地认识到创作者的天才。我们或许应该称它们为艺术的"瞬间"而不是"作品"。尽管这些物品各不相同……但它们都表达着同样的努力;尽管艺术精神看不见摸不着,却强调同一个诉求……也就是说,由于照相复制将各式各样的物品拼凑成似是而非的整体,从雕像到浅浮雕、从浅浮雕到封印到游牧民族的装饰板,"巴比伦风格"似乎成为一个真正的实体,而不是一个单纯的分类,确切地说,是伟大创作者的生平事迹。这些伟大风格的演变和转换,就像命运在大地脸上顺便留下的长长的疤痕,然而却没有什么比这些更生动、更引人注目地表达出那塑造人类归宿的观念。**15**

所有那些我们称之为艺术品的作品,或者至少那些由摄影翻拍产生的作品,都可以跻身于伟大作品的行列。作为本体论的艺术,不是由男女们在历史的偶然性中产生的,而是人类创造的必然结果。这就是《无墙的博物馆》所要证明的令人欣慰的"知识"。同时,这也是艺术史通常无意识中所着力编造的谎言。

罗伯特·劳森伯格，丝网印刷画装置，
1962—1964年，惠特尼美国艺术博物馆，
1990.12.7—1991.3.17（路易斯·劳勒摄）

然而，马尔罗在其《无墙的博物馆》的结尾，犯了一个致命的错误：在字里行间，他认为唯有摄影才能使所有事物产生同质性。只有当摄影作为使艺术品进入虚构的博物馆的载体时，这些作品才具有一定的连贯性。但是，一旦摄影本身作为艺术形式进入博物馆，那么，它将在博物馆的核心部分重建异质性；甚至摄影不能从其自身产生具体化的风格，所以，通过摄影建构的知识注定会崩溃。

\*

在福楼拜的《庸见辞典》中，"摄影"条目下写着"将会使绘画过时（参见银版照相法）"，作为回应，"银版照相法"条目下写着"将取代绘画（参见摄影）"。[16]没有人认真地探究过摄影篡夺绘画地位的可能性。在摄影被发明后不到半个世纪，这种说法只是对那些庸见的拙劣的戏仿而已。在20世纪，直到最近，只有瓦尔特·本雅明相信这种观念，声称摄影将不可避免地对艺术产生深远的影响，甚至在某种程度上导致绘画的消失，因为机械复制使绘画失去其重要的灵晕。[17]战后时期，美国迅速掀起一股抵制摄影、发展现代主义绘画的风潮。然而，在劳森伯格的作品中，摄影在其解构中与绘画达成共谋。

在劳森伯格艺术生涯的头十年，说他是画家只是让人觉得稍许别扭。然而，20世纪60年代早期，他开始系统地接受摄影图像，我们就越来越难以将他的作品归为绘画。相反，他的作品是一种印刷的混合形式。在技术方面，劳森伯格已经完全从生产（组合、集合）转变为复制（丝网印刷、转换绘画）。这样的改变使得我们将劳森伯格的作品归为后现代主义艺术。通过复制技术，后现代主义艺术失去灵晕。那种创造主题的虚构让位于赤裸裸的挪用、引用、截取、叠加、复制现存图像。[18]原创性、真实性、和现场性，作为博物馆既定的话语本质，被悄然破坏。劳森伯格挪用《镜前的维纳斯》(*Rokeby Venus*)，把维纳斯的形象直接丝网印刷到作品《番红花》(*Crocus*)表面，而《番红花》中还包括蚊子、卡车及重复的拿镜子的丘比特的图片；在作品《横梁》(*Transom*)里，维纳斯的形象重复出现过两

58

安德烈·马尔罗与为《无墙的博物馆》拍摄的相片(《巴黎竞赛》/Jarnoux 摄)

次,与直升机、反复出现的曼哈顿屋顶水塔图像并置在一起;在作品《自行车》(*Bicycle*)中,她又和《番红花》中的卡车、《横梁》中的直升机,以及帆船、云朵、老鹰叠加在一起;在《阴天-III》(*Overcast-III*)中,她斜倚在三个摩斯·肯宁汉(Merce Cunningham)舞者之上;在《突破》(*Break-Through*)中,她玉立于乔治·华盛顿的雕像和一把车钥匙之上。绝对的异质性是摄影的权限,通过摄影,博物馆扩散到劳森伯格的作品表面。更重要的是,它还会从一件作品蔓延到另一件作品。

马尔罗陶醉于他的(无墙的)博物馆所具有的无限可能性,通过宣传其理论就能使之实施,仅仅通过重组照片,就可以建立新的风格系列。这种理论被劳森伯格付诸实践:马尔罗的梦想成为劳森伯格的玩笑。但是,当然,并不是每个人都能懂得这个玩笑,由1970年劳森伯格为大都会艺术博物馆百年纪念证书写的宣言来看,即使是他本人(也未必能懂)。宣言如下:

> 人类良知的宝库。
> 收藏、保护、颂扬大师杰作。
> 抛却了时间的概念,博物馆汇聚那些充满骄傲的时刻,
> 守护着人类无关政治的理想和梦想,
> 洞悉、响应着当今生活的变化、需求及复杂性
> 并使历史和爱永存。

这个证书——包含着一些有关大师杰作的摄影照片,上面没有任何别的东西侵入——被大都会博物馆签上了名字。

罗伯特·劳森伯格,《大都会艺术博物馆百年纪念证书》,1969 年(大都会艺术博物馆,弗洛伦斯及约瑟夫·辛格收藏)

## 2. 博物馆的旧主题，图书馆的新主题

> 一切艺术都是以人的在场为基础，唯独摄影从人的缺席中获益。
> ——安德烈·巴赞（André Bazin），《摄影图像的本体论》（"The Ontology of the Photographic Image"）

为庆祝纽约现代艺术博物馆建立50周年，威廉·S. 利伯曼（William S. Lieberman），这位与阿尔弗雷德·巴尔（Alfred Barr）一起建立博物馆的、唯一健在的元老，组织了"20年代艺术展（*Art of the Twenties*）"。该展览的重点不仅是为庆祝纽约现代艺术博物馆诞生周年，而且因为它必然会吸引博物馆的各个部门：电影、摄影、建筑与设计、素描、印刷与书籍插图、绘画与雕塑部。实际上，这次展览给人留下的主要印象是：20世纪20年代的审美活动完全分散于各种媒介之中，绘画和雕塑不再占据主导地位。当时，不仅在巴黎，更引人注目的是在柏林和莫斯科，摄影、电影、宣传海报以及其他具有功能性的产品设计等艺术形式明显处于上升之势。只有米罗、蒙德里安、布朗库西（Brancusi）的作品是少数的例外——绘画和雕塑的地位似乎完全被篡夺。当然，杜尚的《大玻璃》（*Large Glass*）并未包括在展览中，它很可能是这一时期最重要的作品，它的媒介也很难以传统分类来定义。

"20年代艺术展"现场图片，纽约现代艺术博物馆，1979年11月14日—1980年1月22日（图片由纽约现代艺术博物馆提供）

"20 年代艺术展"更有趣,更适合博物馆的周年纪念。就像它在另一个十年结束时那样,绘画和雕塑已经被其他审美选择所取代。然而,如果能够把 20 世纪 70 年代看作传统绘画和雕塑终结的时代,那么,也同样可以把这十年看成是这些艺术形式非同寻常地复苏的年代。正如 20 世纪 20 年代也可以被认为是艺术界极端保守派的反击时期,例如,当在分析立体主义(analytic cubism)时期取得重大成就之后,毕加索在其所谓的新古典主义时期(neo-classical period)又回归到传统的再现中去。[1] 激进运动将伴随着或导致一些反应并不令人吃惊,但这种反应目前被接受的程度,甚至在某种程度上偏离了激进运动本身,这令人担忧。

在纽约现代艺术博物馆 50 周年年报中,博物馆总裁兼董事对"20 年代艺术展"的关注度低于该年度的其他两个重大活动。这两个活动创造了此博物馆历史上第一次实质性的营利。(其一是)在历经诸多法律和公共关系方面的困难后,作为最重要的扩张计划,博物馆以 17,000,000 美元把"空间所有权"卖给房地产开发商;(其二是)推出博物馆影响最大的展览——"毕加索:回顾展"("Pablo Picasso: A Retrospective"),共展出近千件艺术品,观众超过百万。另一个由博物馆的高级主管们遴选出的特别重要的庆祝活动是:安塞尔·亚当斯(Ansel Adams)摄影展。他是纽约现代艺术博物馆摄影部的元老之一。正如他们骄傲地指出,这是在所有艺术博物馆中创建的第一个摄影部。[2]

地产界的大买卖,20 世纪最著名的"艺术天才"头号候选人的轰动回顾展,作品最畅销的、健在的摄影家的庆祝展〔亚当斯的摄影作品《月升,新墨西哥州赫尔南德斯》(*Moonrise Hernandez New Mexico*)最近以 22,000 美元售出〕[3]——任何被迫应对当前纽约艺术界社会现实的人,都很难忘记这些事件结合在一起的重要性。[4] 相比之下,"20 年代艺术展"的重要性显得黯然失色,毕竟,也许这个展览仅仅被视为博物馆第一个时代及策展人的天鹅绝唱①,这位策展人随后任职于大都会博物馆

---

① 最后杰作。

(Metropolitan Museum)。

艺术的概念与特定的历史时刻息息相关并受其约束,从根本上脱离了古老的绘画和雕塑惯例,采用新的技术进行艺术生产——所有这一切显然都被一种只受个人创造力限制的艺术概念所抛弃。如今,现代艺术可以被理解,因为艺术似乎总是能够被理解,并在艺术大师的杰作中体现出来:那年夏天,纽约街头成千上万的T恤上印有毕加索的签名作为装饰。人们认为,这是他们参加过此次(展览)盛事的证据,并因为向这位天才致敬而感到自豪。但这些穿着T恤的博物馆常客们自己也成为另一种奇观——回应的奇观的一部分。关于艺术天才的神话、陈词滥调、陈腐观念、刻板印象——恰如其分地被这个签名所代表,从未如此轰动地被重申——不仅通过受到期待的大众媒体,也通过博物馆、策展人、艺术商人、批评家和艺术家们。认为这样的反应或许是可疑的或倒退的观点,被当作愤世嫉俗的否定而不予理会。

大约五年前,在针对美术院校观众准备的当代艺术课本中,我写道,杜尚已经取代了毕加索,成为最接近当代艺术实践的20世纪早期的艺术家。[5]如今,看来我不得不收回这些话。在一个配合现代艺术博物馆回顾展的"毕加索专题研讨会"上,《美国艺术》(Art in America)请艺术界名人各抒己见。新晋成功艺术家伊丽莎白·默里(Elizabeth Murray)这样评论:"毕加索是我们这个时代的前卫艺术家……他确实说过你可以做任何事。"[6]她的画家同行,曾是批评家的布鲁斯·博伊斯(Bruce Boice)阐述了同样的观点:

> 毕加索似乎无所畏惧。他只是随心所欲,做他想做的事,显然他想做的事情很多……对我来说,谈论关于毕加索令我震惊的地方,也是谈论对一个画家来说什么是最重要的。成为一位画家应该是世界上最容易的事,因为,规则可有可无。你要做的就是做任何你想做的事。你可以——你也必须做好一切。[7]

这就是毕加索教给我们的。无论它们被诠释为惯例、语言、话语、意识形态、制度或是历史,并没有什么限制。只有自由,自由创造,随心所欲地创作。毕加索是我们这个时代的前卫艺术家,因为在经过太多关于历史和意识形态、关于作者之死的冗长乏味的讨论后,他提供了令人愉快的启示——毕竟我们都是自由的。

这种当代艺术家想象出来的创作自由,被毕加索的上千件作品组成的奇观所证实,并得到艺术史学家们的首肯。最具代表性的响应是约翰·理查森(John Richardson)在美国文学界广受欢迎的刊物,《纽约书评》(*New York Review of Books*)上发表的文章。**8** 理查森称毕加索为"有史以来最惊人的、最多才多艺的艺术家",他以这样的开头来记述这位艺术天才的一生:(毕加索)以"惊人的成熟能量和感性"超越了神童阶段,历经"彻底改变20世纪艺术进程的风格变化",最后创作出"混合自嘲和自大"的"尖锐深刻"的晚期作品。理查森的评价或许只是一方面的非典型。他声称"直到1973年毕加索去世那天,作品的力量都没有丧失"。

而理查森认为毕加索的艺术是主观艺术的观点是绝对典型的,"也许除了梵高之外,生活经历对毕加索艺术的影响超过任何其他伟大的艺术家"。为了使我们不会错过这些伟大作品的意义,理查森坚称,"只要有时间,就应该收集一切零碎的信息。细枝末节的八卦,对于伟大的生命也许才具有潜在的意义"。**9**

那么,就好像杜尚的现成品从未被考虑过,就好像现代主义最激进的发展,包括毕加索自己的立体主义拼贴,从未发生过,或者至少它们的影响似乎可以被忽略,而关于艺术的古老神话则完全复活。死去的作者重获新生;他带着完全主观的力量归来——正如当代艺术家所说——全力以赴,做任何他想做的事。当然,杜尚的现成品体现出这样的主张:艺术家没有创造任何东西,他或她只是对历史所提供的(一切)加以使用、处理、置换、重新组织和重新定位。这并不是剥夺艺术家介入的权力、改变或是扩大话语,而只是为了排除那种权力来自于历史和意识形态之外的自我存在的谎言。那些现成品使得艺术家不能制造(*make*),而只能摄取（take）已经存在的东西。

*

恰恰是这种区别——制造和摄取的区别——被认为是绘画和摄影之间的本体差异所在。纽约现代艺术博物馆摄影部主任约翰·萨科夫斯基（John Szarkowski）简要地表达如下：

> 摄影的发明提供了一种全新的制图过程——这一过程不是基于合成，而是基于选择。这是一个基本的区别。绘画是制作……但照片，正如街上的行人所说，是摄取。**10**

然而，纽约现代艺术博物馆50周年纪念展所致敬的摄影师安塞尔·亚当斯，对这种摄影具有掠夺性的观点耿耿于怀。艺术家亚当斯怎么可能将"摄影诗人（photopoet）"称为惯偷？

> 常见的术语"拍摄照片"不仅仅是一个习语；它是一种利用的象征。"制造照片"意味着一种创造性的共鸣，对深刻表达至关重要。
>
> 我对摄影的切入是基于对自然界的活力和价值的信仰——包括我们周围宏伟壮观以及微不足道的一切。我相信不断成长的事物，也相信已经辉煌地成熟及死亡的那些事物。我相信人类和人类生活单纯的方方面面，相信人与自然的关系。我相信人类在精神世界和现实社会中，一定会获得自由。他必须使自己充满力量，承认"世界的壮美"，并获得信心以展望和表达他的愿景。我也相信摄影是用以表达这种主张，使愉悦和信仰最终得以实现的手段之一。**11**

然而，萨科夫斯基的立场与亚当斯的塞拉俱乐部（Sierra Club）①式的人文主义似乎并没有什么矛盾。因为在这两种情况下，最终都存在对媒介的信仰问题，即（以什么）充当艺术家主体性的媒介。因此，正如亚当斯

---

① 山峦协会，美国环保组织名。

写道：

> 一件伟大的摄影作品充分体现了人们对所拍摄内容的最深层次的感受,从而真实地表达了人们对生活的整体看法。应该单纯地通过媒介来表达人们的感受——在创作和制作的条件下,尽可能清晰、完美地陈述。[12]

与萨科夫斯基的说法相比较：

> 艺术家是这样的人,他寻求新的结构来整理和简化对真实生活的感觉。对于摄影艺术家来说,他的大部分对现实的感觉（照片由此开始）以及大部分对工艺或结构的感觉（照片以此完成）,从摄影本身来看,是无法命名和难以捉摸的天赋。[13]

通过从本体上把摄影解释为主体性的媒介,亚当斯和萨科夫斯基为其设想出一个根本上的现代主义立场,这几乎是现代主义自律性理论在各个方面的重复,在本世纪早期的绘画理论中也有所表达。这种做法使他们忽视了摄影所参与的多元话语体系。为支持摄影本身,决定其多重实践的一切都被搁置一旁。因此,摄影被重新组织,通过新的市场的汇集,最终进入博物馆收藏。

\*

若干年前,茱莉亚·凡·哈费腾(Julia Van Haaften),一位在纽约公共图书馆艺术与建筑部(the Art and Architecture Division of the New York Public Library)工作的图书馆管理员,对摄影产生兴趣。当她着手关于这个庞大主题的研究,她发现图书馆本身就拥有很多包含着古老摄影照片的书籍,特别是19世纪以来的摄影。她突发灵感,以图书馆藏书中的摄影材料来组织展览。她从图书馆的不同部门收集带有照片插图的书籍:关于圣地(the Holy Lands)和中美洲的考古书籍,关于英格兰的城堡废墟和西班牙伊斯兰装饰的书籍;巴黎和伦敦带插图的报纸;民族志和地质学书籍;技术和医学手册。[14]在准备这次展览的过程中,她第一次意识到图书馆竟然拥有大量的和有价值的摄影照片收藏——第一次,因为之前没有人用摄影的类别来编目这些材料。在此之前,照片完全分散在整个图书馆的丰富资源中,只有通过耐心的研究,凡·哈费腾才得以追根溯源。此外,直到她布置展览的时候,摄影价格才开始飙升。所以,尽管带有马克西姆·杜坎普(Maxime Du Camp)或弗朗西斯·弗里斯(Francis Frith)原版照片的书现在可能价值不菲,但10年或15年前,它们甚至不值得被放置在图书馆的珍本库中。

茱莉亚·凡·哈费腾现在有了新工作。她成为纽约公共图书馆摄影档案收藏项目的主任。该项目是图书馆在准备创建新部门(艺术、印刷及摄影部)过程中的临时项目。此项目把原先的艺术和建筑部与印刷部合并在一起,并从图书馆所有其他部门中精选摄影材料增加到这个新部门。[15]根据其新获得的价值,即拍摄这些照片的"艺术家们"的价值,这些材料被重新分类。因此,曾经收藏在犹太人部"耶路撒冷"分类下的图书,最终能在艺术、印刷及摄影部里的"奥古斯特·萨尔兹曼"(Auguste Salzmann)分类下找到。以前属于埃及的分类,归入贝亚托(Beato)或杜坎普(Du Camp),或弗里斯(Frith);哥伦布发现美洲大陆前的中美洲,归属于德西雷·沙尔奈(Désiré Charnay);美国内战归入亚历山大·加德纳(Alexander Gardner)和提摩西·欧苏利文(Timothy O'Sullivan);法国教堂归入亨利·勒塞克(Henri LeSecq);瑞士阿尔卑斯山,归入比森兄弟(Bisson Frères);运动中的马现在归入麦布里奇(Muybridge);鸟类的飞行,对应到马雷(Marey);而达尔文的情感表达[①]归入纪尧姆·杜胥内·德·波洛涅(Guillaume Duchenne de Boulogne)。

茱莉亚·凡·哈费腾在纽约公共图书馆所做的,正是大量发生在我们文化中的(诸多事件)中的一个例子。这样的例子不胜枚举,正如城市贫困变为雅各·里斯(Jacob Riis)和路易斯·海因(Lewis Hine)的作品,德拉克洛瓦(Delacroix)和马奈的肖像成为纳达尔(Nadar)和卡加(Carjat)的肖像摄

---

① 达尔文著《人和动物的感情表达》。

影,迪奥(Dior)的新造型成为欧文·佩恩(Irving Penn)的作品,第二次世界大战成为罗伯特·卡帕(Robert Capa)的作品。如果说摄影发明于1839年,那么直到20世纪60和70年代它才被发现——也就是说,摄影,在本质上成为其自身。萨科夫斯基再次将其简述如下:

> 《摄影师之眼》(*The Photographer's Eye*)这本书中收录的照片,大约拍摄于一又四分之一个世纪以前。由于各种原因,它们被具有不同的才华和关注点的人们所拍摄。实际上,它们没有什么共同点,除了成功的拍摄和一个共享的词汇;这些图片无疑都是照片。它们分享的幻象并不属于某个流派或美学理论,而属于摄影本身。**16**

在这本书中,萨科夫斯基试图阐述"摄影视觉(photographic vision)"的特点,来定义那些特定于摄影,而非其他媒介的事物。换句话说,萨科夫斯基的摄影本体论使摄影成为克莱门特·格林伯格意义上的现代主义媒介——一种可以从本质上区别于其他的艺术形式。根据这一观点,摄影现在被重新定义和重新区分。之后,摄影将被归入摄影部或艺术和摄影部类。因此摄影遭到区隔,它将不再在其他话语实践中产生作用;它将不再充当提供信息、文档、证据、图解、新闻报道的手段。以前多元的摄影领域如今被简化到单一的、无所不包的美学中。正如18世纪末19世纪初,当绘画和雕塑脱离欧洲的教堂和宫殿而被交付到博物馆时,它们从其早期的功能性中解脱出来,获得新的自律性,现在摄影也进入博物馆,获得其自律性。但我们必须认识到,为了实现这种新的审美理解,必须消除和摧毁对摄影的其他理解方式。有关埃及的书真的会被拆散,以便使弗朗西斯·弗里斯拍摄的照片被装框挂在博物馆的墙上。一旦如此,摄影作品将呈现出前所未有的面貌。之前,我们可能从布列松(Cartier-Bresson)的照片中了解关于中国革命或西班牙内战的信息,现在我们将审视它们所传达的艺术家的表现风格。

\*

对摄影原先多种实践的整合及新的认识论建构的形成,使我们现在能够领会到,摄影只是发生在文化领域中更复杂的知识再分配的一部分。这种再分配与后现代主义这个术语相关联,尽管大多数使用这个词的人很少确切地知道,他们命名的是什么,或者为什么他们需要一个新的描述性的分类。尽管这个术语被频繁使用,迄今为止,后现代主义并未获得一致公认的意义。在大多数情况下,它只用于反面的意义,描述现代主义已经结束。在用于正面的意义时,它被作为一个全方位概念,用于描述一切发生在当下的事物。例如,道格拉斯·戴维斯(Douglas Davis)就随意而持续地使用这个词:

> "后现代主义"是一个反面词,无法为"正面的"替代命名,但这使得多元化蓬勃发展(简言之,它允许自由,甚至在市场上)……"后现代"具有反动的污点,因为"现代"逐渐成为熟悉的"现在"——但"新传统"需要一场强大的反革命,而不是一个前进的举动。[17]

的确,反革命、多元化、对艺术自由的幻想——对很多人来说,这些都是后现代主义的同义词。这些看法在一定程度上是正确的,因为伴随着现代主义的终结,各种退化的症候都表现出来。但与其将这些症候描述为后现代主义,我认为不如把它们视为现代主义在形式上的收缩、僵化及还原。我认为,它们是现代主义终结的病态症候。

摄影大规模进入博物馆,根据现代主义的认识论对它重新评估,将其作为自律性艺术的新状态——这是我所说的现代主义终结的症候。因为摄影不是自律性的,它也并不是现代主义意义上的一种艺术形式。当现代主义被当作艺术实践中完全有效的范式时,摄影必然被视为太偶然——太受制于被拍摄的世界,太依赖于它被纳入的话语结构——来实现自我指涉、完全程式化的现代主义艺术形式。这并不是说摄影不能成为现代主义作品;纽约现代艺术博物馆"20年代艺术展"的摄影展品充分证明,某些摄影作品可以有意识地展示摄影语言,正如所有现代主义绘画都与绘画的特殊惯例相关。这就是成立纽约现代艺术博物馆摄影部的首要原因。这一部门反映了阿尔弗雷德·施蒂格里茨(Alfred

Stieglitz)及其追随者的现代主义美学,而萨科夫斯基是其后继者。但对于施蒂格里茨认为只有极少数照片才能实现的成就,萨科夫斯基和他的追随者回顾性地将其赋予了摄影本身。[18]要使摄影以如此方式被理解和重构,必须对现代主义范式进行大幅修正,而这种情形只有在该范式确实失效的前提下才可能发生。后现代主义可以说是部分建立在此悖论的基础上的:正是对摄影作为现代主义媒介的重新评估,标志着现代主义的终结。当摄影误用现代主义时,后现代主义开始了。

*

如果说摄影进入博物馆和图书馆的艺术部是摄影对现代主义误用的一种方式——消极的方式,那么另一种误用的方式则可以被视为积极的——它建立起全新的、激进的艺术实践,这真正应当被称为后现代主义。在某一特定时刻,摄影以这样一种方式进入艺术实践,"玷污"了作为现代主义独立类别的绘画和雕塑的纯洁性。这些类别随后被剥夺其虚构的自律性、唯心主义及权力。第一个有关玷污的积极的实例发生在20世纪60年代初,当罗伯特·劳森伯格和安迪·沃霍尔开始以丝网印刷的方式把照片印在画布上。从那一刻起,摄影被重新纳入艺术的范围,现代主义艺术受到保护的自律性就不断受到这个现实的威胁。艺术在经过一个多世纪的现代主义话语和博物馆机构的监禁,与文化和社会的其余部分相隔绝后,后现代主义艺术开始重新进入这个世界。正是摄影,使其成为可能,同时它还保证不向传统现实主义的残余妥协。

另一个关于图书馆的故事也许能阐明我的观点:我曾经受雇为一部关于运输史的工业电影做图片研究。这部电影主要由静态摄影镜头组成;我的工作是找到合适的照片。在纽约公共图书馆有关运输主题的群书中浏览时,我偶然发现一本埃德·拉斯查(Ed Ruscha)的书,名为《26个加油站》(*Twentysix Gasoline Stations*),于1963年首次出版,由26个加油站的照片组成。我记得这本书在图书馆里被错误地编目,并与关于汽车、高速公路等的书放在一起,这非常有趣。我知道,拉斯查的书是一

79

埃德·拉斯查,《26个加油站》,
1962年(路易斯·劳勒摄)

埃德·拉斯查,《26 个加油站》,
1962 年(路易斯·劳勒摄)

件艺术品,因此应该归属于艺术部,而图书馆员显然不知情。但是现在,由于后现代主义所带来的重构,让我改变主意;我现在知道,把埃德·拉斯查的书根据图书馆艺术书籍的编目方式进行归类毫无意义,而这也是他们成就的一部分。《26个加油站》无法按目前的分类体系进行分类的事实,是此书对于既定思维模式的激进主义的标志。

  拒绝将后现代主义理论化,从而把它与多元主义相混淆的观点的问题在于,这种观点把现代主义终结的症候与积极取代了现代主义的新事物归纳在同一范畴内。这样的观点认为伊丽莎白·默里和布鲁斯·波伊斯的画作——显然是僵化现代主义在学术上的延续——和埃德·拉斯查的书一样,都是后现代主义的表现,而后者无疑是对前者所代表的那种现代主义的替代。因为拉斯查的摄影书摆脱了现代主义的分类,正如它们摆脱了艺术博物馆。博物馆与现代主义同时兴起,并成为其不可避免的栖身之地。这种多元主义的后现代主义观点就像现代主义在其发端时所提出的那样:马奈和热罗姆(Gérôme)是现代主义的标志(正如修正主义艺术史学家现在所说,这无疑是现代主义终结的另一个症候),或者,更好的说法是,现代主义既是马奈也是迪斯德里(Disdéri),那位创业前卫靠兜售肖像摄影名片发了财,这被认为是摄影的第一次大规模商业化,而当我写这篇文章时,他那些索然无趣的照片正挂在大都会博物馆展出,题为:"达盖尔之后:国立图书馆的杰作"。

# 3. 绘画的终结

绘画并非一直存在；我们可以决定它何时开始。

如果关于绘画的发展和伟大时刻能被反复灌输进我们的脑海，那么，就像任何其他想法一样，我们现在是否能够想象它的衰落时期甚至终结吗？

——路易斯·阿拉贡（Louis Aragon），《绘画的挑战》（"La peinture au defi"）

艺术作品是如此害怕全世界，为了存在，它是如此需要与世隔绝，以至于对任何可能的保护手段都来者不拒。它将自己框起来，退缩到玻璃底下，把自己隔离在防弹表面的背后，用保护性的警戒线包围，用仪器显示房间湿度，因为即使最轻微的寒冷也是致命的。理想的做法是，艺术作品不仅与外界屏蔽，而且被锁在保险库里，永远、彻底地躲过人们的视线。而当艺术品在这些被称为画廊、博物馆的保险库里展出时，这种极端、近乎荒谬的措施，难道不是无时无处在我们周围吗？这样的展览方式，不正是艺术品的出发点、归宿及本质功能吗？

——丹尼尔·布伦（Daniel Buren），《反弹》（"Reboundings"）

在20世纪70年代一个难得的场合,芭芭拉·罗斯(Barbara Rose)为了真正严肃地谈论我们这个时代的艺术,放弃了《时尚》杂志的约稿,以此发泄对"当代艺术八人展"(*Eight Contemporary Artists*)的愤怒,这个展览于1974年秋在纽约现代艺术博物馆举行。[1] 尽管她发现展览作品"平淡无奇,不温不火",因此"通常会被忽略",她仍然觉得不吐不快,因为这个展览是由最具声望的现代艺术机构组织的,仅仅因为这个原因,它就变得有意义。但罗斯仅仅从审美的角度来看,认为这些作品平淡无奇,不温不火;它(展览)作为政治活动更有效:

> 一段时间以来,我觉得极少及观念艺术(minimal and conceptual art)的激进主义从根本上讲是政治性的,其隐含的目的是彻底败坏占统治地位的资产阶级文化的形式和机构……无论这一策略的结果如何,有一点是确定的:当像纽约现代艺术博物馆这样有威望的机构对破坏行为表示欢迎,它就变成了派对,不是为了宣传实验艺术,而是被动地接受那些幻想破灭、意志消沉的艺术家们侵犯比他们更伟大的艺术的行为。[2]

在此事件中,吸引罗斯大部分注意力的特别破坏者似乎是丹尼尔·布伦。他为纽约现代艺术博物馆所做的作品由为人熟知的条纹板组成,按照正对着花园的窗户的大小切割,安装在面对那些窗户的走廊和花园的墙上,多余的则放置到一块公告牌上及SoHo画廊入口处。尽管,罗斯对于布伦关于博物馆施加意识形态的论断印象深刻,然而,布伦希望他的作品出现在博物馆中,这又让罗斯感到困惑,她认为这是希望鱼与熊掌兼得。为弄清这个问题,她采访了纽约现代艺术博物馆绘画与雕塑部主任威廉·鲁宾(William Rubin)。在发表于1974年的《艺术论坛》(*Artforum*)的访谈中,鲁宾这样解释:博物馆本质上是由资产阶级民主创造的折衷机构,用来协调大众与精英私人赞助范围内的艺术的关系。鲁宾表示,这种状况可能即将结束,使得博物馆与当代艺术实践无关。

丹尼尔·布伦为"当代艺术八人展"创作的装置作品,纽约现代艺术博物馆,1974年10月7日—1975年1月5日(照片由纽约现代艺术博物馆提供)

也许，从现在回首 10 年、15 年、30 年前，正如一些批评家指出，在过去的几年里，现代主义传统似乎的确已走到尽头。如果是这样的话，一个世纪后的历史学家——无论他们会为我们所谓的现代主义时期如何命名——会认为它发端于 19 世纪中叶之后，结束于 20 世纪 60 年代。我并不排除这种可能；也许如此，但我不这么认为。也许分界线产生于不同的作品之间，有些作品本质上延续了架上绘画的概念，伴随资产阶级民主生活而发展，与私人收藏以及博物馆概念都有关联——另一些作品，比如，大地艺术、观念艺术以及相关的创作，则需要（或者应该需要）另外的环境或另外的公众。[3]

罗斯假定布伦是那些作品需要（或应该需要）另一个环境的艺术家中的一员。毕竟，她引用过布伦的《博物馆的功能》（"Function of the Museum"）一文抨击博物馆对于艺术品的限制。[4] 然而，如果布伦的作品没有出现在博物馆，如果他的作品没有把博物馆作为其出发点和参照，罗斯论文中所考虑的问题就不会出现。与机构共谋，出现在这些机构中，作为可以被理解的必要条件，对布伦的作品来说是非常关键的。这就是为什么他的作品不仅出现在博物馆和美术馆，而且还伪装成绘画。只有如此，他的作品才能提出这样的问题：是什么使它可能被视为一幅画？是什么使看到的一幅画可能成为绘画？在此展现方式下，终结绘画的到底是什么？

但是伪装成绘画使布伦的作品冒着巨大风险，即不可见的（invisibility）风险。由于布伦的作品所指的一切都是文化的、历史的，很容易被认为是自然的，所以很多人以观看绘画的方式来看他的作品，徒劳地要求这些作品放弃与它们自身相关的含义。由于这些作品断然拒绝这样做，因为它们被有意创作为不具有内在的含义，于是作品消失了。因此，比如罗斯就认为布伦在现代艺术博物馆展出的作品，只是"与斯特拉（Stella）的条纹画相似"。[5] 但是，如果说罗斯对绘画问题缺乏远见，对布伦作品所提出的关于绘画的问题视而不见，这是因为她像大多数人一

装置《美国绘画：80年代》,格瑞美术馆,
纽约,1979年9月5日—10月13日
(照片由格瑞美术馆提供)

样,仍然相信绘画。

*

如果你想成为一位画家,必须真正投入。一旦沉迷其中,你最终会认为绘画可以改变人性。但是当那种热情让你失望时,就会无事可做。那么最好完全停止。因为绘画基本上是纯粹的白痴行为。

——格哈德·里希特(Gerhard Richter)与艾米林·利波(Irmeline Lebeer)的对话

作为对绘画抱有信心的证明,在纽约现代艺术博物馆展览举办的五年后,罗斯组织了自己的当代艺术展。"美国绘画:80年代"(*American Painting*:*The Eighties*,这一展览名称犹如神谕,她的展览于1979年秋举办)旨在明确地展现,在整个20世纪60年代和70年代的严峻时期——当时,对她而言,艺术似乎倾向于自我毁灭,而更多专注于艺术之外的政治议题——贯穿于那段时期内曾有"坚持不懈的一代"(a generation of holdouts)反对"道德瓦解,社会道德败坏,以及对传统权威缺乏信仰"。[6]这些高尚的幸存者、画家,都"保持对品质及价值观的信仰,将艺术视为一种超越模式,是理想的世俗化身"。

恰巧,罗斯在保持信仰方面的证据很没有说服力,所以她的展览成为怀有敌意的批评家轻易攻击的目标。因为她的选择倾向于对平庸的晚期现代主义抽象概念的重述,此次展览带有明显的第十街艺术(Tenth Street art)的面貌,只不过是在20年后①。考虑到目前无数艺术家正在进行的绘画艺术实践,罗斯的选择的确狭隘;实际上周围有很多画,看上去更具独创性。此外,在人人都在谈论多元主义的时代,青睐如此狭窄范围内的绘画,罗斯的确招来不受欢迎的反应。因此,如意料中那样,她的展览中由于未能包括各位艺术新闻记者们的最爱而饱受批评。希尔

---

① 第十街艺术主要兴起于20世纪50—60年代。

顿·克莱默在评论中质问:具象画家在哪里?约翰·佩罗(John Perreault)问道:图案画家们(pattern painters)在哪里?罗伯塔·史密斯(Roberta Smith)问:詹妮弗·巴列特(Jennifer Bartlett)在哪里?但关键是,没有人问:为什么是绘画?在20世纪80年代开始时,是什么终结了绘画?从这一程度上,罗斯的展览取得巨大的成功。它证明对绘画的信仰的确被完全恢复。因为,在1974年,鲁宾接受《艺术论坛》采访时,大量的架上绘画遭到质疑,但是到1979年,在他的美术馆举办"当代艺术八人展"时,这个问题显然已经被撤回。

伴随着绘画复兴的辞藻几乎完全是反动的:它特别反对20世纪60年代和70年代的那些抛弃绘画的艺术实践,并致力于对绘画的意识形态支持,以及展现绘画所支持的意识形态。所以,尽管几乎没有人对罗斯为了证明绘画复兴所做出的选择表示赞同,但几乎所有人都同意她言辞中的实质,即使他们不同意其中的细节。罗斯为"美国绘画:80年代"展准备的目录文字是关于绘画艺术的、各种令人眼花缭乱的、为人们所接受的观点的集合,我想表明,现在只有绘画知道这些想法。以下是罗斯论文的一些节选,我认为可以暂时作为对"在20世纪80年代,是什么终结了绘画?"这个问题的答案。

> 绘画(是)一种超凡的高雅艺术,重要的艺术,具有普遍意义而不是局部意义的艺术……
>
> 从自由的意义上说,只有绘画(是)真正自由的……
>
> (绘画是)一种富有表现力的人类活动……我们保持高雅艺术的唯一希望……
>
> (绘画)完全是个人想象力的产物,而不是外部世界客观现实的短暂镜像……
>
> 错觉……是绘画的本质……
>
> 今天,绘画的本质被重新定义为在旧世界中产生丰富、多样的新图像的能力,而不是狭隘的、无趣的对反错觉主义(anti-illusionism)的还原……

91

(绘画的)能力(是)使图像成形……众所周知的镜像意识之后,想象力的深度永无止境……

不是创新,而是独创性、个性和综合性是当今艺术特性的标志,一直如此……

艺术是劳动,人类的体力劳动,关于(人类)起源的劳动,这体现在处于成形过程中的许多图像中,就好像在我们面前形成……

艺术的解放潜能是……一种想象力的宣泄……

这些画显然是理性的成年人的作品,不是一只猴子、一个孩子或者一个疯子的作品……

(绘画的传统)是从阿尔塔米拉洞穴绘画到波洛克所累积的图像构成的精神世界。

对于罗斯来说,绘画是高雅艺术、普遍性艺术、自由艺术,一种可以通过它超越现实和宣泄情感的艺术。绘画的本质是幻觉主义,即通过人类无限的想象力,在脑海中显现的渲染图像的能力。绘画是包括整个人类已知历史的,是伟大的、未间断的传统。绘画首先是人本的。

所有的这一切都站在此前20多年艺术的对立面上,对此,我以丹尼尔·布伦的作品为例,旨在对高雅艺术的神话提出质疑,宣称艺术,正如所有其他形式的尝试,取决于物质的、历史的世界。此外,这种艺术试图质疑人类神话及源于此神话的以人为本的惯例。因为,事实上,它们都是占统治地位的资产阶级文化的支撑,它们被打上资产阶级意识形态的印记。

但是,如果说20世纪60年代和70年代的艺术,通过公然攻击作为独特创作者的艺术家,而提出对人类神话的怀疑,在现代主义初期,还有另一现象引起对视觉艺术的攻击——使得19世纪中期以来,绘画节节败退。当然,这种现象就是摄影的出现。

\*

你完全知道我认为摄影是什么。我希望看到它让人轻视绘画,

3. 绘画的终结

直到其他东西(的出现)使摄影也让人无法忍受。

——马塞尔·杜尚,给阿尔弗雷德·斯蒂格里茨(Alfred Stieglitz)的信

"从今天起,绘画已经死亡",近一个半世纪前,据说保罗·德拉罗什(Paul Delaroche)在面对达盖尔发明(指摄影术)的明确证据时如此断言。然而,尽管在整个现代主义时期,死刑执行令周期性地被重新颁发,似乎没有人愿意完全执行它;(绘画)在死囚区苟延残喘。但在 20 世纪 60 年代,绘画终结的条件似乎终于不能被忽视。症候随处可见:在画家作品的本身,一切似乎都在重申艾德·莱因哈特(Ad Reinhardt)所声称的,他只是"在创作任何人都可以创作的最后的绘画",或者允许他们的绘画被诸如摄影图像等相异的元素所染指;极少主义雕塑与绘画中不可避免的、古老的唯心主义的联系最终决裂;艺术家们,在相继放弃绘画后,采用了其他媒介。当艺术家们欣然接受电影、影像和行为艺术后,一直作为抵制绘画这种错觉艺术最炫目的特技的维度——时间,如今成为他们进行创作活动的维度。等到整个现代主义时期结束后,摄影再次出现,声称它(对绘画)的传承。在过去 10 年,人们对摄影的兴趣已经无法得到满足。艺术家、批评家、商人、策展人及学者们已经背离以前的追求,成群结队地追随摄影这位绘画的敌人。摄影可能是 1839 年发明的,但它直到 20 世纪 70 年代才被发现。

但是,现在"关于摄影究竟是什么"[7]这个问题又被提出,而且与近一个半世纪以前拉马丁(Lamartine)的观点相似:"但其中(摄影中)人的观念置于何处?"[8]这次,罗斯策展的"美国绘画:80 年代"展中的一位画家李察·轩尼诗(Richard Hennessy)重申了拉马丁的论点,并被发表在《艺术论坛》上。正是这本杂志,忠实、清晰地记载了 20 世纪 60 年代和 70 年代那些标志着绘画终结的激进的(艺术)发展,然而最近却为绘画的重生提供证据。轩尼诗对摄影的反对是这种新的复兴精神的典型:

意图的作用和人类自由的诗意讨论很少在关于艺术的讨论中

涉及，然而，如果某种特定的艺术越能使意图被感知，就越有机会成为高雅艺术，而不是极少或实用艺术。想想画笔。它有多少鬃或毛？有时是20根或更少，有时是500根、上千根或更多。当蘸有颜料的画笔接触到画布表面时，不只是留下一根鬃毛的痕迹，而是由所有组成画笔的鬃毛痕迹组成的。"是的，我渴望"的笔触是由画笔的鬃毛合唱实现的——"是的，我们渴望。"关于笔触的整个问题充斥着精神上的关联。**9**

想象那唱诗班的规模，毛发竖立，充满渴望，以产生哈利路亚般震耳欲聋的歌声，在罗伯特·雷曼《三角洲》(Delta)系列这个特定例子中，绘画使用：

> 宽达12英寸的画笔。我得到它的方式很特别——我去画笔制造商那里，他们有这种非常大的画笔。我想用这么大的笔刷把颜料铺到9平方英尺的巨大表面。开始，失败好几次。最后，我掌握了协调性，知道自己在做什么，知道推拉笔刷有多艰难，知道当这样做的时候会发生什么。这就是开始的方式。我脑海里没有别的，除了画一幅画。**10**

与轩尼诗的赞颂相比，雷曼的话听起来平淡无奇。他的语言，如同他的画，严格遵守手中的事。他的绘画概念简化为绘画作为客体的纯粹物理构成。系统性的一心一意地坚持，企图彻底摆脱绘画唯心主义的陷阱，使雷曼的作品在1960年底获得特殊的地位，成为另一种"任何人都能创作的最后的绘画"。这也是它们（这些绘画）成为可能的条件。雷曼的画，正如布伦的一样，使绘画的物质性惯例得到最忠实的显现：画布、支架、画框、挂画的墙。但是，更重要的是，与布伦的不同，他的画作使笔触的机械活动可见，明显地一字排开，一个接一个，从左到右，或从上到下，直到表面被画满。

当然，轩尼诗的文本对当前的绘画复兴主义如此完美地表达，取决于再次赋予人类到场的那些笔触——人类触觉的形而上学。"绘画神话般的存在方式……由其制作方式……通过手产生，这是关键。"**11** 对于手具有治愈力量的信仰，源于按手礼（the laying on of hands）的制作法，在罗斯的（展览）目录论文中通篇得以呼应，此篇文章向轩尼诗对摄影的攻击致以特别的敬意。罗斯所选择画家的审美统一原则是，他们的作品被"定义为有意识地反对企图剥夺艺术作品独特的'灵晕'的摄影和所有形式的机械复制"。对罗斯来说，消除人类触觉只能表达"艺术家的自我憎恨……消灭个人表达的强大愿望，意味着艺术家并不爱他的创作"。区分绘画和摄影的正是"人手活动的可见记录，因为它构建起具有触觉经验的表面"。

为反驳人们对摄影再现的愉悦感，最后轩尼诗引导我们关注委拉斯开兹的《宫娥图》（*Las Meninas*），他认为"对摄影过程的描述使观众成为相机"。尽管行文隐晦，我们要明白的是，因其著名的制作法，应该向这件特殊的绘画作品致敬。轩尼诗如此讲述委拉斯开兹（的这件作品），"他看着我们，仿佛把我们当作他的（绘画）主题"，因为"他徘徊在调色板和画布之间的手，抓着"——还有什么？——"一支画笔"。轩尼诗以最令人炫目的比喻来描述这幅画，那些他和罗斯都特别喜欢的比喻，因为他们认为绘画本质上是比喻性的媒介。比如，他说，它是"一件我们永远不会完全拆开的礼物"，"一座没有堡垒的城市，不需要托辞的情人"，在其中"凝视的游戏，从前面、后面，过去、未来，编织成围绕着我们的网络，使我们沉浸在窃窃私语的意识中。无论从地位还是在精神上，我们是那些强大的、威严的力量的客人。我们站在他们暗示的世界中心，成为被关注的焦点。委拉斯开兹允许我们知晓这个秘密"。[12]

除去愚蠢的隐喻和虔诚的语气，轩尼诗对《宫娥图》的描述可能会引发对这幅画更有说服力的讨论，这组成《事物的次序》（《词与物》）的开篇。正如米歇尔·福柯的描述，确实在这幅画中，一方面是艺术家，另一方面是观众，篡夺了主体的位置，取代了在委拉斯开兹工作室后面墙上镜子中模糊的影像。因为在 17 世纪的再现理论中，这些类似的篡位和代替正是再现可能性的基础。

也许在此画面中，正如所有的再现一样，所见之物显现出的本质,即其深刻的不可视性,是与观看之人的不可视性分不开的——尽管有镜子、反射、模仿和肖像……

也许,在委拉斯开兹的这幅画中存在着一种对古典再现的再现,以及它向我们展开的空间的定义。的确,再现在这里向我们再现其自身的全部因素,再现的形象、接受形象的目光、再现使之可见的面孔,以及使再现得以存在的那些举动。但是,在那里,同时在我们面前组合和传播开去,从每一个方面得到咄咄逼人的展示的这种消散中,有一个本质的缺乏——其基础的必然消失,即它所描画的人以及仅仅把它当作一幅肖像的人。这个主体——相同的主体——被略掉了。而最终从阻碍它的关系中解脱出来的再现,则可以通过纯粹的再现形式再现自身了。[13]

当福柯看着这幅画时,他所看到的是再现在古典主义时期起作用的方式。在福柯的考古学历史分析中,19世纪初,当我们自己的时代——现代主义的时代开始时,古典主义时期就结束了。当然,如果这个历史时代结束,也意味着它理解世界的方式也随之结束,其中《宫娥图》是一个很好的例子。

然而,对轩尼诗来说,《宫娥图》并不是以特定知识模式作为特定历史时期的标志。相反,《宫娥图》远远超出其他作品,不是由历史,而是由具创造性的天才创作的伟大绘画,是与历史无关的、永恒的,就像人类自己。这种根深蒂固的历史主义立场是福柯下定决心要推翻的。以这样的立场,绘画被认为存在永恒的本质,《宫娥图》就是一个例子,另一个是阿尔塔米拉(Altamira)洞穴壁画上的标记,以及杰克逊·波洛克(Jackson Pollock)滴洒的颜料。"从阿尔塔米拉到波洛克"——这样的措辞概括了人们总是有创造绘画的冲动;那么,怎么会认为他们在1965年停止了这样的冲动?

可是,是什么使旧石器时代的洞穴壁画、17世纪宫廷画像和抽象表现主义的绘画能够被相提并论、等量齐观?它们属于同一知识类别吗?这种艺术的历史相对论如何付诸实施?

## 3. 绘画的终结

\*

> 曾有一段时间,除了极少数例外,艺术品通常被保留在它被创作出来的同一位置。然而,现在发生了很大的变化,从总体上以及具体上说,都将对艺术产生重要影响。也许,还有比以前更多的原因,使人们直到最近才意识到意大利是一个伟大的艺术实体。如果有可能进行一项综合调查,就能证明当如此多的部分从这个巨大的古老整体中撕裂时,世界现在失去了什么。移除的这些部分毁灭了什么将永远成为秘密。只有在若干年之后,才有可能产生新的艺术实体形成于巴黎的概念。
>
> ——约翰·沃尔夫冈·冯·歌德(Johann Wolfgang von Goethe),圣殿柱廊(Propyläen)导论

新艺术实体形成于巴黎(当然,照字面意思,指卢浮宫),早在1798年,歌德就预见到我们现在所称的现代主义艺术实体,如果我们不仅把现代主义当作某一时期的风格,而是作为整个艺术认识论来看。歌德预言艺术将会以和他自己完全不同的方式被理解,而他自己的方式,对我们来说也是一个秘密。歌德认为以意大利为象征的伟大艺术实体,我们可以称之为在原位的艺术(art in situ),或者说艺术博物馆发明之前的艺术,对我们来说已不存在。这不仅是因为艺术品从其制作地被偷窃,被隔离在艺术博物馆里,而且因为对于我们来说,艺术实体还被另一种博物馆控制,安德烈·马尔罗称之为虚构的(Imaginary)博物馆。那个博物馆包括所有可以通过机械复制的艺术品,以及通过机械复制使之成为可能的话语实践:艺术史。有了艺术史,被歌德称为艺术实体的意大利永远消失。也就是说——这一点必须被强调,因为从认识论领域来说,即使它已经开始被削弱,却始终很难看清其运作方式——我们所理解的艺术,直到19世纪才随着博物馆和艺术史学科的诞生而产生,因为它们与现代主义具有同样的时间跨度(值得关注的是,也包括摄影)。对我们来说,艺术的自

然终结发生在博物馆里,或者,至少终结于虚构的博物馆——在此唯心主义空间里,艺术带有大写的首字母 A。认为艺术是自律的,独立于一切,注定要在艺术史占据一席之地的观点是现代主义的发展。这正是当代绘画所持有的艺术观点,它注定也会在博物馆里消亡。

在此艺术概念内,绘画被理解为是本体论的:它有其起源和本质。它的历史发展可以被绘制为从阿尔塔米拉到波洛克并继续延伸,直到 20 世纪 80 年代,漫长而不间断的全景。在这个发展过程中,绘画的本质并没有改变;改变的只是其外在的表现形式——艺术史学家称之为风格变化。艺术史最终把绘画简化为一系列风格——个人风格、时代风格、民族风格。当然,这些风格的变迁是不可预测的,因为被画家们的个人选择所掌控,以表达他们"无限的想象力"。

最近的一个风格转变及其接受的例子,证明了这种绘画艺术史观,以及它是如何对持续的绘画实践起支撑作用的。这一转变发生在 20 世纪 70 年代末弗兰克·斯特拉(Frank Stella)的作品中。尽管可以说在 1959 年的黑色绘画之后,斯特拉作品中每次的风格变化都预示着这种转变,与之相比,在过去几年,斯特拉创作的艳丽的、异质构造的作品,仍然是巨大的飞跃,由于这些近期绘画以最惹人注目的、怪癖的形状、颜色、材料和图像宣布其个人主义而得到认可。的确,在 1979 年惠特尼双年展上,当博物馆四楼的电梯门一打开,观众就能看到斯特拉充满狂想的新作,它成为展示在这一层的所有其他作品的象征——很明显这批绘画希望被解读为极度个人化的表达,但它们看上去又像忠实地从大师那里所学到的课堂习作。

然而,抛开斯特拉的模仿者,如何解释他的近期作品? 如果我们记住,正是斯特拉最早的绘画为他的同行们暗示了绘画的终结[我想到背弃绘画的那些画家,丹·弗莱文(Dan Flavin)、唐纳德·贾德(Donald Judd)、索尔·勒维特(Sol LeWitt)和罗伯特·莫里斯(Robert Morris)],似乎可以相当清楚地看到,随着斯特拉一步步地远离那些作品,在每一个新的系列作品中大张旗鼓地否定以前的作品,为超越那些作品中不容

装置《弗兰克·斯特拉：黑色绘画》（*Frank Stella: The Black Paintings*），巴尔的摩美术馆，1976年11月23日—1977年1月23日（照片由巴尔的摩美术馆提供）

弗兰克·斯特拉,《碎片4》(Shards IV),1983年,从纽约哈德逊街375号大厅外面向内看(Tishman-speyer 所有,主要承租人萨奇,萨奇和康普顿)(路易斯·劳勒摄)

置疑的暗示,他自己的职业生涯是一个漫长而痛苦的过程。(斯特拉)20世纪 70 年代后期的画作,真正歇斯底里地对黑色绘画表达着不屑;每一幅作品看上去都像在发怒,气急败坏地尖叫绘画的终结还没有来。此外,他的新作品也不再执着地为这种媒介(绘画)的持续生命辩护。斯特拉近作的讽刺之处在于,他只能从远处指着这个奇特的混合物,这个物体很好地呈现为绘画,但很难具有作为绘画的正当性。对绘画终结的挑战不是一个完全无趣的事业,它唯一的有趣之处是在如此解读中,意在革新,斯特拉最近的作品,正如格哈德·里希特对绘画的论断,是纯粹的白痴行为。

然而,它们仍然被理解为革新。例如,斯特拉的朋友菲利普·李德(Philip Leider),如此表达了艺术界多数人的意见:

> 在这些近作中,斯特拉打破自己以前的创作禁忌——图形—背景二元性、构图、强调姿势的绘画处理等等——已使抽象获得新的生气、生命、活力,已经全然成为奇迹。只有盲人才无视它,只有精神紧张的人才感觉不到它,只有固执的人才不承认它,只有死气沉沉的人才不赞美它。**14**

李德坚持让我们相信奇迹,与轩尼诗和罗斯的观点相呼应,也许这是当代绘画的真实状况的征兆:只有奇迹才能阻止绘画的终结。斯特拉的绘画不是奇迹,但也许它们纯粹的绝望表达了绘画需要奇迹来拯救。

李德在他对斯特拉近作的辩护中预料到我的怀疑,他认为,像通常情况一样,风格的重大改变将遇到阻力:

> 每一位希望实现其风格上,尤其是抽象风格上重大变化的艺术家,必须在一段时间内做好向"自己的成就妥协"的准备。在此期间,他会失去朋友,停止影响年轻人……问题的关键是这样做只会发现自己被困在艺术的边缘地带,作品有可能停滞不前,单薄,缺乏创造力。这时,为了能够继续创作,他必须向自己作品的逻辑相妥协——如果不这样做,那就会永远成为自己成就的囚徒,面对如同

罗斯科（Rothko）、斯蒂尔（Still）和布拉克（Braque）晚期作品中那样枯燥乏味的重复。**15**

抛开对罗斯科、斯蒂尔和布拉克晚期作品的看法，也许在目前的艺术语境下，枯燥乏味的重复能够具有其自身价值。当然，这正是丹尼尔·布伦作品的前提。自从他在1965年开始艺术活动以来，（其作品）证明了一个单一的风格变化。

\*

> 这不再是批评艺术作品及其意义、美学、哲学或其他方面的问题。它甚至不再是了解如何创作一件艺术品、一个对象、一幅画的问题；如何嵌入艺术史，甚至不是问自己：创造一件艺术品是否有趣、重要或荒谬。如果你是艺术家或渴望成为一名艺术家（或如果你挑战这个词），怎样以自己的工具和最好的能力，来适应这个游戏。这甚至不再是挑战艺术系统的问题，也不是以无穷无尽的分析为乐的问题。这项工作的抱负是完全不同的。它旨在废除直到现在仍然在其生产过程及机构内起决定作用的，规定什么是艺术的法则。
>
> ——丹尼尔·布伦，《反弹》（*Reboundings*）

在过去10年，布伦的作品获得了比其他任何画家的作品都要广泛的展览机会。尽管在发达国家的各大画廊和博物馆甚至大街上，他作品的观众也许超过其他当代艺术家作品的观众，迄今为止，对于除了少部分人外的绝大多数人来说，它们仍然是不可见的。这个悖论是布伦策略成功的见证，以及对绘画看似不可动摇的信仰，即法则的见证。1965年，当布伦决定只创作在原位的作品，总是采用8.7厘米宽的、白色或透明色与彩色交替的竖条纹，他显然做出了一个精明的选择。正如他所预测的，这种程式没有被艺术法则同化，无论在过去的15年中，那些法则是多么的灵活。正如我们所见，即使是像斯特拉最近的创作那样匪夷所思的混

丹尼尔·布伦,雅各布街,巴黎,1968年4月(丹尼尔·布伦摄)

合物都可以轻易地被称为绘画,尽管它们肯定不是绘画,就这样,它们可以被理解为惯常的绘画的延续。

在斯特拉歇斯底里的创作可以轻易地被视为绘画的风潮下,布伦的作品不被认为是绘画是可以理解的。因此,布伦被广泛认为是一个概念艺术家也就不足为奇,他不关心绘画视觉的(visible)(或马塞尔·杜尚称为"视网膜的")方面。但布伦特别专注于其作品的可见性(visibility),即它被看见(seen)的必要性。因为,他很清楚地知道,只有当他的条纹被视为绘画,绘画才会被理解为"纯粹的白痴行为"。当布伦的作品变得可见的那一刻,绘画的法典将被废除,布伦就可以停止重复:绘画的终结最终将被承认。

# 4. 后现代主义的摄影活动

> 摄影理论家们与拜物的、从根本上反技术的艺术概念激烈地斗争了将近一个世纪,当然没有取得丝毫成果。因为,除了从已经被摄影师推翻的审判席上找到为其颁发的证书之外,他们一无所获。
>
> ——瓦尔特·本雅明,《摄影小史》("A Short History of Photography")

摄影已经推翻了艺术的审判席,这是现代主义认为有必要压制的事实,因此我们似乎可以准确地说,后现代主义构成了受压制者的回归。后现代主义代表着与现代主义,以及作为现代主义的前提、并塑造其话语的那些体制的特定冲突。一开始,这些体制可以被命名:首先是博物馆;然后是艺术史;最后,在更复杂的意义上说,是摄影,因为现代主义同时取决于摄影的在场及缺席。后现代主义是关于艺术的分散、艺术的多元(plurality),在此,我并不是指多元主义(pluralism)。多元主义导致一种幻觉:艺术是自由的,游离于其他话语实践和体制之外,最重要的是,游离于历史之外。这种自由的幻觉可以被维持,是因为每件艺术品都被认为是绝对独特而具有原创性的。针对这种原创的多元主义,我想谈论复制品的多元性。

[108]

在1979年的一篇名为《图像》("Pictures")的论文中,我第一次发现采用后现代主义这个词很管用,我试图为一群刚刚在纽约崭露头角的青年艺术家们的作品勾勒出一个背景。[1]我把他们关注点的来源追溯到对极少主义雕塑贴上贬义的剧场性的那种标签,以及此戏剧性立场在20世纪70年代艺术中的延伸。[2]我认为20世纪70年代典型的审美模式是行为艺术——所有这些作品都在特定情境中、特定时间段中构成;这些作品需要观众必须在场;也就是说,创作时,假定观众在作品面前,从而将特权赋予观众而不是艺术家。

当试图继续展开我所概括出来的发展逻辑时,我最终遇到障碍。我想要解释的是,如何从现在的状态,即由行为造成的在那里(*being there*),达到那种只有通过我们所知的作为再现条件的缺席,才有可能达到的那种存在。因为我写到的是关于提出再现问题的作品,它已遭受半个世纪的压制。我以一种谎言、一句模棱两可的引言来达到这种转变。这句话引自亨利·詹姆斯(Henry James)的鬼故事,是一个假的同义反复(tautology),使存在(*presence*)这个词产生双重含义,确切地说,是对立的含义:"在他面前的存在是存在。"(The presence before him was a presence.)①

我刚才所说的是谎言也许不是真的,但它是有关我所描述的作品的关键暗示,对此,我会详细阐述。为此,我想为存在一词添加第三个定义。存在的概念是关于在那里(*being there*),在前面,而亨利·詹姆斯在其鬼故事中使用的存在概念,是鬼的存在,因此真的是不在场(absence),是不在那里(not there)的在场。我想为存在的概念增加在那里的成分,如同幽灵般的存在是额外的存在、存在的补充。这个存在概念是我们所说时想表达的意思,例如,劳丽·安德森(Laurie Anderson)是作为表演者的存在。通过这样的陈述,我们并不是简单地说她在那里,在我们面前,她不仅仅是在那里,除了在那里(being there),她还存在(presence)。

---

① presence的另一个意思表示"在场但看不见的人(或物)"。

杰克·戈德斯坦,《两位击剑者》,萨莱·帕蒂诺(Salle Patino),日内瓦,1977 年

如果我们以这样的方式来思考劳丽·安德森，这似乎有点奇怪，因为劳丽·安德森特殊的存在是通过使用复制技术而生效的，这会真正使她完全不在场，或者只是亨利·詹姆斯所说的"在他面前的存在是（不）存在"。

我认为杰克·戈德斯坦（Jack Goldstein）的行为表演，比如《两位击剑者》(*Two Fencers*)，以及罗伯特·朗哥（Robert Longo）的《投降》(*Surrender*)属于这种存在。这些表演几乎没有（表演者）存在，在空间中为观众投射静态画面，空灵缥缈。它们具有奇特的全息摄影性质，十分生动而详细地呈现，同时如鬼魅般不在场。戈德斯坦和朗哥这样的艺术家，以及很多他们的同代人的作品，通过摄影模式，尤其是复制、拷贝、拷贝的拷贝等与摄影相关的各个方面，来触及再现的问题。这件作品的特殊在场是通过不在场生效的，通过其与原作的形式、甚至与可能的原作的不可逾越的距离生效的。我把这样的在场归为后现代主义的摄影活动。

这种性质的在场似乎与本雅明把灵晕的概念引入批评话语时所设想的相反。因为灵晕与原作的存在、与真实性、与艺术品恰巧放置的地点的独特的存在有关。正是作品能够经受化学分析或鉴赏的方面，也正是艺术史学科，至少伪装为艺术学（*kunstwissenschaft*）方面能够证明或证伪的，因此，要么承认其作为艺术作品进入博物馆，要么把它从博物馆中驱逐。因为博物馆避免与赝品或拷贝或复制品扯上关系。艺术家在作品中的存在必须是可验证的，也就是说，博物馆如何知道作品具有真实性。

然而，本雅明告诉我们，通过机械复制，这种真实性不可避免地贬值，通过复制品扩散而减少。正如本雅明所说，"在机械复制时代，艺术品的灵晕消失"[3]。但是，本雅明所援引的灵晕当然不是一个本体论范畴，而是一个历史范畴。灵晕并不是手工艺术品所具有的，而是机械复制艺术品所不具有的某种东西。在本雅明的观点中，某些照片有灵晕，然而，在机械复制时代，一幅伦勃朗的油画甚至都会失去灵晕。灵晕的消逝，作品从传统结构中分离，是机械复制的必然结果。这是我们都曾经历过的。例如，众所周知，不可能感受到如同我们站在卢浮宫里的《蒙

## 4. 后现代主义的摄影活动

娜丽莎》面前的那种灵晕。当我们上千次见过它的复制品后,其灵晕全然耗尽,全神贯注地观看也无法恢复其唯一性。

不过,如果灵晕的消逝是我们这个时代不可避免的事实,那么,那些企图恢复灵晕,假装原创和唯一性仍然是可能的和可取的项目,同样不可避免。这没有比在摄影领域中表现得更明显的了,摄影本身就是机械复制的罪魁祸首。

本雅明认为只有极少数摄影作品有在场感或灵晕。这些作品都是在所谓摄影的最初阶段,即早于19世纪50年代摄影商业化时所拍摄的照片。比如,他说在这些早期照片中的人物"被灵晕笼罩,混合着观看方式的摄影媒介,赋予他们满足与安全"[4]。这灵晕对本雅明来说似乎是两件事的产物:在长时间曝光过程中主体显影为图像;摄影师(最新学校的一位技术员)与坐着的模特(一位上升阶级的成员,被光环笼罩,这些光环延伸到他的资产阶级大衣或蝴蝶结的皱褶中)之间独特的、未经调和的关系。[5]摄影师的在场并不能使这些照片中的灵晕存在,而绘画的灵晕取决于画家(他或她)准确无误的手的在场。相反,正是被拍摄的主体的在场(拍摄的内容),"现实中的某时某地,偶然擦出的微小火花,为照片中的人物打上烙印"[6]。对本雅明来说,摄影鉴赏与绘画鉴赏是截然相反的活动;这意味着不是寻找艺术家的手,而是寻找不受控制的、不可控制的现实的入侵,(摄影)绝对独特、甚至不可思议的特性与艺术家无关,而在于他或她拍摄的主体。这也许是为什么本雅明被如此误导:摄影这种媒介在商业化后,摄影师开始通过运用那些绘画中的技术,来模仿失去的灵晕。他以图片摄影中使用重铬酸盐光敏树胶冲印为例。

虽然乍看上去,本雅明哀叹灵晕的失去,事实上却正好相反。他写道,复制的"社会意义,尤其在于其最积极的形式,如果没有破坏性的、宣泄性的方式,清除文化遗产的传统价值,是难以想象的"[7]。对他而言,尤金·阿杰特(Eugène Atget)的伟大在于:"他把客体从灵晕中解放出来,这是近期摄影流派最不容置疑的成就。"[8] "(阿杰特)照片的非凡之处……是它们的虚空。"[9]

虚空的运用，灵晕的消失，对艺术品独特性的争论，在过去20年的艺术作品中一直被强化。从劳森伯格和沃霍尔作品中不断增加的丝网版摄影图像，到极少主义雕塑家经由工业制造、结构重复的作品，所有激进艺术实践似乎都在密谋清算本雅明所说的传统的文化价值。因为博物馆是建立在这些价值基础之上的机构，其作用是为了维护这些价值，它已经面临相当大的危机。这场危机的一个症候是我们的博物馆，在1970年左右，一个接着一个放弃对当代艺术实践的责任，转而怀念那些曾被打入储藏室的艺术。修正主义艺术史很快就开始通过对学院派艺术家和各种各样小人物的成就的"揭示"，而被证明是正确的。

到20世纪70年代中期，博物馆危机出现另一个更为严重的症状，正如我提到过的：各种恢复灵晕的企图。这些企图体现在两种相互矛盾的现象中：表现主义绘画的复苏和摄影作为艺术（photography-as-art）的胜利。博物馆以同样的热情接受这两种现象。

我认为，对绘画回归个人表达（的现象）无须赘述。四下环顾，我们发现它无处不在，充斥市场。它打着各种幌子出现——图案绘画、新图像绘画（new-image painting）、新构成主义（neoconstructivism）、新表现主义（neoexpressionism）；它肯定是多元主义的。但就其个体特征而言，这种绘画在一点上完全因循守旧：它仇视摄影。在"美国绘画：80年代"展目录中一篇宣言式的文章中，芭芭拉·罗斯这样写道：

> 80年代的严肃画家形成相当异质的群体——一些是抽象派、一些是具象派。但他们在很多关键问题上团结一致，这使得把他们归为一个群体成为可能。首先，他们致力于维护绘画作为超凡的高雅艺术，以及与地域或局部意义相反的普遍性艺术。他们的审美、综合触觉与光学特性，有意识地将其定义为反对摄影和各种形式的旨在剥夺艺术品独特"灵晕"的机械复制。事实上，绘画现在正是有意识地通过各种手段：通过强调艺术家的手，或者通过创造不会被现实本身或彼此混淆的、高度个人化的图像，来增强灵晕。[10]

路易斯·劳勒摄影。图中场景由芭芭拉和尤金·施瓦兹(Eugene Schwartz)布置,埃内斯托·吉斯蒙迪(Ernesto Gismondi)设计的台灯,1982年

图中摄影作品拍摄者:奥古斯特·桑德(August Sander),安塞尔·亚当斯拍摄其中之一;雕塑作者:罗伯特·史密森(Robert Smithson)

此类绘画显然把机械复制视为敌人,这是后现代主义摄影活动对既有观念(为这类绘画所熟知的观念)所产生威胁的症候。而在这个例子中,它也是一个更为有限的、两败俱伤的威胁:当摄影本身突然获得灵晕而对绘画造成的威胁。这不仅仅是思想意识的问题;而是为获得博物馆的预算和墙面空间所进行的真正的竞争。

但摄影是怎样突然被赋予灵晕的?大量的拷贝是如何被减少为稀缺的原件?我们怎样在其复制品中获知真实?

(答案是)是引入鉴赏家。不是本雅明,而是更接近我们的罗兰·巴特(Roland Barthes)式的摄影鉴赏家。无论是本雅明的"偶然的火花",还是巴特的"第三种意义",都不能保证摄影在博物馆里的位置。[11] 这份工作所需的鉴赏家,是带着化学分析,更重要的是带着风格分析的老派的艺术史学家。鉴定摄影作品,需要所有艺术史和博物馆学机制,不仅是需要一些熟练的小技巧作为补充。当然,首先肯定是原版老照片所具有的不容置疑的年代稀缺性。某些技术、纸张类型和化学物质已经不再被使用,因此很容易确定照片冲印的年代。但是我所感兴趣的既不是这种可证明的稀缺性,也不是其在当代摄影实践中的相似物——限量版。我所感兴趣的是摄影的主观化,即把对照片"偶然的火花"的鉴赏转换成对照片风格的鉴赏。现在,我们毕竟可以察觉到摄影师的手,当然,除了眼睛,他或她独特的视觉(虽然它也可以是手;人们只需要聆听摄影主体性的拥趸们描述摄影师在暗室里进行的神秘仪式就行了)。

当然,我意识到,在提出主体性的问题时,我唤起了摄影美学史上关于直接冲印与人工操作冲印,或许多有关此主题的变化之间的核心争论。但我这样做是为了指出,事实上,摄影灵晕的恢复,将包含在所有摄影的主体性的旗帜之下:来源于人类思维及我们周围世界的摄影,最彻底的、虚构的摄影和最忠实的对现实的记录,导演摄影和记录摄影正如镜子和窗户,[12] 摄影处于起步阶段的《摄影技巧》(Camera Work),以及全盛时期的《生活》(Life)。但这些只是摄影作为艺术范畴的风格术语和约定模式。灵晕的恢复,以及随之而来的收藏和展览不会停止。它延伸到肖像名片(carte-de-visite)、时尚样板、广告镜头、匿名抓拍或拍立得中。每种摄影的起源背后都有一位艺术家,因此每类摄影都可以在主体性的范畴内找到位置。因为现实主义和表现主义只与程度,即风格有关,这在艺术史上是司空见惯的事。

后现代主义的摄影活动,像我们预期的那样,与摄影作为艺术的这些模式共谋,但它这样做只是为了颠覆或超过它们。这样的活动恰恰与灵晕相关,然而,不是为了恢复它,而是为了取代它,以证明现在它只不过是某种复制而非原作。一群年轻的摄影艺术家,通过摄影的虚构性,把摄影展示为再现和被看见的,以此提出原创摄影的主张。他们的图像被窃取、没收、挪用、剽窃。在他们的作品中,原创无法被定位,总是被延迟;甚至原始版本本身就可能会生成一个拷贝。

谢莉·莱文以特有的姿势讲述与她作品相关的、熟悉的轶事:

> 因为门虚掩着,我看到父母在床上的混乱场面,一个压在另一个的身上。窘迫、伤害、惊恐,我对把自己置于盲目而不值的窘境而感到厌恶。本能地、不假思索地,我自己仿佛分裂为两个人,其中一个是真正的我,继续依靠自己,而另一个是对第一个的成功的模仿,她被委派与世界发生联系。我的第一自我仍在远处,冷漠、嘲讽地旁观。**13**

我们不仅认识到这是对我们已知事物的描述——被压抑的童年情绪释放的场景(the primal scene)——而且我们的认知可能会进一步扩展到这场景的来源——莫拉维亚(Moravia)小说①,因为莱文的自传性讲述只是一系列从别人那里剽窃来的引语,如果我们认为这是关于某人对自己创作方法的奇怪写作方式,也许我们应该回到其所描述的作品中。

在最近的一次展览上,莱文展示了六幅青年裸体照片。它们只是爱德华·韦斯顿著名的《年幼的儿子尼尔系列》的翻拍,威特金画廊(Witkin

---

① 阿尔贝托·莫拉维亚(Alberto Moravia),意大利小说家、记者,他的小说探讨了现代性、社会异化和存在主义的问题。

Gallery)把它作为莱文展览的海报。根据著作权法,图像属于韦斯顿——或者现在的韦斯顿地产。然而,公平地说,我认为,倒不如把这些图像归为普拉克西特列斯(Praxiteles),因为如果说图像可以被拥有,那么这些图像一定属于古典雕塑,这将使它们不受版权限制。莱文表示,她向一位朋友展示这些照片时,他说,它们只会让他想看到原作。"当然",她回答,"原作会使你想看到那个小男孩,但当你看到那男孩时,艺术就消失了"。由再现引发的欲望并不会在男孩周围消失,也全然没有因为他而得到满足。再现的欲望仅仅存在于它不可能被满足的情况下,也仅仅存在于原作被延迟的情况下。只有在原作缺席时,再现才可能发生。再现发生是因为它总是在世界上作为替代。当然,正如韦斯顿所言,照片必须在曝光之前被完全可视化。[14]莱文领会了他的意思,并以实践来表达。韦斯顿脑海中的先天(a priori)并不是真正存在于他脑海中;它存在于世界,韦斯顿只是对其进行复制而已。

也许这一事实在莱文另一些系列作品中更为重要,在那些作品中:先天图像(a priori image)并未明显地被高雅文化征用,在此我指韦斯顿和普拉克西特列斯,然而是从世界本身,在此把自然作为再现的对照(来阐明)的。莱文从摄影书中征用的安德烈斯·法宁格(Andreas Feininger)和艾略特·波特(Elliot Porter)的图像展示了人们完全熟悉的自然场景性质。他们对罗兰·巴特描述的摄影时态——曾经存在(having been there)提出一种新的解读。[15]那些照片的存在对我们来说是似曾相识的(deja vu)再现,已经被看见的、再次重现的自然。

如果说莱文的照片能在作为艺术的摄影谱系中占据一席之地,是直接摄影所能企及的最远领域,这不仅因为她以此种方式挪用这些照片,还因为她不以任何方式处理照片;她只是按字面意思,拍(takes)照片。作为谱系的另一端,是自觉地构图、巧妙地处理、虚构化的,所谓的电影导演模式的摄影,正如在杜安·迈克尔斯(Duane Michals)和莱斯·克里姆斯(Les Krims)作品中体现的电影导演(auteurs)摄影。这种模式的策略是使用摄影表面的真实性来与自身对抗,通过表面上天衣无缝的现

路易斯·劳勒,《卡尔·罗贝尔布置的威嘉律师事务所》(Arranged by Carl Lobell at Weil, Gotshal, and Manges),1982 年,图中悬挂作品由辛迪·舍曼摄

辛迪·舍曼,《无题》,1982 年
(照片由纽约米特罗图片公司提供)

实,来编织一个具有叙事维度的虚构。辛迪·舍曼的照片在这个模式中产生作用,但只是为了显露虚构中不必要的方面,因为舍曼揭露的是对自我的虚构。她的照片显示,那个来自于其他"导演"想象中的假定的、自律的和统一的自我,所创作出的虚构,本身只不过是一系列非连续性的再现、拷贝和伪造。

舍曼的摄影都是自拍照片,在照片中她乔装打扮,保留戏剧化的细节。模棱两可的叙述与模棱两可的自我并行,她既是叙事的创造者又是演员。尽管如此,在这些作品中,舍曼如实地进行自我创造,把自己打扮成众所周知的刻板女性形象;因此,她的自我被理解为取决于舍曼参与的文化所提供的可能性,而不是某种内心的冲动。由此,她的照片颠覆了艺术和自传这两个术语。这些照片不是用来揭示艺术家的真实自我,而是为了展示想象中构建的自我。在这些照片中没有真正的辛迪·舍曼;只有她呈现的伪装。她并没有创造这些伪装;只是简单地按照我们任何人所做的方式选择了它们。作者的姿态不仅通过机械手段所制作的形象,而且还通过抹杀所有连续的、关键的人物角色,甚至在场景中可辨认的容貌而消除。

在我们的文化中,最能彻底地操纵我们所扮演的角色的方面,当然是大众广告,它所采用的摄影策略是把导演模式伪装成为纪录片形式。在作为艺术的摄影语境下,理查德·普林斯(Richard Prince)剽窃了其中(大众广告)最直接和平庸的图像,成为一种视觉冲击。但最终它们毫无掩饰的熟悉感让位于陌生感,因为它们被意想不到的、不必要的虚构维度再次侵入。通过隔离、放大和并置商业图像片段,普林斯指出它们被这些虚构的鬼影侵袭。他采用希区柯克(Hitchcockian)风格似的维度翻拍照片,运用商品拜物教的主要工具,直接聚焦于商品拜物,商品成为一个线索。我们可以说,它已经获得了灵晕,只是现在它与原作、原创者、真实性隔绝,不是存在而是缺席的功能。在我们这个时代,灵晕仅仅成为在场但看不见的事物,也就是说,一个鬼影。

理查德・普林斯,橱窗装置,印刷品,
纽约,1980 年
(照片由纽约米特罗图片公司提供)

## 5. 挪用挪用

挪用（appropriation）策略不再能证明是对当代文化条件的特定立场。这样说，既暗示挪用一开始似乎的确导致了批判的立场，又承认上述解读实在过于简单。挪用、拼贴（pastiche）、引用——这些方法几乎扩展到我们文化的方方面面，从最讽刺的蓄意制造的时尚产品、娱乐产业到艺术家最投入的临界活动，从最明显的退步作品[迈克尔·格雷夫斯（Michael Graves）的建筑、汉斯－约根·西贝尔伯格（Hans-Jürgen Syberberg）的电影、罗伯特·梅普尔索普的摄影、戴维·萨勒（David Salle）的绘画]到看似最进步的实践[弗兰克·盖里（Frank Gehry）的建筑、让－马丽·斯特劳布（Jean-Marie Straub）和丹尼尔·于耶（Danièle Huillet）的电影、谢莉·莱文的摄影、罗兰·巴特的文本]。如果文化的各方面都运用这种新的操作，那么操作本身就不能表明对文化的具体反思。

然而，正是新的文化生产方式的普及，凸显近年来重要的文化转向已经出现这一事实，让我仍然想把这个转向指定为介于现代主义和后现代主义之间，即使后者（后现代主义这一术语）在当前的用法是完全混淆的。当我们能够使用它来区分各种挪用实践时，后现代主义或许早已超越了简单的为时代精神（*zeitgeist*）命名的意义。那么，我想做的是提出可以触及这些区别的一些方法。

首先，我或许应该仔细考虑那些艺术家们之前所命名的，对运用挪用所造成的后退/进步特性的断言。例如，我们如何能够区分格雷夫斯的建筑对盖里作品的模仿？为了方便起见，让我们以每位建筑师最著名的建筑为例——格雷夫斯的波特兰市政厅（Portland Public Services Building）和盖里在圣塔莫妮卡（Santa Monica）的住所。波特兰的建筑显示出对于来自古典主义轨迹的、过去的建筑风格的折中。但它已经是格雷夫斯将布雷（Boullée）和勒杜（Ledoux）的新古典主义、仿古典主义（pseudoclassicism）的装饰艺术（Art Deco）公共建筑、昙花一现的繁盛时期的布杂艺术①折中后的古典风格。相比之下，盖里的房屋只是从过去挪用一个简单的元素。然而，它不是一个风格元素；它是20世纪20年代已经存在的墙板房式建筑。然后，这房子集合了（被包围着、被大量掺杂着）批量生产的、建筑行业目录里的材料——波状铁、铁丝网围栏、胶合板、沥青。

这两种实践的区别显而易见：格雷夫斯从过去的建筑中挪用；盖里从现在的（建筑中）挪用。格雷夫斯挪用风格；盖里挪用材料。从这两种不同的挪用方式中，能解读出什么不同的结果？格雷夫斯的建筑方式是返回到前现代主义（premodernist）对艺术的理解：把艺术作为创造性的组合元素，这些元素来源于历史上给定的词汇（也被称为源于自然，但这是19世纪所理解的自然）。因此，格雷夫斯的方法就像那些布杂艺术派建筑师所使用的，反对现代主义建筑师所做出的反应。虽然起源于建筑师的风格元素不可能是错觉，但是实际上最终产品的整体性以及设计师的创造性所促成的不间断的、连续的建筑传统，的确能产生非常强烈的错觉。格雷夫斯的折中主义②从而保持了完整的、自成一体的建筑风格的历史，一个对悬而未决的真实历史发展的侵入免疫的伪历史

---

① 布杂艺术（Beaux-arts），又称学院派，是由巴黎美术学院教授的新古典主义建筑晚期流派。它流行于19世纪末和20世纪初，参考了古希腊、罗马的建筑风格，强调建筑的宏伟、对称、秩序性，多用于大型纪念建筑。参见维基百科。
② 折中主义（eclecticism）在建筑上是指19—20世纪初一种欧美复古主义建筑风格。特点是根据需要模仿和并列不同历史时期重要建筑风格于一体，如古典主义样式与巴洛克装饰混合的巴黎歌剧院。参见朱立元著《美学大辞典》，上海辞书出版社，2010年版，第823页。

(pseudohistory)(如果不仅仅被认为是另一种风格的话,其中的一段历史发展是现代建筑)。

然而,盖里的实践,即使从后现代主义的角度批评了现代主义的唯心主义维度,仍然保留了现代主义的历史经验。盖里采用的是历史上一个实际对象(存在的房屋),而不是一种抽象的风格。他对当今建筑行业产品的使用,反映了当下建筑的物质条件。不同于格雷夫斯所使用或模仿的砂岩或大理石,盖里的材料不能假装具有永恒的普遍性。此外,盖里建筑中单个的元素坚决地维护着各自的特性,它们并未被结合而产生浑然一体的错觉。房屋呈现为碎片的拼贴,表明其如同在摄影棚看到的电影场景一样的偶然性(这建筑招揽人们直接进行比较),这些碎片没有风格。盖里的房屋是对特定建筑项目的回应;不能不加选择地再次应用于另一个语境中。另一方面,格雷夫斯的词汇,似乎对他来说,既适用于茶壶或纤维织物面料,也适用于展厅或摩天大楼。

那么,当运用于摄影时,什么造成了这些差异?可以借由罗伯特·梅普尔索普和谢莉·莱文的摄影产生类似的区别吗?梅普尔索普的照片,无论是肖像、裸体或静物(它们如此巧妙地被归入这些传统艺术流派并非巧合),挪用了战前摄影工作室风格。它们的构图、姿势、灯光甚至主题(社交名人、冰冷的裸体、郁金香),使人回忆起那个历史时刻,如爱德华·斯泰肯(Edward Stiechen)和曼·雷(Man Ray)那样的艺术家,以专业的国际艺术摄影知识,对《名利场》(*Vanity Fair*)和《时尚》等出版物所做出的贡献。通过时尚产业为中介,梅普尔索普对于对象的提取和迷恋参考了爱德华·韦斯顿,而他对于主题的提取则参考了乔治·普拉特·莱茵斯(George Platt Lynes)的伪新古典主义。正如格雷夫斯在一些精心挑选的建筑历史时刻中发现自己的风格,梅普尔索普从他的历史来源构建起综合的"个人"视野,这是在摄影史无穷可能性的链条上的另一个创造性的链接。

当莱文希望参考爱德华·韦斯顿和新古典主义裸体的摄影变体时,她仅仅通过翻拍韦斯顿幼子尼尔的照片实现——没有组合,没有转换,没有添加,没有合成。正如20世纪20年代的房屋形成盖里设计的核心,

*129*

弗兰克·盖里,弗兰克·盖里住宅,
圣塔莫妮卡,加利福尼亚,1978 年
(蒂姆·斯推特波特/埃斯托摄)

迈克尔·格雷夫斯,波特兰市政厅,
1980年(普罗托·阿珂姆摄)

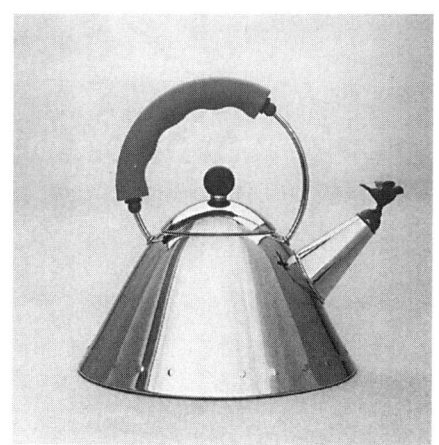

迈克尔·格雷夫斯为艾烈希公司设计的茶壶,
1985年(威廉·泰勒摄)

罗伯特·梅普尔索普,《天堂鸟》,1981年
(照片为罗伯特·梅普尔索普所有)

谢莉·莱文,《无题》(向亚历山大·罗德琴科致敬:3),1987年(Zindman/Fremont 摄,玛丽·布恩画廊所有)

谢莉·莱文,《无题》[向伊利亚·查什尼克(Llya Chasnick)致敬],1984年(Zindman/Fremont 摄,玛丽·布恩画廊所有)

韦斯顿的裸体摄影被整个挪用。在这些不加掩饰地盗用的现存图像中,莱文没有自称具有传统观念中的艺术创造力。她利用这些图像,但不构成自己的风格。她的挪用对它们所插入的特定的历史话语,只具有功能性的价值。在韦斯顿的裸体这一例子中,此种话语正是质朴地以梅普尔索普的照片参与的。在这方面,莱文的挪用反映了挪用策略本身——韦斯顿对古典雕塑风格的挪用;梅普尔索普对韦斯顿风格的挪用;高雅艺术体制对韦斯顿和梅普尔索普的挪用,的确是以摄影的方式;最终,摄影成为挪用的工具。正如像莱文那样工具性地运用摄影,她并不局限于特定的摄影媒介。她也可以挪用绘画(或绘画的复制品)。相比之下,拒绝把摄影作为一个可能的工具,保证了画家近期混成模仿体(pastiche)绘画①的回归,既然他们仍然依赖于模仿/转换的模式,这与19世纪学院派的实践并没有什么不同。正如格雷夫斯和梅普尔索普,这些画家挪用风格,而不是材料,除非当他们采用传统的拼贴形式。只有莱文足够精明到在其物质形式上挪用整个绘画,她在已故画家季米特里·梅里诺夫(Dimitri Merinoff)的工作室展览中,分阶段与露易斯·劳勒合作。

摄影在当下实践范围内处于中心地位,使其成为区分现代主义和后现代主义理论的关键。摄影不仅如此彻底地使我们的视觉环境饱和,以至于让视觉图像的创造显得陈旧过时,然而摄影太多元,对其他话语太有效,于是被完全包含在艺术的传统定义中。摄影总是超越艺术体制,始终参与到非传统艺术实践中,一直威胁到褊狭的艺术话语。在这点上,我想要回到摄影第一次启发我联想到后现代主义过渡时刻的语境中。

在论文《在博物馆的废墟上》中,我提出罗伯特·劳森伯格20世纪60年代初期的作品威胁到博物馆话语的次序。博物馆一直试图进行系统化分类的大量物品,现在作为纯粹的异质性(heterogeneity)再次侵入

---

① 法语词"pastiche"由意大利语"pasticcio"转译而来,其本义指意大利的常见面食"肉馅派"。在视觉艺术领域,混成模仿体作品,是指作品模仿一个或多个艺术家的作品风格或特征。参见维基百科及《误读》与《"不存在"的戏仿——论埃科的批判性诠释观念及创作践行》,卢嫕著。

机构。让我印象深刻的是，这些作品通过将摄影引入画布，破坏了现代主义绘画捍卫的自律性。此举的重要性不仅在于它意味着传统生产方式的消亡，还因为它始终对决定博物馆主体对象和知识领域的真实性提出质疑。

当一个话语领域的决定因素开始被破除，一系列知识开辟了新的可能性，这不可能从以前的领域中被预见。劳森伯格挪用摄影图像之后接下来的几年，他的作品确实真正地瓦解了艺术与非传统艺术之间的界限——一套全新的审美活动的确发生。这些活动不能被博物馆空间所包含，或被博物馆话语系统所解释。当然，否认一切重大变化和复原传统形式的企图已陷入危机。一套新的挪用助长了此类复原：复兴陈旧技术，比如壁画（尽管画在便携式展板上，以确保其畅销）和铸造青铜雕塑，恢复落后（retardataire）艺术家的地位，如 19 世纪的消防员艺术家（pompiers）①和两次大战之间的现实主义艺术家，并重新评估迄今为止的副产品，比如建筑师的绘画和商业摄影等。

关于对博物馆危机的最后一个反应，摄影作为博物馆艺术被大规模接受——在我看来，这是最近很多摄影实践使用挪用策略而产生的作用。因此，理查德·普林斯对广告图片的挪用，他那些充满雄心壮志、未被改变的图片，进入画廊语境中，完全被复制——但是以艺术机构对早期商业摄影那样毫不掩饰的方式挪用。正如时尚，似乎所谓的艺术摄影导演模式［我更喜欢称之为电影导演摄影］，被劳丽·西蒙斯（Laurie Simmons）的玩偶屋和塑料牛仔的布景摆拍或辛迪·舍曼的仿造电影剧照所嘲弄，通过将镜头前可知的女演员的技巧与背后假设的导演的真实性等同起来，含蓄地攻击了导演主创论。

当然，我不希望这个作品只是简单地作为对博物馆机构力量的程序化或工具性的批判。正如劳森伯格的图片，在现有体制范围内创作的所

---

① "消防员艺术"用于嘲笑 19 世纪晚期法国官方学院艺术。它以法国消防员当时戴的带马毛的头盔来类比画面中古典战士或拿破仑的骑兵戴的头盔。参见维基百科。

有艺术品,在这些机构中,将不可避免地发现它们所生存的话语和实际的栖息地。但是,当这些实践开始,即使是非常巧妙地、具有适应体制话语的欲望——比如,在普林斯极端的广告形象媒介中或舍曼为突出"明星"的特写镜头,而对电影剧照的场面调度(mise-en-scène)的放弃——他们让自己仅仅进入话语(而不是在话语内部进行干预),并与他们曾经准备好取代的对象具有同等地位。这样,挪用的策略成为另一个学术范畴——主题——通过主题,博物馆组织其对象。[1]

劳森伯格的作品,再次为当下艺术的条件提供了一个特别具有启发性的例子。在最近的作品中,他回到早期的兴趣之一——摄影中。但是现在他不仅把摄影作为复制技术,通过此技术,图像可以在文化中从一处转移到另一处——比如,从新闻日报到绘画的表面——而是作为一种传统意义上的艺术媒介。简而言之,劳森伯格已经成为一个摄影师。他以照相机所发现的,他通过镜头所看到的,只不过是世界上所有那些看起来像他自己艺术作品片段的物品。劳森伯格因此挪用了自己的作品,从材料转变到风格,以这种新形式来满足博物馆对挪用摄影图像的渴望。

玻璃水杯

午夜的帕萨迪纳(Pasadena)

罗希·丁克洛协会
(Roche, Dinkeloo, & Assoc.)
大都会博物馆
安德鲁·梅耶陈列室

第二年,她的玻璃"笼"在展览的头两周是空的。当最后展示时,她被一位评论家形容为如果更小一点儿的话,是一个"被驱逐的胎儿","……有人会有兴趣把它泡到一瓶酒精里"。

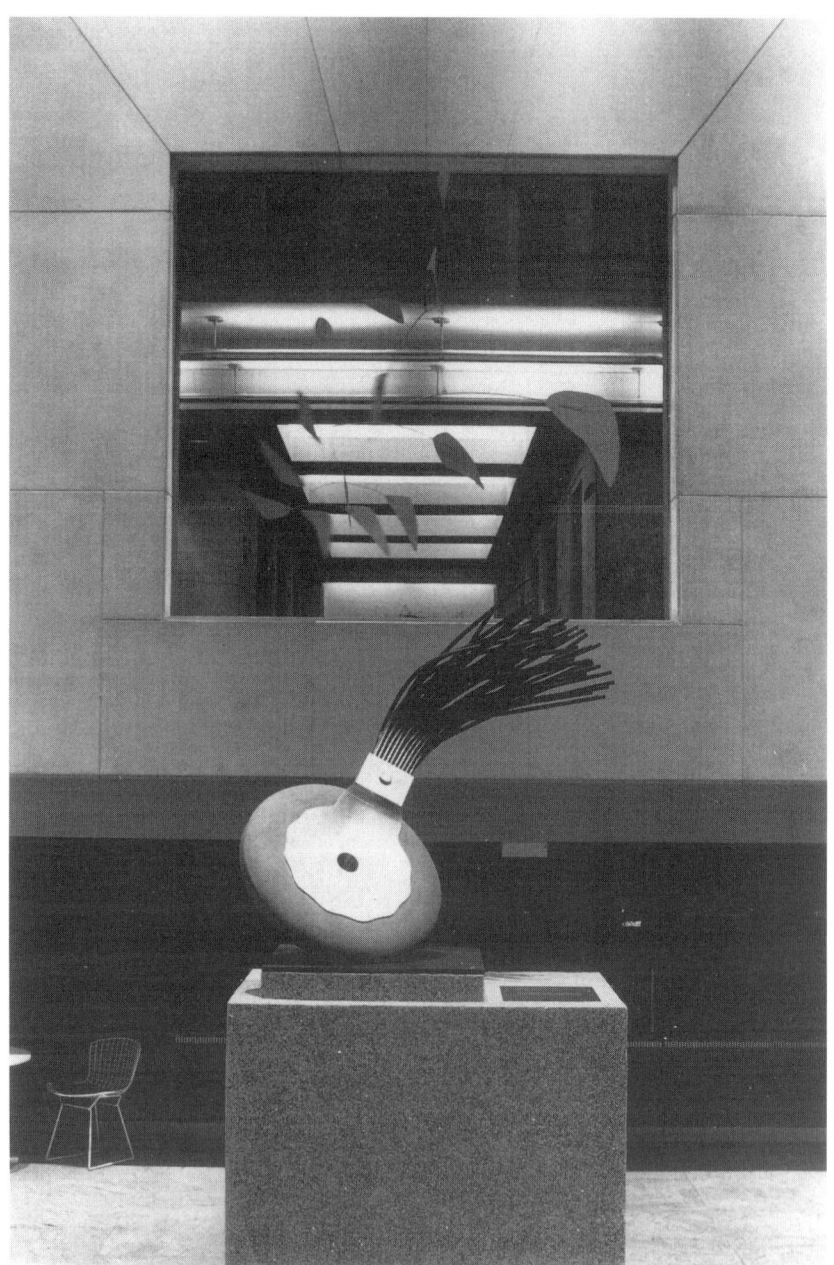

考尔德,弗兰岑,奥尔登堡
惠特尼美术馆
菲利普·莫里斯(Philip Morris)

## 第二部分
**雕塑的终结**

# 6. 重新定义场域特定性

> 我知道,正如诗歌和实验电影一样,雕塑没有观众。然而,那些能满足人们需要及潜在需要的,而且不会试图超出人们理解力的作品却有大量观众。
> ——理查德·塞拉,《从视点之路延续的笔记》("Extended Notes from Sight Point Road")

> 与人为敌胜过与现实为敌。
> ——皮埃·保罗·帕索里尼(Pier Paolo Pasolini),《不快乐的青年》("Unhappy Youths")

现场是位于曼哈顿上西区利奥·卡斯特里画廊(Leo Castelli Gallery)的旧仓库;场景是极少主义雕塑家罗伯特·莫里斯组织的展览;那一刻是1968年12月。物体散落在水泥地面,贴在或靠在砖墙上,公然藐视我们对于艺术作品形式和展览方式的所有期待。(我们)很难表达这样的震撼,记录在案之后,它已经被理解并纳入到规范化的美学范畴,最后,交付给现在认为即将结束的前卫历史中。但是,正是因为对于我们期待的冒犯,使许多人开始严肃地思考艺术,

20世纪80年代的艺术回归传统,只能是错误,它开始背离与艺术相对抗的思考过程。所以,我们试着一次次重新恢复那些经验,使它们适用于周六下午在苏荷画廊(SoHo galleries)心满意足地消磨时光的人们,他们观看那些散发着新鲜亚麻籽油气味的绘画,以及再次使用青铜铸造的雕塑。

<sup>151</sup> 那仓库里所有的作品,当然没有哪一件比理查德·塞拉的《泼洒》(Splashing)更能挑衅我们对审美对象的感觉。沿着墙和地板的接缝,塞拉投掷熔铅并任其在适当的位置变硬。最终它并没有形成一件物体;没有可确定的形状或体量;也没创造出清晰可辨的图像。我们当然可以认为,这件作品已经实现几年前唐纳德·贾德所提出的对(艺术)类别的否定,他认为"最好的新作品":"既非绘画也非雕塑。"[1]我们可以看到,通过消除墙与地板的垂直线,塞拉模糊了我们在室内空间定位的标志,声称此空间为一种不同的知觉体验的基础。我们理解《泼洒》的困难之处在于,试图想象它在艺术品世界中继续存在的可能性。附着于上西区老仓库的建筑上,它将被宣判永远被弃置于此或被刮掉和毁灭。因为移动作品必然意味着毁灭作品。

"移动作品意味着毁灭作品。"塞拉试图以此断言改变决定《倾斜之弧》(Tilted Arc)命运的公众听证会的论战。[2] 1981年夏,受美国总务署(GSA)建筑中的艺术(Art-in-Architecture Program)项目委托,塞拉的雕塑被永久性地安装在曼哈顿下城区的雅各布·K.贾维茨联邦大楼广场上。1985年,新上任的总务署地区行政官主张重新考虑其存在,询问它是否可以被"搬迁"到其他地方。在听证会的证词中,艺术家、博物馆官员和其他人以塞拉的断言所暗示的场域特定性作为辩护。

<sup>153</sup> 这件作品是为现场构思,在现场建造,已经成为现场不可或缺的一部分,改变着现场的性质。移动它,作品将不复存在。但是,充满激情与口才的证词未能说服那些攻击《倾斜之弧》的对手。对他们来说,作品是与现场相冲突的,扰乱了广场正常的视野和社会功能,而且,事实上,把它置于园林景观中会更令人愉悦。大概,作品的尺寸不会使环境显得拥挤,铁锈色的钢铁表面与自然界的色彩搭配会更和谐。

理查德·塞拉,《泼洒》和《铸件》(Prop),皆创作于1968年,卡斯特里画廊装置,纽约〔皮特·摩尔(Peter Moore)摄〕

大多数公众不能理解塞拉关于场域特定性的断言，这是对在艺术实践的历史性时刻中的激进特权不理解。"移动作品意味着毁灭作品"，对任何按字面意思来理解《泼洒》的主张的人来说是不证自明的，而且正是这句话为《倾斜之弧》的辩护者提供了语境。然而，在提供证词那么短的时间内，不可能期望他们解释一段被故意压制的复杂历史。当然，公众的无知是被强制的无知，因为文化生产不仅成为少数人掌握的特权，甚至为专业观众进行的激进的知识实践生产，也不符合艺术体制以及他们所服务的势力的利益。这为那些以唯物主义为前提的体制批判实践，提供了一个特殊案例。这些实践试图揭示艺术作品的物质条件、生产和接受方式、体制对于（艺术品）流通的支持、这些体制所代表的权力关系——简而言之，是被传统美学话语所掩饰的一切。然而，随着现代艺术的不断发展，这些实践随后正是被反映这些话语的事件所复原。许多《倾斜之弧》的捍卫者，一些代表官方艺术政策，主张把场域特定性的概念降低为纯粹的美学范畴。因此，它不再与联邦广场上呈现的雕塑密切相关。《倾斜之弧》的场域特定性是特定的公共场所。作品的材料、比例和形式，不仅与环境的形式特征有交集，而且与公众的欲望及假想有交集。这些公众受到 20 世纪 60 年代末艺术的冲击，处于迥然不同的状态。塞拉将《泼洒》的重要含义转移到公共领域，故意包含此转移所暗示的矛盾，才是《倾斜之弧》真正的特定性。

\*

20 世纪 60 年代中期，当场域特定性被极少主义艺术家引入当代艺术领域，现代雕塑的理念、观众的参与意识与雕塑的内部关系处于争论之中，却极少将意识重新定向到它本身，以及作为意识基础的现实条件中。知觉的坐标不仅存在于观众和作品之间，而且存在于观众、艺术品以及他们所处的场所之间。通过完全消除物体的内部关系，或通过使那些关系成为简单的结构上的重复，从而实现"一件接着一件"[3]。现在，被感知到的任何关系，都取决于与物体在同一空间的观众的瞬间运动。因此,作品属于其现场;如果现场改变,那么物体、语境与观众的相互关系将随之改变。实际上,对艺术的知觉体验的重新定位,使观众成为作品的主体,而现代唯心主义盛行时期,这样的特权地位最终被移交给艺术家,艺术作品形式关系中的唯一生产者。对现代雕塑的唯心主义及其虚幻的无现场的批评,是不完整的。场所与作品被感知的领域融合,仅仅成功地将艺术的唯心主义扩展到它周围的现场。从形式意义上说,现场被理解为特定的;因此,它是被抽象和被美化的(现场)。卡尔·安德烈声称,雕塑以前等同于形式和结构,而现在等同于场所,当被问及他的作品从一处移动到另一处意味着什么,他回答:"我不觉得自己沉迷于场所的奇异。我不认为空间是奇特的。我认为存在那些你努力寻找的通用的空间。所以将作品置于何处不是一个真正的问题。"[4]安德烈列举这些空间:"画廊内部空间、私人住宅内部空间、博物馆内部空间、大型公共场所内部空间,以及各种外部空间。"[5]

安德烈未能理解他"努力寻找"的"通用空间"的特殊性,也是极少主义艺术不能完全对现代唯心主义进行唯物主义批判(的原因)。从接下来几年的艺术生产中所发起的批判,必然导致对安德烈所列举的空间的分析,以及对那些被商业体系所代表的空间的艺术体制化的抵制。如果现代艺术作品的存在与特定的场域无关,因此被称为自律的、没有归宿的,这也是它们流通的前提;从工作室到商业画廊,到藏家的私人住所,再到博物馆或公司总部的大厅。现代艺术真正的物质条件被其普遍性所掩盖,成为特殊的奢侈商品的条件。产生于资本主义制度下,现代艺术无法完全摆脱商品化。而在接受既定的艺术体制化的商品流通的"空间"过程中,极少主义艺术既不能揭露,也不能抵抗现代艺术隐藏的物质条件。

在那些使场域特定性激进化的艺术家的作品中,这项任务得以推进,比如风格迥异的艺术家丹尼尔·布伦和汉斯·哈克,迈克尔·亚瑟(Michael Asher)和劳伦斯·韦纳(Lawrence Weiner),罗伯特·史密森和理查德·塞拉。他们对艺术的唯物主义批评的贡献,对"文化解体为

156 商品"⁶的抵制,是断断续续和临时的,影响有限,并且遭到系统地反对或神秘化,最终被推翻。今天这样的批评所保留下来的,是将被还原的历史,以及断断续续的、被边缘化的实践,它们挣扎着存在于一个比以往任何时候都更注重商品价值的艺术世界中。

历史不可能被还原;这段历史只是对如何真正理解理查德·塞拉的《泼洒》及其之后的创作提出必要的断言。几乎不需要被提醒,我们(也知道)把艺术实践从产生它的社会和政治气候分离的危险;既然如此,1968年创作《泼洒》的日期足以引起注意。1968年5月风暴发生后的一个月,丹尼尔·布伦在法国写下如下文字,并于9月发表,也许对当时艺术家们的政治意识提供了一个暗示。

> 追溯到19世纪——甚至更早的时期,我们就能发现对传统的挑战。然而,此后无数传统流派、学院派,无数新禁忌和新流派被建立、被颠覆!
>
> 为什么?因为艺术家所反对的那些现象只是附带现象,或者更准确地说,它们只是建立在艺术就是艺术的基础条件之上的上层建筑。艺术已至少上百次改变其传统、学院主义、禁忌、流派等等,因为从表面上看,(艺术)行业不断地在改变,但只要我们没有触及基础,很明显,从根本上说,**基本上什么都没有改变**。
>
> 这就是艺术如何发展,艺术史如何得以产生的。当艺术家在大得无法以画架支撑的表面上作画时,他向画架发起挑战,然后,通过将画布当作一个物体(仅仅是物体),他向画架和超大的表面发起挑战;即将被创作的对象代替了已创作的对象、可移动对象或不可移动对象等等。这仅仅是举例来说,但旨在证明,如果可能存在挑战,它不可能是形式上的,它只能是最基本的,在艺术水平之上,而不是在艺术的形式水平之上。⁷

157 布伦文本中的马克思主义术语,使他在政治传统中的定位完全不同于他的美国同行。此外,在同时代的艺术家中,布伦最为系统地分析了艺术与其经济和意识形态基础的关系,因此他得出一个更为激进的结论:艺术实践中的变化一定是"基础上的",而不是"形式上的"。尽管理查德·塞拉继续创作"倾向于艺术形式(forms given to art)"的作品,然而,他已经被纳入唯物主义批评的重要组成部分。包括他对过程和劳动分工,艺术对于消费条件的倾向,在艺术生产及接受过程中,对于私人领域与公共领域的虚假分离的关注。就此而言,尽管塞拉的作品不具有系统性或一贯性,甚至他对于批评的立场和矛盾态度,产生了一系列(令人)时而困惑、时而愤怒、时而暴力的反应。塞拉决心把作品建造在艺术机构范围之外,但时常遭遇政府工作人员及其代理人的反对,他们迅速控制了那些对审查目的不了解的公众。[8]

在某种程度上,归属于现代主义时期的艺术品的非凡状态,是艺术家作为最高度专业化的、真正的独特生产者这一浪漫神话产生的结果。极少主义艺术家们认识到这个神话掩盖了社会分工。极少主义通过引入普通工业材料物品,来反对传统雕塑专业化的工艺及对材料的高度迷恋。丹·弗莱文(Dan Flavin)的荧光灯、唐纳德·贾德的铝盒、卡尔·安德烈的金属板,绝不是出于艺术家之手的产品。塞拉也在早期的雕塑中转向工业材料,但是,一开始他亲自处理或者借助朋友们来处理这些材料。使用铅和适当的手工操作,他生产出塔、铸件、支撑件,它们仍然作为艺术家活动的证据,但是,塞拉采用的大部分步骤不同于雕刻、建模、焊接的传统工艺。然而,1971年,塞拉把《罢工:罗伯塔和鲁迪》(*Strike: To Roberta and Rudy*)放置于纽约的洛·朱迪切画廊(Lo Giudice Gallery)时,他的创作过程发生转变。《罢工》只是一块1英寸厚、8英尺高、24英尺长、重约3吨的热轧钢板。可是,钢板不是作品。要让《罢工》成为雕塑,钢板必须占据一个现场,假设将其嵌入画廊空间角落的位置,将墙与墙交界的直角一分为二。但是显而易见,靠艺术家的技艺不能完成。钢的载重量需要工业程序,而不仅仅是生产这块钢板。这一过程,称为装配,包括力学定律的应用,通常要借助机械,"把(材料)置于某种条件或位置中使用"。[9] 从《罢工》开始,塞拉的作品需要他人的专业劳动,

理查德·塞拉,《罢工:罗伯塔和鲁迪》,1969—1971年,洛·朱迪切画廊,纽约(皮特·摩尔摄)

不仅是为生产雕塑的物质性要件,而且是为"制作"雕塑,即将它置于某一条件下或需要的位置中,使材料构成雕塑。这样独有的对工业劳动力(这种力以非常特殊的、能引起共鸣的雕塑的名字为标志)的依赖,把塞拉于20世纪70年代早期之后创作的作品划分为公共作品,不仅因为作品的规模显著增加,而且因为艺术家私人领域的工作室不再可能成为生产场地。放置雕塑的地点成为制作它的地点,而安装过程成为他人的工作。

将塞拉作品的特征描述为具有男子气概、压倒一切、咄咄逼人、令人压抑的,是力图使艺术家回归工作室,重建他成为作品的唯一创造者,从而否认工业过程在他雕塑中充当的角色。而任何大型雕塑都需要这样的过程,甚至制造颜料和画布也需要,在制作过程中消耗的劳动在成品中无法分辨。这些劳动已经被艺术家自己的"艺术"劳动神秘化,通过艺术家的魔法转变为奢侈商品。塞拉不仅拒绝履行对艺术的神秘主义操作,而且坚持让观众面对不该以原始状态出现的艺术品材料。不同于那些极少主义雕塑家,塞拉使用的材料,是仅仅用于生产资料的材料。它们通常转变为成品展现在我们面前,或很少转变为艺术奢侈品。**10**

当塞拉将《罢工》的含义引申为对画廊空间常规功能的完全否定,这使得不能充当奢侈品消费的重工业产品与其展览现场、商业画廊及博物馆之间的冲突加剧。当开始创作与纯粹的美学观念相关的场域特定作品时,塞拉的雕塑作品并不是附着于在这些空间的形式条件中得到的线索,并不是"适合以及倾向"于这些(空间),而是反对它们。巨大的钢板墙《罢工》和《环道》(*Circuit*,1972)、《双胞胎》(*Twins*,1972),以新维度呈现的《切片》(*Slice*,1980)、《蜡弧》(*Waxing Arcs*,1980)、《玛丽莲·梦露—葛丽泰·嘉宝》(*Marilyn Monroe—Greta Garbo*,1981),以及《墙到墙》(*Wall to Wall*,1983)。这些尺寸规模也被呈现在水平钢板作品《描绘器》(*Delineator*,1974)、《电梯》(*Elevator*,1980),以及锻造钢块作品《跨度》(*Span*,1977)及《梯级》(*Step*,1982)中。这些作品尝试打破建筑的、空间的、视觉的和流通能力的外部限制,指向另一种艺术的场域特定性,其特定历史渊源来源于资产阶级内部。因为,如果现代艺术作品的

1972年为准备第5届卡塞尔文献展,正在装配理查德·塞拉的《电路》(Circuit)

1980年,正在装配理查德·塞拉的《电梯》,哈德逊河美术馆(The Hudson River Museum),杨克斯(Yonkers)[乔恩·阿伯特(Jon Abbott)摄]

## 6. 重新定义场域特定性

历史形式,被构想为私人室内空间的装饰功能,如果博物馆常客总是想象将毕加索的绘画或贾科梅蒂(Giacometti)的雕塑转置于私人住宅,那么想象一面钢墙切穿某人的客厅就不那么令人舒服了。"私人住宅内部空间"对塞拉的雕塑来说,不再是性质相投的现场,因此,艺术的另一个私人领域被塞拉使用的重工业材料及其部署模式所击败。同时,揭示出艺术机构的展览空间和私人住所的代理人决定、约束并大大限制了艺术的可能性。

当塞拉在商业画廊和博物馆里放置这些后期的作品时,他已经把大部分户外(艺术)活动转换为园林景观和城市景观。室内作品全然的不真实感,被硬塞入干净的白色房间,把真正的公共雕塑的经验法则强加于一般的私人场所范围之内。实际上,塞拉扭转了雕塑冒险进入公共空间时的方向,正如一位批评家在离职声明中简洁地阐明的方向:"我们所能做的,就是把私人艺术品置于公共场所。"[11] 如同我们即将看到的,(塞拉)不愿接受这个私人与公共对立的僵化观点,塞拉坚称,宁愿把街上的经验带回到画廊。在这个过程中,画廊观众(《玛丽莲·梦露—葛丽泰·嘉宝》,副标题为"为画廊观众创作的雕塑")意识到画廊令人难以忍受的限制以及对艺术经验的束缚。通过在画廊中扭转形势,使雕塑不受画廊的限制,塞拉颠覆了画廊的权威,宣称其为斗争的场所。在某种程度上,这场斗争的焦点,是私人与公共艺术场所问题,这被1980年放置于纽约格林街利奥·卡斯特里画廊的《切片》所证明。这件雕塑由高10英尺、长超过124英尺的连续曲线型钢板组成,穿过画廊的深度空间,嵌入一面长墙的两个角落。空间因此被分割为不连通的两个区域,我们可以把曲面的凸面区域指定为公共区域,内部的凹面区域指定为"私人"区域。从街道进入画廊,画廊观众沿着曲线从一个广阔的开放空间到一个压迫空间,在那里曲线接近长长的墙壁,然后在画廊的后墙再次展开。在外面的观众感觉到画廊的真正功能被隔断,无法看到其运作、办公室及工作人员。离开画廊,从大厅的门重新进入,画廊观众处于"内部",被曲线的凹面限制,从而知悉画廊的商

理查德·塞拉,《切片》,1980年,卡斯特里画廊装置,纽约 [贝文·戴维斯(Bevan Davies)摄]

业交易。因此经历过在《切片》两面截然不同、两者都无法想象的空间感觉,观众也能体验到画廊作为观看空间及商业空间的,一直可见,但从未真正呈现的关系。在放置的作品无法参与商品流通的商业可能性情况下,塞拉却能仅仅以抽象的、感觉性的角度,使画廊的环境成为作品的部分体验。

但以扰乱画廊的力量来确定艺术体验的可能性非常有限,因为它们依赖于有争议的机构的意愿。当然,这也是正确的,对于博物馆来说,尽管后者可能声称对所有的艺术实践保持更中立的态度,即使这些实践对于作为财产形式的文化私有化提出质疑。然而,博物馆仁慈的中立,只是以思想上构建的私人表达观念,来替代画廊的私人商品商业观念。因为设立博物馆这个机构,是为了产生及维持基于一系列大师的、具体化的艺术史,每位大师提供私人化的对世界的想象。尽管塞拉的作品并未参与这个神话,总之,他意识到在博物馆内,作品将被如此看待:

> 在我所有的作品中,实施的过程被揭示。材料、形式、语境的决定是不证自明的。事实上,工艺流程的揭示,使得雕塑家技艺的理想化失去个性和神化色彩。作品没有进入虚构的"大师"领域⋯⋯我的作品并不意味着任何深奥的自我指涉性(self-referentiality)。它们的构造引导你进入它们的结构中,并不涉及艺术家的人格面貌。然而,只要你的作品进入博物馆,其标签首先指向作者。参观者被要求识别"出自谁手"。这是谁的作品?即使作品并未暗示出处,博物馆机构总是创造自我指涉,并不会询问作品如何生效的问题。作品任何形式的分离可能都是黯然失色的。一旦作品进入公共领域,自我指涉的问题并不存在。作品如何改变特定的现场才是问题,而与作者的人格面貌无关。一旦作品矗立在一个公共空间,它们就成为别人的关注点。**12**

当塞拉第一次脱离艺术机构,他的确走得很远。那是 1970 年,罗伯特·史密森(Robert Smithson)已在犹他州的大盐湖创作了《螺旋形防波

装配《环绕六角星形的底座》《倒置的直角》,布朗克斯区(The Bronx),纽约,1970年[詹弗兰科·乔格尼(Gianfranco Gorgoni)摄]

堤》(Spiral Jetty);迈克尔·海泽(Michael Heizer)在内华达州的维吉尼亚河台地挖出《双重否定》(Double Negative);塞拉自己正在进行《移动》(Shift)计划,这是一件位于加拿大金郡的巨型户外作品。然而,由于大地艺术的发展而产生的兴奋,塞拉认为孤立的场所并不能令人满意。这位以工业材料创作的城市艺术家,发现庞大且不可避免地被赋予神话色彩的美国地景艺术不是他的关注点,与观众隔绝的、感伤的、虚假的英雄主义作品也并非他的(兴趣)。"不,"他说,"我宁愿更脆弱,处理真实的生活状态。"<sup>13</sup> 塞拉与纽约市政官员协商,在城市中找寻一处场所,最终,他们允许他在布朗克斯区废弃的死胡同里创作作品。1970年,在那里,塞拉建造《环绕六角星形的底座》(To Encircle Base Plate Hexagram)、《倒置的直角》(Right Angles Inverted),将直径26英尺的圆形角钢嵌入街道的表面。一条1英寸宽的细线围成半圆;另外半圆是8英寸宽的角钢法兰。从街道平面从远处看,作品是看不见的;只有当观众直接走到跟前,这作品才会突然出现。站在圆周里,观众可以重新建构半掩在斜坡下的雕塑般的体量。然而,第二种方法,也是从远处看,作品以不同的方式呈现。朝向楼梯的死胡同通往毗邻的更高水平面的街道上;从那里看去,下面的街道如同"画布",而钢圈"画"在上面。这样面对地面地读图,而不是重现在地面的物质体量,使塞拉苦恼,似乎他在雕塑中再次唤起的绘画主义(pictorialism)总是倾向于失效,他希望绘画主义战胜其作品中纯粹的物质性和持续的时间体验。此外,这欺骗性的绘画主义伴随着另一种塞拉未能预见到的对雕塑的解读,以及对他来说代表着与其作品放置相对立的、根本性的欺骗。那欺骗是作品的图像,因为它反对对作品的实际体验。

正如塞拉所描述的那样:《环绕》(To Encircle)的现场是"险恶的,当地的歹徒曾在此把偷来的汽车付之一炬"。[14] 显然,那些"当地的歹徒"没有兴趣欣赏雕塑——无论有没有绘画性——塞拉误认为,来自艺术世界的任何人只要对雕塑有足够的兴趣,就会冒险到"险恶的"布朗克斯边缘地区。作品的存在方式,恰恰是大多数人所熟悉的大地艺术的方式——

文档、照片。通过复制，它们转回到艺术体制话语中。在整个现代主义时期，艺术通过复制这一最强大手段从其语境中抽离出来。对于塞拉，雕塑的目的是打败艺术消费的替代品，甚至完全打败消费，并以物质实体中的艺术体验来取代它：

> 如果把雕塑降低为平面的摄影，你仅仅传递剩余的关注。你否认作品的时间体验。你不仅为了消费把雕塑减小为不同的比例，而且否认作品的实际内容。至少对于大多数雕塑，作品的体验与作品存在的地点无法分开。脱离这一条件，任何作品体验都是欺骗。
>
> 但人们可能想通过摄影，以消费绘画的方式消费雕塑。大多数照片以广告为线索，把图像内容作为优先级进行简单的格式塔解读。我对身临其境的雕塑体验更感兴趣。[15]

然而，塞拉试图区分供消费的艺术和不可移动的雕塑，这使他卷入旷日持久的论战。塞拉为真正的公共场所计划的第一件作品，并未被允许放置于它打算占据的公共空间。1971年，在赢得位于康涅狄格州米德尔顿市的卫斯理大学校园雕塑比赛之后，塞拉的作品《视点》(*Sight Point*)因为"体量太大，太靠近校园的历史建筑"，最终被这所大学的建筑师拒绝。[16]当然，这正是塞拉希望的作品的大小和距离。《视点》是采用早期的支撑物、依靠重力的原理创作的众多大型作品之一。但随着作品规模极度增大，在处于特定的公共场所的情况下，这些作品不再仅仅运用这些原理，来反对在现代主义雕塑中获得的形式上的关系；现在它们与另一种形式的建筑，即周围环境中的建筑发生冲突。这些作品的作用不是附属的装饰，不是为了强调或使附近的建筑物成为焦点，它们试图吸引路人对此雕塑环境进行全新的、批判性解读。塞拉的雕塑只有在连续观看的主动体验中，通过揭示建造流程，含蓄地批评了把建筑降低为清晰可辨的图像的趋势，准确地说，简化为（建筑物的）正面。也许，卫斯理大学建筑师想要保护的校园"历史建筑"，正是将其简化为（建筑物的正面）、建筑师们制图板上的绘画产物，以及建筑师表达控制权的场所。[17]

当被问及《视点》(1971—1975)被建在阿姆斯特丹市立博物馆后院而不是预期的位置失去了什么时,塞拉简单地回答:"《视点》与所有流通模式失去联系,而这是把卫斯理确定为其原始位置的决定性因素。"[18] 塞拉意识到,即使是公共艺术,通常被隔离在博物馆似的场所,只是为了增强被赋予的审美功能,它们从正常的流通模式和放置方式中被移除,可以说从意识形态的基座上被移除:

> 通常提供的场所都具有特定的意识形态内涵,从公园到公司、公共建筑及它们的延伸,如草坪、广场等。很难破坏这些语境。这就是为什么在(纽约)第六大道有那么多商业性装饰物,那么多带有IBM气息、代表其文化意识的蹩脚的广场艺术……但那里没有中性的场域。每个环境都有其框架和意识形态色彩。只是一个程度问题。我想要的条件是具有交通流量的密度。[19]

塞拉为《终点站》(*Terminal*,1977)找到的正是一个具有交通流量密度的现场,作品矗立在德国中心城市波鸿的通勤交通中心。"有轨电车在距离它1.5英尺的地方经过。"[20]

《终点站》的支撑结构是由四块相同的梯形耐候钢板组成,高41英尺。钢板由鲁尔工业区哈廷根附近镇上的蒂森钢铁厂制造,而波鸿是鲁尔工业区的主要城市之一。尽管《终点站》最初是为"第6届卡塞尔文献展"建造的,塞拉却打算把作品放置于此,部分原因是因为他希望将作品留在钢铁工业区的中心,而创作作品的钢板正是产于此地。[21] 然而,这个场域的社会特定性,使《终点站》引起轩然大波。

一开始,对于塞拉的公共雕塑来说,作品引起的反响并非不同寻常:街头涂鸦把它当作厕所或老鼠(出没的)警告,写给当地报纸编辑的大量信件,谴责城市基金的巨大开支,宣称作品丑陋而不合时宜。随着论战的升级和市议会选举的临近,基督教民主党(CDU)抓住这个问题作为政治竞选的焦点来反对有深厚基础的社会民主党(Social Democrats),正是他们投票决定为城市购买了这件作品。为争夺组成此地大部分选民的

理查德·塞拉,《终点站》,1977 年,波鸿( Alexander von BerswordtWallrabe 摄 )

基督教民主党竞选海报,波鸿,1979 年

钢铁工人们的选票，基督教民主党印刷的竞选海报上，《终点站》与一座钢铁厂的照片以蒙太奇方式剪辑组合。标语宣称"不能总是像这样——波鸿基督教民主党"。基督教民主党对《终点站》的反对，极端地揭示出在塞拉的公共雕塑中，尤其是在他的抽象词汇与明确的社会和物质条件交叉的范围内，所展现的问题。因此，值得详细地引用基督教民主党为表明对《终点站》的立场所发布的新闻稿：

> 雕塑的支持者普遍提到作品对鲁尔地区，尤其是波鸿作为煤炭和钢铁之都的伟大象征价值。我们认为这件雕塑缺乏作为象征的重要品质。钢是一种特殊的材料，它的生产需要复杂的工艺、专业的技术知识。事实上，该材料具有可分化的无限可能性，甚至能精细地处理最小和最大的物体，以及最简单和最具艺术表现力的形式。
>
> 我们不认为这件雕塑能表达任何上述事实，因为它看起来就像一个笨拙、无差别的、半成品"铸坯"。没有钢铁工人能对它引以为傲。
>
> 钢铁在最多样化的建筑中象征勇气和优雅；它并不意味着怪异的巨型纪念碑。这个雕塑的可怕之处在于笨拙的沉重、未经锻炼的属性。在很大程度上，钢也是一种使人联想到韧性、耐久性和抗锈性的材料，特别是波鸿产的优质钢有此特性。这件雕塑只是由普通钢制成，已经生锈，外表让人恶心。钢是由铁炼成的高质量的材料，所以并不是真正的原材料。然而，这件雕塑给人的印象是原材料……从地球中提取并未做特殊处理。
>
> 如果，正如它的支持者声称的那样，这件雕塑象征着煤炭和钢铁，它必须对那些关注它的人们，也就是说，这个地区的公民，尤其是钢铁工人，提供积极的身份认同的可能性。我们认为雕塑所有上述特点，不能提供积极的挑战和认同。我们担心相反的情况会发生，不仅会（对雕塑）产生排斥和嘲笑，而且随着时间的推移（相反的情况）会加剧。不仅对于这件雕塑，而且对所有自足的现代艺术品

都是负担。这不能成为负责任的文化政策的目标。[22]

基督教民主党声称代表钢铁工人利益的虚伪之处几乎不言自明,当时德国工人阶级遭受此政党越来越残酷的政策之苦,对于社会民主党在该地区保留权力这一点上,钢铁工人已经醒悟。[23]然而,最重要的是,对于公共艺术需求的本质,是为工人们提供能够明确地辨识、引以为豪的象征。隐藏在此需求中的是,艺术家象征性地调和钢铁工人与他们所遭受的、残酷的工作环境之间的关系。钢,这种与鲁尔区市民日常生活相关的材料,仅仅被艺术家用来象征勇气和优雅、弹性和耐用性、微妙的处理和表达形式的无限的可能性。换句话说,被伪装得让那些生产者们认不出来。塞拉的作品断然拒绝把原材料转化为钢的无坚不摧的、能指所隐含的权力主义的象征。虽然经过加工,钢仍然是资本主义经济体制中的原材料。[24]相反,塞拉将钢铁工人们异化劳动的产品呈现给他们,未转换为任何符号。如果工人们那么排斥和嘲笑《终点站》,那是因为他们已经与材料疏远;因为,尽管他们生产了那些钢板或材料,却从未真正拥有过;钢铁工人没有理由为任何钢铁产品感到自豪,或产生认同感。要求艺术家给工人们积极的象征,基督教民主党实际上是要求艺术家提供一个象征性的消费形式;因为,在任何情况下,基督教民主党不希望把工人当作工人,而是当作消费者。[25]

波鸿基督教民主党的"负责任的文化政策"目标,不会成为"自足的现代艺术品"的负担,这与过去20年来出现及发展起来的美国官方公共艺术政策相似。理所当然地认为,艺术是私人的自我表达,这些政策涉及将这样的艺术转移到公共领域,而不冒犯公众预期的各种可能性。曾在国家艺术基金会公共艺术项目部任职,并受委托写作相关著作的约翰·比尔斯利(John Beardslcy),在一篇引人注目的题为《公共场所中的个人情感》("Personal Sensibilities in Public Places")的论文中解释艺术家的私人关注如何能够成为让公众愉悦的事情:

> 通过整合与当地观众相关的内容,或通过对可识别功能的假

设,艺术作品能够对公众产生意义。通过作品在更大规模的公民改进计划中所扮演的角色,也可以鼓励同化。在第一种情况下,可识别的内容或功能提供了一种公众可以参与到作品中的方法,尽管他们可能不熟悉作品的风格或形式。在后一种方法中,艺术品作为艺术的特性被归入更加普遍的公共用途,有助于确保其有效性。在这两种情况下,艺术家的个人情感以鼓励普遍的公众移情的方式呈现出来。[26]

比尔斯利通过可识别内容征集的涉及公众移情的一个主要的例子,与《终点站》的类似:

> 乔治·西格尔(George Segal)获得扬斯敦地区艺术委员会的委托。他参观这座城市及钢铁厂时,发现平炉"惊人地令人印象深刻"。他决定创作平炉旁的钢铁工人主题雕塑,并以钢铁工人工会选出的两个成员韦曼·帕拉莫尔(Wayman Paramore)和彼得·科尔比(Peter Kolby)作为模特。他的委托方在扬斯敦恰好遭遇到严重的经济危机,一系列钢厂倒闭,约 10,000 名工人失业。然而雕塑完成后成为市民的骄傲。许多当地企业和基金会提供了赞助;其中一家钢铁公司捐赠了闲置的熔炉。工会协助制作和安装作品。人们不能绕开这样的结论:作品的主题是获得源源不断的公众支持的原因。扬斯敦人民为他们的主要产业寻求一个纪念碑,即使它已经没落。西格尔的《钢铁工人》(*Steelmakers*)是对钢铁工人们坚韧品质的致敬。[27]

这个讽刺的艺术政策的确会纵容、更不用说赞美建造在钢铁厂的一座神话般的纪念碑作品,而历史上的真实情况是,钢铁工人被迫加入产业后备军。这件作品真正歌颂的是谁的坚韧不拔?是钢铁工人们面对失业时绝望地试图保持他们的尊严?或是社会——包括商界、钢铁公司和工会对此作品的慷慨赠予——不惜采取任何手段,确保那些钢铁工人们永远不会认识到,与他们对抗才是这些经济力量的本质?或许,波鸿的基督教民主党会认为,西格尔的《钢铁工人》象征着钢的气魄和优雅是不充分的——毕竟，作品是铸铜——但它肯定可以满足他们的基本需求：雕塑通过赋予钢铁工人们正面的、可辨识的身份，来协调工人们与他们所处的残酷环境。他们的身份认同被操纵，工人们的自豪感只是为了使他们更能容忍其被奴役的事实，这正是上述文化政策所协调的方向。[28]

毋庸置疑，无论是德国右翼还是美国自由主义所制定的艺术文化政策，都发现理查德·塞拉的公共雕塑存在着不少问题。这个国家的保守派，他们反对所有联邦文化基金，明确地反对塞拉的作品，并相信当所有公共委托再次完全由私营部门支付的话，将不会为如此"有害的物体"（malignant objects，这是一篇描写塞拉《倾斜之弧》的文章标题）留下余地。[29] 然而，文化官僚们想表现得更加宽容，希望"塞拉的雕塑最终能够在社区赢得更大程度的接受"[30]。

执拗的艺术作品需要时间使自己迎合大众，这是在 1985 年 3 月的公开听证会上为塞拉的《倾斜之弧》辩护的基准线。曾在历史上引起公愤的、如今的典范（now-canonical）——现代艺术作品成为一种主旋律。但这延迟的历史判断实际上是对历史的否定，对真正的历史时刻——《倾斜之弧》以其特定性面对公众那一刻——的否定，以及对塞拉强硬拒绝艺术作品普遍本质的否定。因为，称《倾斜之弧》经得起时间的考验是把它放回到唯心主义的立场。分析让《倾斜之弧》陷入危机的既定文化政策，能够最好地理解这件作品真正的重要性。

《倾斜之弧》所处的公共现场有非常特别的意义。它所在的广场两侧是政府办公大楼、联邦官僚机构以及美国国际贸易法院。毗连纽约市联邦政府和州法院所在地弗利广场（Foley Square）。因此《倾斜之弧》坐落在国家权力机构的中心。雅各布·K. 贾维茨联邦大楼及其广场是城市发展的噩梦，体现在正式、无个性特征、面积过大、不人性化。这个广场是单调的空旷区域，疏散进出大楼的人流是其唯一功能。不能发挥作用的喷泉位于广场角落，因为巨型办公大楼的风洞效应会使喷泉水淋湿整个广场。塞拉的《倾斜之弧》是一面 12 英尺高、120 英尺长的钢板墙，

理查德·塞拉,《倾斜之弧》,联邦广场,纽约 [ 大卫·艾斯肯纳兹（David Aschkenas）,Glenn Speige lman 摄 ]

联邦广场示威,纽约,1984年6月6日反对美国移民归化局的中美洲难民政策[视频截图,迪·迪·哈勒克(Dee Dee Halleck)]

美国总务署拆除《倾斜之弧》,纽约,1989年3月15日[珍妮弗·科特(Jennifer Kotter)摄]

微微向办公室建筑和贸易法院倾斜,穿过广场的中心,将它分成两个截然不同的部分。它运用的材料和形式,与庸俗化的联邦大楼建筑国际风格,以及老弗利广场的州法院的布杂风格形成激烈的对比,此雕塑在市政建筑群中加入截然不同的结构。它使行人参与到一种全新的空间体验中,与广场建筑的乏味效果形成对比。虽然《倾斜之弧》没有破坏正常的交通模式——从建筑物到街头的最近的路线很清晰——但它的确将自身植入公众视野范围之内。这件雕塑吸引甚至控制路人的注意力,让上班族和其他行人离开他们平常匆匆行进的线路,跟随新的路线,审视弯曲的平面、体积,以及雕塑放置之地的视线。

为将联邦广场的功能从交通控制调整为雕塑放置地,塞拉再次使用雕塑来挟持现场,以坚持艺术的必要性,而不是委托那些机构权力和话语,来实现自身的功能。由于这个原因,《倾斜之弧》被认为是具有攻击性和自我本位的,塞拉将自己的美学构想凌驾于那些不得不忍受其作品的民众需求和欲望之上。但从根本上说,只要我们的社会建立在自我中心论基础之上,每一位个体的需要就会与所有其他个体的需要发生冲突,塞拉的作品只是为我们呈现出真实的社会条件。那些确保我们社会平稳运行的政治共识,依赖于这样的共同信念,即所有人都是独一无二的,但可以通过赞同国家的良性规则,彼此和谐共存。然而,国家的真正功能,不是捍卫公民真实的个体性,而是捍卫私有财产——准确地说,防止个人之间的冲突。[31] 在此政治共识内,艺术家被期待能发挥主导作用,以恰当普及化的方式提供一种独特的"私人情感",以确保和谐的感觉。塞拉被指控的原因是自我主义,而其他艺术家将自己的"私人感情展示在公共场所"却不受指控,首先是因为其作品不被视为反映了自己的私人情感。当艺术作品再次拒绝发挥虚假地调和矛盾的规定作用时,它成为被嘲笑的对象。适应社会生活的公众,接受个人的分化以及私人领域与公共领域现有的虚假的二分法,无法忍受面对作品的真实情况。当公共艺术作品在国家机器权限范围内,反对政治共识的条款,必然会遭到审查。

伪装成民主程序的国家强制力,很快施加于《倾斜之弧》,就不足为奇了。在决定移除作品的公审秀上,最激烈的反对者并非来自公众,而是来自国家的代表,来自联邦大厦的法官和联邦政府官员。**32**

自从1981年《倾斜之弧》安装在联邦广场的那一刻起,美国国际贸易法庭首席法官爱德华·D. 雷(Edward D. Re)就展开了一场移除它的运动。**33** 仗着产权人才有的控制权,而且人民无力控制恶化的城市社会环境,雷法官提出欺骗性的承诺,他声称只有移除钢墙,令人愉悦的社交活动才可能在广场上举行。为谴责精英艺术世界将其(艺术)实验强加给民众,许多上班族签署了移除《倾斜之弧》的请愿书。但法官及其下属公务员们的观点,的确与那些善意对待公众在午休时聚集在一起听音乐的人士们不同。一方面,对他们来说,由具竞争性的个体组成的公众可以被操纵,从而据理力争那些虚假承诺提供给他们的零星的社会活动。另一方面,他们是潜伏在钢墙另一边的可怕个体,当法官离开庇护他的办公室,冒险进入公共领域时,随时准备伏击(他)。在其中一封写给GSA抱怨这件雕塑的信件中,雷法官明确表达他的担忧:"有效的安全监视决不是次要的。这堵墙的位置横穿整个广场,挡住安保人员的视线,使他们无法知道墙的另一边正在发生什么。" **34**

在GSA听证会上,其中一位安保人员进一步阐述雷法官对民众的态度。他的证词值得被详细摘录,因为它清楚而令人寒心地提供了国家是如何对待公民的现状:

> 我的主要目的是从安全角度向你们展示影响我们执行自己职责的各个方面。我认为《弧》是一个安全风险或不利因素。我的主要论点是,它呈现出一面防爆墙的效果……120英尺长、12英尺高,而且它的角度朝向两幢联邦大楼:联邦广场1和联邦广场26(原文如此)。作品前部的曲率设计,堪比炸弹专家使用的发射爆炸武器的装置……这些炸弹爆炸装置的作用是向上发射。它可以向上发射而且角度对着这两座建筑……

大多数时候,这面墙接近建筑。当然,它会采用比那些用来摧毁目标的更大的炸弹;但这是可能的,最近我们正在预计联邦部门最糟糕的情况……大多数人以暴力方式或涂鸦或其他方式来表达他们对我们的反对意见……这面墙——请原谅——《倾斜之弧》,比其他任何的墙更多地被用于涂鸦目的……大多数的涂鸦都在我们看不到的另一面。

　　以违法为目的的闲逛是我们遭遇的另一个问题,我们的确有从建筑的这一边无法看到的毒品交易问题。顺便说一下,我们只关心在联邦建筑这边的自己。**35**

182　如果一座公共雕塑能够从自身投射出如此明确的、国家控制民众的蔑视性陈述,它就具有伟大的历史作用。我们现在已经被写入公共记录,对于任何想要阅读它的人来说,"联邦政府部门"只期望从我们这里得到最糟糕的事实,我们都被认为是潜在的流浪汉、涂鸦的三流文人、毒贩、恐怖分子。在偏执的国家安全卫队眼中,《倾斜之弧》转变成一面"防爆墙",当场域特定雕塑的激进美学被重新阐释为政治行动现场时,公共雕塑能够获得新的成就。这样的成就是重新把作品的场域定义为政治斗争的现场。理查德·塞拉下定决心要"招致攻击和处理其生存状况的现实",他发现自己一次又一次地面对现实矛盾。因为不愿意掩盖那些矛盾,塞拉冒险揭示的真正的场域特定性始终是政治特定性。

三 ( Three )

物品(Objects)

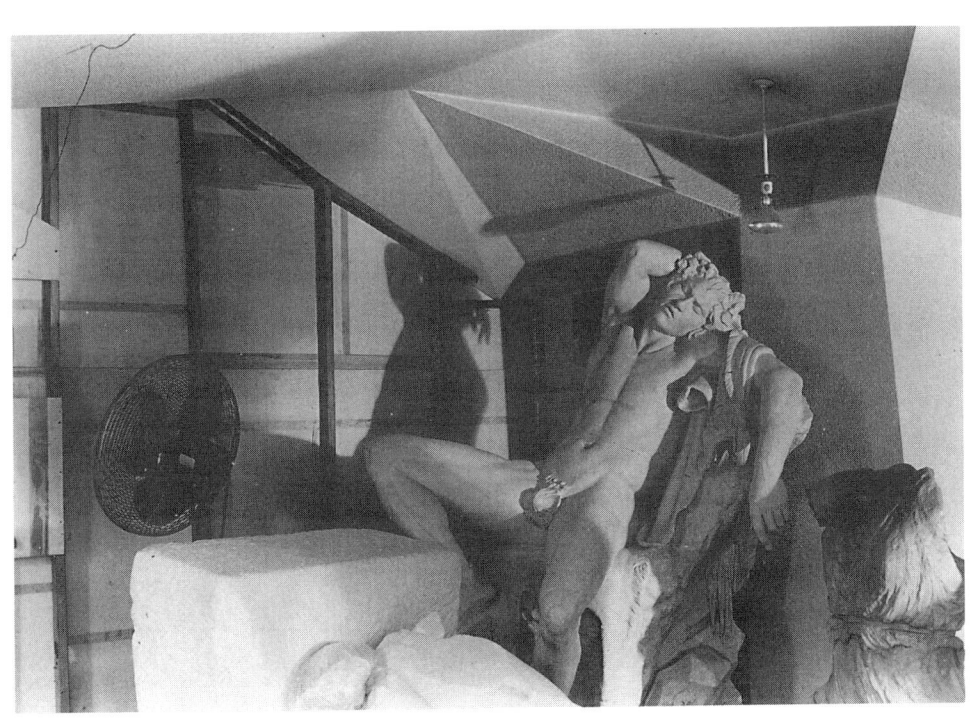

**仓库**(Storage)

皇后区博物馆,纽约法拉盛草原——科罗娜公园,由纽约大都会艺术博物馆租借,美国大通曼哈顿银行基金修复,1984年

你见过自己的异性父母的裸体吗？在你面前赤裸,是偶然发生的,还是无法避免?

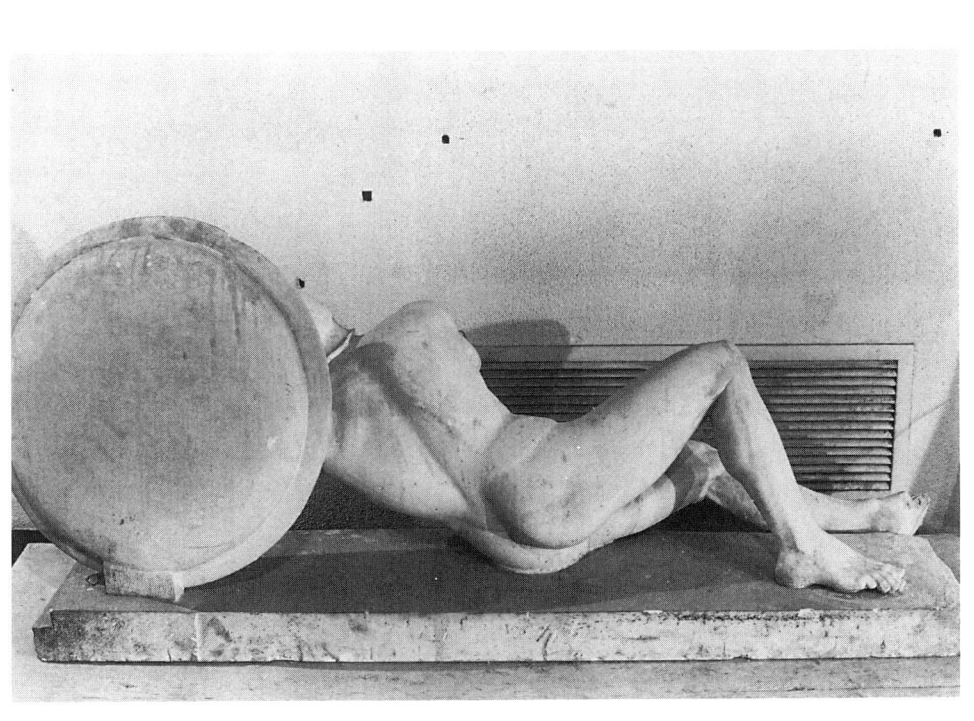

# 第三部分
## 后现代史

# 7. 这不是艺术博物馆

> 虚构不仅使我们能够抓住现实,同时还能捕捉到藏匿于现实背后的东西。
>
> ——马塞尔·布达埃尔(Marcel Broodthaers)

> 一段基于政治现实"虚构的"历史能让其真实;而一段基于历史事实"虚构的"政治却不能存在于历史性的真实之中。
>
> ——米歇尔·福柯(Michel Foucault)

与浪漫的理想相反,艺术家并不像"完美的"贻贝那样,是能够"躲避社会的模具而进行自我塑形"的"聪明东西"。[1]因此,当正值"职业生涯中期"的马塞尔·布达埃尔决定成为一位艺术家时,他提出了两种解释。第一种也是最常被引用的那种解释,出现在1964年他在布鲁塞尔圣劳伦斯画廊(Galerie Saint-Laurent in Brussels)展览的公告中:

> 我也想知道自己是否能卖出去什么东西并在生活中取得成功。在很长的一段时间,我一无所获。四十岁时……当发明一些不真实的东西的想法终于在我脑海中浮现,我立刻投入其中。[2]

第二种解释写作于次年，并发表在比利时的期刊《幻影》(*Phantomas*)上：

> 我常常在艺术展览中沉思……终于想尝试成为一位艺术爱好者。我会陶醉于自己的不良信仰中……鉴于无法建立自己的收藏，由于缺乏最基本的经济手段，我不得不另寻它法，来处置那些让我陷入强烈情绪中的不良信仰。所以，我对自己说，我要做一位创作者。³

我们现在或许会对许多"创作者"身上的"不真诚"和"不良信仰"表示怀疑，但这种消极的品质却很少被坦然地承认为，在晚期资本主义条件下工作的艺术家们所必需的立场。然而，通过在一开始就采取这样的态度，布达埃尔得以继续自己的创作，就好像他作为艺术家的工作都是虚构策略的一部分。尽管人们经常注意到，布达埃尔好奇的艺术型人格始于对艺术商品地位的承认，但对于其带来的无法"建立收藏"的挫败感，却几乎被忽视。坦承自己特殊的"不良信仰"，或许可以解释为什么布达埃尔不仅成为一位虚构的"创作者"，而且还会成为"虚构博物馆"的创作者。因为"凭借唯物主义者审慎的洞察力"，⁴他在这些虚构中揭示了有关收藏的真实的历史条件，正如它们现在所存在的一样。

\*

瓦尔特·本雅明在著作《拱廊街计划》(*Das Passagen-Werk*)晦涩的"H"条目部分中写下："作为收藏者的动物（鸟类、蚂蚁）、孩子和老人。"⁵这一想法中提及的生物学主义，暗示着存在一种对收集的原始冲动(sammeltrieb)，再没有比这更令人惊讶的了，尤其是他在关于爱德华·福克斯(Eduard Fuchs)的论述中，将收藏与历史唯物主义的任务联系在一起。尽管是从负面的角度论述的，有关收藏的正面维度表现在下述的引文中，同样来自文档"H"：

> 收藏者的正面等同者①——同时代表他的成就，只要他意识到

---

① 英文为 The positive countertype of the collector，本雅明认为只有他们才能解读自己收集的物品的秘密历史意义。这是区别"个人"(personal)和"私人"(private)收藏的基础。他们拒绝接受资本的要求，不会把自己的收藏品交给无价值的人。

将事物从实用性的束缚中解放出来——应该根据马克思(Marx)的这些话来形容:"私有财产让我们变得如此的愚蠢而被动,一个物件只有在我们拥有它时才成为我们的,也就是说,它作为资本为我们而存在,或者它为我们所使用。"**6**

对本雅明而言,真正的收藏者,也就是他所谓的收藏者的等同者,通过渲染他所收藏之物的"无用性"来抵制资本的需求;因此,收藏者的等同者能够解开他所积攒之物的隐秘历史意义:

> 在收藏的行为中起决定性作用的,是所收藏的物件从其所有原始功能中释放,以便与其等同物建立可能的最密切的关系。这和功用性截然相反,而且处于奇怪的有关完整性的分类中。这种完整性是什么?它是一种宏大的尝试,通过将事物整合成全新的、特定的历史体系——收藏品,来超越其单纯存在的这种非理性的性质。而对于真正的收藏者来说,这个系统中的每一件东西都将成为所有关于时代、景观、产业及与所有者相关的、全部知识的百科全书。收藏者最深刻的魅力在于把特定的事物封存到一个魔法圈中,事物会在其中石化,而终极的快感(被获取而产生的快感)则贯穿其中。一切都被铭记和思考,一切都有意识,现在都成为其所有权的基座、框架、基础以及封印。我们尤其不应该认为收藏者会从 *topos hyperuranios*① 中疏离,根据柏拉图的观点,那里包含着有关事物的永恒哲理。诚然,他丧失了自我。但是他有能力通过抓住救命稻草来获得重生,在心智模糊的迷雾之海中,他刚刚获取的物件就像一座岛屿。收藏是一种实用的记忆形式,并且在所有关于"接近"(proximity)的世俗化的表现形式中,它是最有说服力的一种。因此,在某种意义上,甚至在古董商业中最微小的政治纪念性举动,都具有划时代的意义。我们在这里所建构的一座警钟,将上世纪的媚

---

① 古希腊语,永恒之地。

俗之物唤醒成为一种"重新收藏(re-collection)"。**7**

"这里"所指涉的是《拱廊街计划》本身,因此本雅明将他自己所表达的,对于19世纪的巴黎的唯物主义历史观指定为一种收藏(实际上,对我们而言,它所留存下来的无非是一系列碎片、引文和笔记的集合)。上面这段引文的一部分,也出现在作者的自传性文章《打开我的图书馆》("Unpacking My Library")中,本雅明在其中将自己描述为一位收藏者。在这篇早期文章中,他预言了这种类型的消亡,因为他的角色正被公共(*public*)收藏所篡夺:

> 当失去私人拥有者时,收藏也会失去其意义。尽管公共收藏品可能在社会上不那么令人反感,并且在学术上会比私人收藏品更有用,但这些物品只有在私人收藏中才能得到它们应有的效果。我知道在这里讨论的那种类型已经时日无多了,并且呈现在你面前显得有点儿理所当然(*ex officio*)。但是,正如黑格尔所说,只有当夜幕降临,密涅瓦的猫头鹰才会开始飞行。也只有在濒临灭绝之际,收藏者才会被理解。**8**

如果我们觉得很难理解收藏者的正面等同者这一概念,不仅是因为这种类型本身已经灭绝,而且也因为取而代之的是两种尽管相关,但截然不同的现象。第一种是当代的私人收藏,与本雅明所说的个人收藏相反——是由那些"愚蠢而被动"的收藏者们积累而来,他们的物品只有在他们真正拥有和使用时才存在。第二种则是公共收藏,即博物馆。正是后者给我们理解本雅明的思想造成很大的困难,当他说公共收藏在社会上看起来不那么令人讨厌,在学术上更具有用性时,便承认这种理解上的困难。本雅明在这里暗指了一种传统的、不偏不倚的观点,即博物馆是一种进步的历史发展。一本有关19世纪早期公共艺术机构诞生的文献书《公共艺术的胜利》(*The Triumph of Art for the Public*)总结了这个观点。**9**我们能开始理解这种"胜利"的真正含义——也就是说,在"公共"之中,哪些人会通过阅读本雅明在世纪之交对社会民主党的教育项目所作的批判中受益。本雅明认为,(文献中)提出的"有关知识普及(*the popularization of knowledge*)的整体问题,并没有被解决"。

> 只要这项教育工作的对象被认为是公众,而非某个阶级,就无法解决任何问题……(社会民主党人士)认为,确保了资产阶级对无产阶级进行统治的那些知识,同样也能使无产阶级自己从这种统治中解放出来。事实上,在实践中没有出路的知识,那些没能教会无产阶级任何有关其阶级处境的知识,对于他们的压迫者而言没有危险。对于与人文学科相关的知识尤其如此。它远远地落后于经济学,仍未受到经济学理论革命的影响。它所寻求的只是刺激、提供多样性、引发兴趣。历史被震撼着以解除千篇一律的单一性,其产物就是文化史。[10]

本雅明认为的这段与历史唯物主义相对立的文化史,[11] 正是博物馆所提供的。博物馆对物品的攫取抽离了它们原有的历史背景,这并不是一种政治性的纪念行为,而是为了创造普遍知识的幻觉。通过在具体化的历史连续统一体中展示特定历史的产物,博物馆使物品拜物化,即本雅明所说的,"可能会增加堆积在人类脊背上的宝藏的负担。但它却没有给人类甩下包袱的力量,以便把握它们"[12]。本雅明所描述的收藏和我们所知的博物馆收藏,这两者之间的真正差异就在于此。博物馆使其收藏的物品同时独立于物品自身的时代和当下的物质条件,以此来建构文化历史。在本雅明的收藏中,虽然物品也从历史中被篡夺,但它们"被给予其应有的(given their due)",并且在符合当下政治观念的情况下被重新收藏,从而产生了如下的差异:历史主义呈现出有关过去的永恒图像,历史唯物主义则呈现出与之具体而独特的参与……历史唯物主义的任务,是要让历史原创与每一次崭新的当下产生密切合作。它依赖于当下的意识,打破历史的连续性。[13]

\*

正是这种对当下的意识,以及由这种意识所决定的、对于过去具体而独特的参与,成就了马塞尔·布达埃尔的杜撰博物馆。布达埃尔不能再以收藏者的等同者这个幌子,来履行历史唯物主义者的任务。相反,他通过假定另一种伪装——博物馆馆长的"等同者"——来纪念这一失落的过时人物。从"19 世纪部"(Section XIXème Siècle)开始,布达埃尔"在当时政治观念的压力之下",[14]建立起他的现代艺术博物馆之鹰部(Département des Aigles)。"这一微不足道的发明,与 1968 年发生的事件具有相关联的特点,即,每个国家都经历过的同一类型的政治事件。"[15]在 1968 年 5 月之后的仅仅几个月,这个"博物馆"就开幕了。当时,布达埃尔与其他艺术家、学生和政治激进分子共同参与了占领布鲁塞尔美术馆(Palais des Beaux-Arts)的行动。为了声援整个欧洲和美国发生的政治示威运动,[16]占领者们宣称他们对博物馆的接管,是为了与始终受到比利时官方机构控制的文化进行争论,同时,也是对将文化仅仅视为资本主义消费另一种形式的体系的谴责。[17]

但是,尽管他参与了这些有着明确目标的政治行动,布达埃尔打算如何将他的虚构博物馆塑造得具有"与之相关联的特点",却并不是显而易见的。在占领活动结束时,布达埃尔发表了一封公开信,他以"致我的朋友们"开头,时间为"1968 年 6 月 7 日,于布鲁塞尔美术馆";信的开头如下:

> 平静而沉默。这里已经摆出一个基本的姿态,它生动地阐明了文化和某些渴望以某种方式控制它的人们的野心;这意味着文化是一种顺从的物质。
> 
> 什么是文化?我写作。我发表演讲。我有一两个小时是谈判者。我谈论我。我重申自己的个人态度。我害怕匿名。[我想要控制文化的意义/方向(感觉)。][18]

7. 这不是艺术博物馆

布达埃尔认识到文化服从于那些对其施加掌控的人，他也认识到自己也想要施加这样的控制。仅仅在四年前，他有意选择将艺术家作为自己的职业，而现在则参与到对博物馆的占领运动中。布达埃尔在扮演谈判者和表明个人态度这两者之间摇摆不定，这本质上是双重定位。三个月后，在宣布博物馆开幕的信件中，他颇具讽刺意味地重申了这种双重性。尽管布鲁塞尔美术馆的占领者们明确地反对文化部长们的权力，布达埃尔则在官员们的主持下发布了声明，他在信中打上这样的抬头："文化部长内阁。1968 年 9 月 7 日于奥斯坦德（Ostende）。"**19** 落款的签名则是："作为部长之一的，马塞尔·布达埃尔。"这封信的正文是：

> 我们荣幸地向客户和好奇的人们宣布"现代艺术博物馆之鹰部"开幕。
> 作品仍在准备之中；它们的完成将决定展出的日期，那也是我们希望能让诗歌和造型艺术交相辉映的日子。
> 我们希望"无功利性加上赞赏"这一公式能够吸引你们。**20**

博物馆可能希望通过戏仿康德的"无功利性加上赞赏"的公式来吸引"客户和好奇的人们"，这样的建议或许是对体制化的现代主义所做出的最简练而精确的批判。不过，布达埃尔再次暗示自己也身处这场有关吸引的游戏中。

另外一封信［正如本雅明·布赫洛所指出的那样，它伴随着重大的改变，成为以"工业诗"（industrial poem）命名的博物馆的基础］，写在"现代艺术博物馆"真正开幕之前。这是第一封以博物馆中众多部门之一的"鹰部"的名义而发表的公开信，它为布达埃尔的矛盾立场提供了又一例证：

> 我认为所有客观的沟通方式达成的目标是一致的，这些方式预先假定了对我们所拥有的那些非凡的沟通方式的不诚实所进行的革命性批判，这些方式包括：新闻、广播、黑白（原文如此）和彩色电视。

马塞尔·布达埃尔,《现代艺术馆之鹰部,19世纪部》,布鲁塞尔,La Pépinière街,1968年9月27日—1969年9月27日。布达埃尔在开幕式上演讲,门兴格拉德巴赫市立博物馆馆长,约翰内斯·克拉德斯博士站在他旁边(露丝·凯瑟摄,由约翰内斯·克拉德斯提供)

巴士将客人从位于布鲁塞尔,闭幕的"19世纪部"载到位于安特卫普A37 90 89画廊的"17世纪部"开幕式,1969年9月27日—10月4日(露丝·凯瑟摄,由约翰内斯·克拉德斯提供)

但是，在一封以此开头的信中，所谓"客观的沟通（objective communication）"是什么意思：

### 博物馆

……一位长方形的馆长。一位圆形的侍从……

……一位三角形的收银员。一位正方形的保安……

信的结尾如下：

……禁止进入。人们每天都会在这里玩耍，直至世界末日。**21**

"现代艺术博物馆之鹰部"开幕后一周，"19世纪部"在布达埃尔位于布鲁塞尔 La Pépinière 街 30 号的家/工作室中"正式"开幕。尽管（或许是为了确认？）有"禁止进入"的警告，**22** 大约 60 位受邀的艺术界人士仍然出席了活动，其中门兴格拉德巴赫（Mönchengladbach）的阿布泰贝格博物馆（Städtisches Museum）馆长约翰内斯·克拉德斯（Johannes Cladders）做了开幕致辞。客人们在这里所见到的，是专门为此次展览从门克斯洲际运输公司借来的空画箱，上面印有典型的警告标志，如"保持干燥""小心轻放"和"易碎"；此外，还有 30 张 19 世纪法国绘画的明信片，它们都出自如大卫、安格尔、库尔贝、梅索尼埃（Meissonnier）和夏凡纳（Puvis de Chavannes）等"大师"之手。一架梯子倚在墙上，门上的数字似乎将房间指定为展厅，从外面可以看到"博物馆"的字样题写在窗户上。在活动期间，还放映了格兰维尔（Grandville）版画的幻灯片。

两个月后，布达埃尔在一封公开信中这样描述"19世纪部"：

### 诗歌

我是馆长。我不在乎。问题？你为什么这样做？

### 政治

事实上，"现代艺术博物馆之鹰部""19世纪部"，在主要的公众和军方代表出席的情况下，于 1968 年 9 月 27 日开幕。演讲的主题是关于艺术的命运(格兰维尔)。演讲的主题是关于艺术的命运(安格尔)。演讲的主题是制度暴力与诗歌暴力这两者的关系。我不能也不会谈论具体的细节、标记、亮点,或者复述这些介绍性的讨论。对此我很遗憾。

## 信息

多亏一家运输公司以及几位朋友的合作,让我们得以创立这个部门,主要包含以下内容:

1) 包装箱
2) "被高估了价值的"明信片
3) 持续的图像投影(未完待续)
4) 忠诚的工作人员 [23]

布达埃尔最初的博物馆装置的两个基本方面,都与他作品中的其他方面直接相关,也就是对艺术品的制度框架条件的关注,以及对19世纪的迷恋,这是至关重要的。第一种是较为明显的示意——通过运输和装置的方式;通过艺术开幕的借口,包括书信声明、邀请函、自助冷餐和开幕讲话;通过明信片(博物馆对"被高估"的、使之成为奢侈消费品的艺术品的廉价提醒);[24] 以及通过将艺术家的工作室作为博物馆。布达埃尔将生产与接受的场所混为一谈,揭示出两者之间的互相依存,也对它们所区隔的意识形态决定提出质疑:这正是资产阶级自由主义对私人和公共的分类。在布达埃尔将他的工作室转变为博物馆的三年之后,丹尼尔·布伦参加了在 La Pépinière 街的开幕式,他写道:

> 一方面是博物馆、画廊,另一方面是工作室,它们互相联系,形成同一大厦或同一系统的基础。在质疑其中一方的同时让另一方完好无损,是于事无补的行为。在分析艺术系统时,不可避免地将工作室作为艺术生产的*独特空间*(*unique space*),将博物馆作为艺术接受的*独特空间*。[25]

```
Département                Paris, le 29 novembre 1968.
    des
  Aigles

Chers Amis,
     Mes caisses sont vides.  Nous sommes au bord du gouffre.
Preuve: Quand je n'y suis pas, il n'y a personne.  Alors?
Assumer plus longtemps mes fonctions? Le système des musées
serait-il aussi compromis que celui des galeries? Cependant,
notez que le Département des Aigles est encore indemne bien
que l'on s'efforce à le détruire.
     Chers amis, mes caisses sont superbes;  ici un peintre
célèbre, là un sculpteur connu, plus loin une inscription qui
fait prévoir l'avenir de l'Art.  Vive l'histoire d'Ingres!
Ce cri résonne au fond de ma conscience. Cri de guerre. Je suis
en péril. Je renonce à vous donner des explications qui
m'exposent à un péril supplémentaire ....
                          P o è m e
Je suis le directeur.  Je m'en fous.  Question ?
Pourquoi le faites-vous ?
                        P o l i t i q u e
Le département des aigles du musée d'art moderne, section XIX*
siècle, a été effectivement inauguré le 27 septembre 1968 en
présence de personnalités du monde civil et militaire.  Les
discours ont eu pour objet le destin de l'Art.(Grandville). Les
discours ont eu pour objet le destin de l'Art.(Ingres). Les
discours ont eu pour objet le rapport entre la violence institu-
tionalisée et la violence poétique.
     Je ne veux, ni ne peux vous exposer les détails, les soupirs,
les étoiles, les calculs de cette discussion inaugurale. Je le
regrette.
                      I n f o r m a t i o n
Grâce au concours d'une firme de transport et de quelques amis,
nous avons pu composer ce département qui comprend en ordre
principal: 1/ des caisses
           2/ des cartes postales              "surévaluées"
           3/ une projection continue d'images  ( à suivre )
           4/ un personnel dévoué.

Chers amis, je suis désolé du trop long silence dans lequel je
vous ai laissés depuis mes lettres datées de .............
Je dois, pour l'instant, vous quitter.Vite, un mot d'affection,
                         votre Marcel Broodthaers.

P.S.Mon ordre, ici, dans l'une des villes de Duchamp est peuplé
de poires; on en revient à Grandville.
Correspondance: Musée d'Art Moderne, Département des Aigles,
     30 rue de la Pépinière,Bruxelles 1.  Tél.02/12.09.54
```

马塞尔·布达埃尔，《公开信》，巴黎，
1968 年 11 月 29 日

在布达埃尔的案例中,这种分析是由法定引发的,通过使它们趋于一致而破坏各自的独特性。布伦对工作室的争论焦点集中在其20世纪的表现上,与之不同,布达埃尔的分析使他进入前一个世纪,当时工作室与博物馆的最终分离已经实现,而且它们彼此在艺术系统中被赋予不同的角色。[26]

布达埃尔对过去的回归,体现在博物馆部门的名称上,也体现在明信片上的复制画作上,以及格兰维尔——"他的许多作品都能让人联想到19世纪资产阶级文化中过时的灵晕,这种灵晕或许能轻易地诱使观众不予理会他作品中显而易见的过时,以及对于当代艺术的前提预设漠不关心。"[27] 然而,恰恰相反,瓦尔特·本雅明在许多指涉中[波德莱尔(Baudelaire)、奥芬巴赫(Offenbach)、格兰维尔;广告、时尚和媚俗的作品]都分享了这样的深切关注——我们多半能清楚地领会到布达埃尔对于当下的意识。因为正是在19世纪早期,"浪漫气质"统领着艺术界,并且为其与社会现实的异化提供随时可用的辩解,对此,布达埃尔则不断地将其指认为当代文化观念的源头。同时,博物馆也开始对这种辩解体制化。唯心主义的艺术观念、强加于其上的分类系统,以及用来容纳这种观念的文化历史的建构——上个世纪,所有这些都在随着博物馆的发展而得到保障。这一体制性的"高估"艺术产生了二次效应,本雅明称之为"文化解体为商品"(the disintegration of art into commodities),[28] 布达埃尔则将其指涉为"艺术转化为商品"(the transformation of art into merchandise)。[29] 这一点,如本雅明所写,也如布达埃尔必定认识到的那样,"就是格兰维尔艺术作品中隐秘的主题"。[30]

当代艺术在20世纪60年代晚期的两难困境——它试图打破博物馆和市场的双重束缚,并且参与到当时的政治斗争中——其源头可以追溯到19世纪。布达埃尔进行考古学家式的工作,他在长达四年的虚构博物馆中发掘到问题的源头,而第一个篇章就是"19世纪部"。

J.J. 格兰维尔，《画廊展厅》（An Exhibition Gallery），书籍《另一个世界》（Un autre monde）的插图，巴黎，1844 年

*

在"19世纪部"开展的一整年,并持续到"现代艺术博物馆"在1972年第5届文献展"闭馆"期间,布达埃尔使用印有博物馆信头的信纸,定期发表公开信。(信头各不相同,从手写或加盖橡皮图章的"现代艺术博物馆之鹰部",到打字或排版字体的"现代艺术馆,记录文献部,鹰部"。)这些信件构成了虚构博物馆的记录文献部。[31]这似乎符合本雅明对历史唯物主义者任务的说明——"致力于连接历史起源与每一个新的现在"——这些信件的核心特征是,不断反思和修订以前的活动、作品和声明。[32]它们(指信件)滑稽而又矛盾的语气掩盖了严肃、始终如一(也许不太可能)的尝试:与文化产业超越个体生产者的非凡能力保持同步。然而,布达埃尔的连续评论并不仅限于他自己的生产,还延伸至其同行的生产。他说:"在视觉艺术中,我唯一可能打交道的是我的对手。"[33]事实上,在概念艺术(布达埃尔作品有时被硬塞进这个范畴)的创作活动中,记录文献部可以被理解为是对概念主义的一种批判,它常常天真地宣称已脱离艺术体制化、宣传和商业化的主导机制。[34]布达埃尔把"文学"这一名称再次与其"贬义",古老的一环对照为"艺术作为观念"或"艺术作为语言"的假定创新。

*

为纪念现代艺术博物馆"19世纪部"的结束,布达埃尔在布鲁塞尔的家中举行了闭幕式。"17世纪部"随即在安特卫普的一个替代空间A 37 90 80开幕。在活动邀请函上,宣称将会提供一辆巴士把客人带到安特卫普——"布鲁塞尔距安特卫普有50公里。没有足够的时间来反思这座博物馆。所以我将想法用括号表示,里面没有文字。"[35]由布鲁塞尔La Pépinière街博物馆内的类似展品组成,这个新的部门"17世纪部"以印有鲁本斯作品的明信片替换了19世纪画家的作品。展期为一周。

几个月后,在杜塞尔多夫阿布泰贝格博物馆的"介于4"(*Between* 4)

展览中，19世纪部以"19世纪部（第二回）"的形式再次出现（仅仅展了两天）。为准备19世纪部的"延续"，布达埃尔选择并布置了从杜塞尔多夫艺术博物馆借来的八幅19世纪的画作，从而暂时将临时展览空间作为博物馆陈列室。**36** 布达埃尔将画作放置成两行，每行四幅作品，这让人回忆起19世纪悬挂（画作）的方法。然而，他将画作根据尺寸和形状排列，这也暗示了在此之前的18世纪的博物学时代，当时的画廊构成了一种"装饰（décor）"**37**。正如布达埃尔的许多干预措施一样，"19世纪部（第二回）"只是一种姿态，但它产生的反响影响深远。当下博物馆的系列活动，都包括类似的对恋物对象的重新排序，无论是永久收藏还是借入——这种重新配置仅仅表明了博物馆文化历史的建构可以经受新的排列，而不会破坏历史主义的意识形态。对于布达埃尔感兴趣的特定世纪，人们只需要考虑巴黎的新奥赛博物馆，"19世纪部"的最终部分。穿过塞纳河，从卢浮宫和国家网球场现代美术馆（Jeu de Paume）运来，或从法国许多省份拨调而来的展品，它们在一个宏大背景中被重组，以便完全消除政治记忆。**38**

\*

布达埃尔的虚构博物馆再次被具体化，成为位于杜塞尔多夫Haus Burgplatz 12号的电影部。公告卡上声明，自1971年1月起，每周四下午2点到7点放映"教学电影"。在设置电影部的地下室的外围，布达埃尔展示了许多不同物品，每个都标有用模版印刷的数字或字母，"图1""图2""图A"，就好像它们是一部旧百科全书的插图一样。因此，这些被"教导"标记的物品包括灯泡、椅子、日历上9月12日那页、手风琴箱、胶片接片机。乔治·萨杜尔（Georges Sadoul）的《电影的发明》（*L'invention du cinéma*）拷贝与其他物品一同被放置在行李箱中。一个标有"鹰"的木制钢琴盒靠在墙上，上面刻有"博物馆"字样的铭文。回想起后来在门兴格拉德巴赫博物馆内，以《图像理论》（*Théorie des figures*）为题重新布置这些物品，布达埃尔还列举了其他的东西："纸盒、

马塞尔·布达埃尔,《现代艺术馆之鹰部,图像部》,科隆,艺术市场,1971年10月5日—10日。以科隆艺术博览会目录的包装形式出售博物馆的公告。

时钟、镜子、管子以及面具和烟雾弹。"**39**在这种奇怪的分类中,我们再次感受到19世纪的腐朽魅力,当时的确是"电影发明"**40**的时代。此外,我们还第一次在虚构博物馆里看到收藏品的形成。因为本雅明的"收藏者的等同者"现在已经消失,布达埃尔只能故意给每件物品标上数字,以唤起人们对它们的想象。布达埃尔说:"如果我们要相信铭文上的内容,那么这件物品就具有说明性的特征,它指向一种关于社会的虚构。"**41**但我们能相信吗?或者电影部是否仅仅纪念那些"物品从其原始功能中释放出来"的收藏品类型,以便使"每件事都成为关于所有时代的知识的百科全书……"?

\*

名为"我的收藏"(*Ma collection*)的作品真实地袒露了布达埃尔的心声,他想成为创作者以弥补自己未能成为收藏家的遗憾。这件作品"收藏"了艺术家参与的展览的资料,且每份都带有数字编号。该作品在1971年科隆艺术博览会(Cologne Art Fair)的宽白空间画廊(Wide White Space Gallery)展出。同时,"由于破产",现代艺术博物馆在其财务部门的支持下被公开出售。出售物为艺术展览目录的十九份副本特辑,每个副本都有书籍护封,上面写着:"出售现代艺术博物馆,1970年至1971年,出售原因为破产。"显然,博物馆并没有找到买家,**42**因其最雄心勃勃的表现,图像部于次年在杜塞尔多夫的市政艺术厅开幕。

图像部由266件代表鹰的物品组成,这些作品从43个"真实的"博物馆,以及包括布达埃尔自己的私人收藏中借来,日期范围"从渐新世到现在"。作品或在玻璃箱和玻璃橱窗中展出,或悬挂在墙上,或独自摆放,每件物品都配有英语、法语或德语标签,"这不是一件艺术品"——"通过杜尚概念的缩写与马格利特的对立概念所获得的准则"。**43**在展览的两个目录卷的第一个标题"方法"下,这两个概念——即现成品,以及米歇尔·福柯在他的文章《这不是一只烟斗》("Ceci n'est pas une pipe")

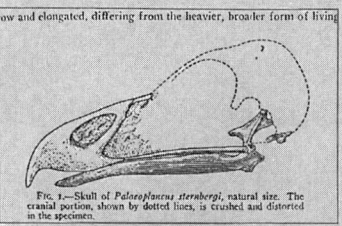

马塞尔·布达埃尔,《现代艺术馆之鹰部,图像部》两卷图录封面"从渐新世至今的鹰",杜塞尔多夫市立博物馆,1972年5月16日—7月9日

中所称的"破碎的图形文①(broken calligram)",通过杜尚的作品《泉》(*Fountain*)和马格利特的《对图像的背叛》(*La trahison des images*)复制品加以阐释。[44] 接下来,布达埃尔写道:

> 大众与下列艺术品之间存在矛盾冲突:各式各样的老鹰,其中一些作品具有重要的意义象征和历史概念。这种对抗的特征由否定的题词决定:"这不是……这不是一件艺术品。"这仅仅意味着:大众,你们是多么盲目!
>
> 因此,对此有非此即彼的两种解释:要么是关于所谓的现代艺术的信息发挥了有效的作用,在这种情况下,鹰将不可避免地成为方法的一部分;要么,题词似乎也只是一通废话——也就是说,它并不合乎相关讨论的水平,例如,对杜尚和马格利特思想的正确性进行的讨论——而展览也只是遵循古典原则:艺术中的鹰,历史中的、民族志中的、民俗学中的鹰……[45]

两种可能的解读,取决于现代艺术如何生效:或者是布达埃尔的博物馆反对文化历史,或者它只是将鹰作为主题的另外一个例子。[46]

图像部是布达埃尔最为"完整"的收藏,诚然,如本雅明所述,是"一个宏伟的尝试","通过整合为新的、特别创建的历史系统,超越全然非理性的纯粹品质的存在……"。这一新系统有一个"划时代"的目标:使另一个无效。正如杜尚的现成品清楚地表明了艺术博物馆(以及在其话语权范围内工作的艺术家)的功能是宣称对于那里的每一件物品:这是一件艺术品。通过应用马格利特的语言公式"这不是一只烟斗",布达埃尔的标签颠覆了这一命题。博物馆的"这是一件艺术品"——显然是同义反复,这被揭示为任意指定,仅仅是一种表述。[47]

"这个展览的概念",布达埃尔写道,"是基于鹰的概念与艺术的概念的同一性"。[48] 但"鹰作为概念"的结果是,如此一来,便存在各种各样的

---

① 即图像形容文字且文字指涉图像。

《现代艺术馆之鹰部,图像部》
"从渐新世至今的鹰"装置细节,
杜塞尔多夫市立博物馆,
1972年5月16日—7月9日
(瓦尔特·克莱因 摄)

物品——从绘画到漫画，从化石到打字机，从民族志对象到产品标识——它们的并置似乎只能是"超现实的"。然而，当被问及是否"这种远离一种艺术形式而接受另一种艺术形式的说法，如同绘画对象远离传统绘画一样"，并没有使他联想到"缝纫机和雨伞在手术台上相遇"，布达埃尔只是对博物馆的分类系统进行评论：

> 梳子、传统绘画、缝纫机、雨伞、桌子，都可以根据其分类的不同，在博物馆中找到自己的位置。我们看到放置在单独空间中的一件雕塑，在另一个单独的空间中放置的画作，陶瓷和瓷器……动物标本……每个空间又被划分，可能要被设置成不同的目——蛇、昆虫、鱼、鸟——目又被分为科——鹦鹉、海鸥、老鹰。**49**

通过向我们展现另一种"不可能"的秩序，图像部展示了博物馆知识秩序的奇妙之处。在这一点上，布达埃尔的虚构使人回想起福柯的考古学。福柯最初设计的、反对文化史的方法是在《事物的次序》(《词与物》)中。福柯告诉我们：

> 当我阅读这源于博尔赫斯(Borges)的一段话时，不经意的笑声便打乱了我的思绪——我们的思绪，以及脑海里一切熟悉的标志……这段话引用了"某一中国百科全书"的分类，其中写到"动物分为：(a)属于皇帝的，(b)经过防腐处理的，(c)驯服的，(d)乳猪，(e)塞壬，(f)传说中的，(g)流浪狗，(h)包括在此分类中，(i)疯狂的，(j)数不清的，(k)用非常细的驼毛笔绘制，(l)等等，(m)刚刚打破了玻璃水瓶，(n)从远处看起来像苍蝇"。在这种令人惊叹的分类法中，我们对事物的理解有了认识上的飞跃，通过虚构，这些事物被证明具有另一种思想体系的异国魅力，而认为那不可能存在，这便是我们自己的局限之处。**50**

那样想是不可能的；福柯解释道，因为博尔赫斯"去掉了现场，而只有在无声的环境中，实体才可能实现并置……简而言之，被移除的是著名的'手术台'"**51**。福柯考古学目的在于表明，允许我们实现异质实体并置的场所是话语的场所,并且话语的形成也经历了重要的历史突变,这导致它们彼此完全不相容。同时,福柯解释道,在19世纪初出现的历史化的思想体系,将知识强化为连续的历时的发展,这有效地掩盖了不相容性。[52]通过在无限回归的过程中追踪自身的起源,我们的文化历史把所有知识普遍化——最终心理学化。[53]

布达埃尔将图像部命名为"从渐新世至今的鹰"——仅仅是这个历史性事业的戏仿。在目录第二卷的标题"图0"下,布达埃尔写道:

> 这样的观念是危险的。有时它们也会促成一种难以从中觉醒的麻醉。深深地感到恐惧……一无所知……最终,毫无保留地仰慕。艺术的崇高概念和老鹰的崇高概念。从渐新世至今——这一切都非常崇高。为什么选择渐新世?因为在第三纪地层的发掘中,如果老鹰化石和符号的各种表现形式之间存在直接关系,那么这种关系也可能是微弱的。但地质学必须加上一个耸人听闻的标题,以灌输虚假的学术气息,即在接受鹰的象征时不作任何反思,甚至不会对其进行讨论。[54]

在文化史中,在特定历史时刻出现的类别——例如,艺术从不会被质疑;因此,可以将艺术视为与"人类本身"和自身的"创造性本能"共存的概念。同样,诸如收藏这样完整的历史现象也被心理化,它被视为跨越历史、跨越文化的冲动。[55]而博物馆只能被还原为收藏机构,因此那儿总被单纯理解为对收藏家"需求"的"自然的"回答。尽管事实上,博物馆是一个随着现代资产阶级社会的发展而出现的机构,文化历史学家仍将博物馆及其收藏品的起源一起追溯至"远古时期"。

由朱利叶斯·冯·施洛塞尔(Julius von Schlosser)撰写的著作《文艺复兴晚期艺术品与奇珍室》(*Die Kunst-und Wunderkammern der Spätrenaissance*),最初于1908年出版。关于艺术博物馆的文化历史,都可以在这本有趣的书中找到自己的起源,这本书被视为经典。施洛塞尔是维也纳艺术史博物馆的主任,维也纳艺术史博物馆的名字充满了对

16世纪早期,德国北部的一套鹰钩铠甲,维也纳艺术史博物馆收藏,被收录在现代艺术博物馆,鹰部,图像部(从渐新世至今的鹰),杜塞尔多夫市立博物馆,1972年5月16日—7月9日(图片由维也纳艺术史博物馆提供)

文化历史的敬意(并且出借一套鹰钩铠甲给图像部)。在书的开头,作者施洛塞尔对主题的普遍性进行简要的反思:

> 无论是谁,努力从收藏的起源开始,对收藏史及其全部分支和发展所做的编纂——对于心理学和文化史都将是一个有趣的主题——也许不应该不屑于对**贼喜鹊**(gazza ladra),以及对动物王国中的收藏家的本能进行各种煞有介事的观察。**56**

从较低深度的贼喜鹊(thieving magpie)①开始,施洛塞尔继续将收藏进程上升到儿童和"野蛮人"的收藏,再到印加人和阿兹特克人,阿拉丁和《一千零一夜》传说中的收藏,最后到历史的出现:希腊神庙和中世纪大教堂的宝库作为博物馆,文艺复兴时期的古物画廊作为博物馆。正是在这冗长的陈述之后,施洛塞尔才把注意力转移到其真正的主题,"多宝阁"。这个"真品秘藏阁"(Cabinet of rarities)正是他认为的历史博物馆的前身,而这个博物馆在"多宝阁"的"史前"部分,在施洛塞尔着手写的安布拉斯城堡(Schloss Ambras)中提到。

任何曾经阅读过关于"多宝阁"或者好奇柜(cabinet des curiosités)的描述的人,都会意识到将它作为博物馆的起源实在荒唐,"多宝阁"所收藏的物体及其分类系统完全与我们现在的博物馆不兼容。**57**这种文艺复兴后期的收藏类型并没有演变成现代博物馆。相反,它是分散的;它与当代收藏唯一的关系是,其中的某些"珍品"最终被收藏于我们的博物馆(或博物馆部门),如自然历史博物馆、民族志博物馆、装饰艺术博物馆、武器和盔甲博物馆、历史博物馆……还包括艺术博物馆。

当然,图像部展览并未倒回到"多宝阁"。但它确实反映其物品的异质丰富性,以及博物馆在19世纪对物品进行的重新分类。在图像部的目录卷封面和封底上,布达埃尔罗列出将老鹰②出借给自己的博物馆:

---

① 指任意收藏的收藏者。
② 带有老鹰图像的物品。

巴塞尔美术馆 铜雕柜

国家博物馆基金会普鲁士文化遗产 西柏林……伊斯兰艺术博物馆

国家美术馆，雕塑部……布鲁塞尔皇家武器护甲博物馆

布鲁塞尔维尔茨博物馆……伦敦大英博物馆民族志部

伦敦帝国战争博物馆

维多利亚和阿尔伯特博物馆……美国纽约印第安海伊基金会博物馆

巴黎荣军院酒店陆军博物馆

巴黎装饰艺术博物馆……布鲁塞尔杜塞尔多夫博物馆现代艺术博物馆之鹰部

  这一列表指出，在将地名和博物馆学分类的结合中，现代"公共"收藏品真正的历史维度：它们与权力的联系——不仅指老鹰所一贯象征的帝国权力，而且还包括通过它们的知识体系所建构的权力。更重要的是，它还指出帝国权力与知识权力的关系。[58]正如近来激进的学术研究一致表明，民族中心主义以及父权制下的"知识"，对于帝国主义政权，就像从拿破仑时期到现在的所有入侵军队一样，是至关重要的。

*

  虽然图像部仍然存在，以展示杜塞尔多夫展览的照片为内容的广告部（Section Publicité）仍在卡塞尔文献展（在卡塞尔定期举行的重大国际艺术展览）拉开帷幕。布达埃尔博物馆的最终面貌还包括另外两个部分。第一个部分是：现代艺术博物馆，鹰部，现代艺术部，从6月底开始在卡塞尔文献展展出，一直持续到8月底。在由哈拉尔德·泽曼（Harald Szeemann）组织的所谓的"个人神话部"（Abteilung Individuelle Mythologien）展览上，[59]布达埃尔在新画廊的地板上绘制一个黑色的正方形，并用白色字体以三种语言在其中题写"私人财产"。正方形被四条支撑链连接的支柱保护。窗户上写着"博物馆"的字样，从外面就可以看

哥本哈根奇珍博物馆内部,
欧勒·沃姆(Ole Worm)著,
《奇珍博物馆》(*Museum Wormianum*),
1655 年(史密森学会提供)

到,就像它们四年前在贝皮奈尔路(the rue de La Pépinière)出现一样。但这次从里面还可以看到,"博物馆"字样的下面写着"图0"。还有通常在博物馆中设置的指示标志:入口、出口、收费处、衣帽间等等,连同标志"图1,图2,图0……"

9月初,虚构博物馆的名字和特性发生了改变。现在称为古代艺术博物馆、鹰部、20世纪画廊,黑色的正方形被重新加以绘制,并以如下方式重新题写新的内容:

    写作 绘画 复制(Ecrire Peindre Copier)
    图像(Figurer)
    交谈 构成 做梦(Parler Former Rêver)
    交换(Echanger)
    创造 告知 权力(Faire Informer Pouvoir) **60**

总而言之,这三个最后的姿态悲观地指向博物馆历史上的新阶段,也正是我们现在正在经历的一个阶段:展览作为公共关系的形式,将艺术最终还原为私人财产,以及将艺术策略演变为纯粹的权力结盟。布达埃尔生前并未目睹自己最黑暗的预言得以实现,如今公司利益接管了文化产业,同时,收藏家作为历史唯物主义者的纪念角色也黯然失色。但他的确预见到自己的现代艺术博物馆将遭遇什么:

> 这座成立于1968年的博物馆,受到当时政治观念的压力,值此文献展之际闭馆。正是杜塞尔多夫的美术馆和文献展,使得博物馆一贯的英雄和孤独的形式转换为近似于奉献的姿态。
>
> 博物馆现在无聊地模仿自己是合乎逻辑的。当然这是一个浪漫的观点,但我还能做些什么呢?无论我们看着圣约翰福音传教士还是华特·迪士尼,一旦涉及文字,鹰的象征总是特别重要。然而,我写下这些文字,是因为我认为浪漫的性格是对上帝的怀念。**61**

## 8. 艺术展览

1880年至1881年冬天,爱德华·J. 洛厄尔(Edward J. Lowell)给《纽约时报》写了一系列的信,内容是关于他认为美国革命中没有充分记录的方面。信的开头如下:

> 卡塞尔位于德国北部,是对陌生游人最有吸引力的小城之一。那里的画廊、公园和花园以及宏伟的宫殿引起人们的赞美并带来惊喜。拿破仑三世曾在那里被囚禁数月,也许那儿的建筑能使他想起凡尔赛宫的壮丽,实际上,那些美丽花园的建造者也是刻意地模仿着凡尔赛宫。上世纪,由于土地几乎被占尽,法国贵族们成为欧洲大陆的风向标,其他贵族们也纷纷效仿,然而至少从表面上看,没有任何贵族像卡塞尔的黑森伯爵(the Landgraves of Hesse-Cassel)那样更恳切、紧密地跟风。所有建筑物和花园的巨大耗资,使国库里的钱捉襟见肘。而且土地贫瘠,三四十万的居民主要依靠农耕生活,但伯爵们则在经商。他们售卖或出租在那个时代所需的货物,这是一项回报丰厚的贸易。同时卡塞尔的黑森伯爵们贩卖人口的历史由来已久,因此弗雷德里克伯爵二世(Landgraves Frederick II)和他的部下们也成为美国历史的一部分。"黑森"虽然不是荣誉的称号,但在美国也成为家喻户晓的词。[1]

就在这封信写完的一个世纪以后,当最盛大和最负盛名的国际艺术展览用一张弗雷德里克二世的雕塑纪念碑照片作为明信片进行宣传时,也许应该再次反思这些历史事实。弗里德里克博物馆(Museum Fridericianum)一向自豪于被称为欧洲的第一座博物馆建筑,它建立在无数黑森雇佣兵和他们敌人残缺的尸体之上,以及那些以农耕为生的劳动人民艰苦的劳作之上。因此,我们应该好好回想一下瓦尔特·本雅明在被占领期间最严酷的日子,在法国边境自杀前几个月所写的话:

> 历史唯物主义者看待这些(文化财富)时带着一种谨慎的超然态度,因为他所审视的文化财富无一例外可以追溯到同一个源头。对此,他不能不带着恐惧去沉思。这些财富的存在不仅归功于创造它们的那些伟大的心灵和他们的天才,也归功于他们同时代人的无名的劳作。没有一座文明的丰碑不同时也是一份野蛮暴力的实录。正如文明的记载没有摆脱野蛮,它由一个主人到另一个主人的流传方式也被暴力败坏了。因而历史唯物主义者总是尽可能切断自己同它们的联系。他把同历史保持一种格格不入的关系视为自己的使命。[2]

\*

> ……第7届卡塞尔文献展并不是个坏名字,因为它表明了一种有吸引力的有关品位和歧视的传统,无疑是一个光荣的名字。因此,以前的那些小说可能会有一个副标题:穿过阴森的山谷和黑暗的森林,结束漫长而艰苦的旅程后,我们的英雄们终于到达英式花园,来到辉煌宫殿的入口。

上文是艺术总监鲁迪·福克斯(Rudi Fuchs)在1982年的卡塞尔文献展展览目录的介绍中所叙述的。[3]然而,在弗里德里克博物馆如同宫殿般辉煌的门口,观众遇到的并不是英雄式的人物,而是一个看起来不怎么样的建筑工人拖车,正在展示各种待售物品,甚至不能一眼看出来这

约翰·海因里希·蒂斯拜因(Johann Heinrich Tischbein),
《卡塞尔博物馆的弗雷德里克二世纪念碑落成》
(*The Inauguration of the Monument to Landgraves Frederick II in Cassel's Friedrichsplatz friedrichsplatz*),
1783 年 8 月 14 日(照片由卡塞尔艺术博物馆提供)

些物品究竟是艺术品还是纪念品。在这些 T 恤、批量生产出的工艺美术品和其他东西中，以及在英式花园中随处可见的小商店里，都能找到一些信纸，这种信纸上下边缘上都印着小小的声明，信纸的上方边缘印着：

> 如果不被尊重严肃地看待，艺术品很难甚至根本无法在环境中（艺术品周围的世界、风俗和建筑、政治与烹饪）坚守自己的立场，这些环境都变得艰难而残酷。在不断的噪音中，人们很容易听不见阿波罗七弦琴的柔和之音。艺术是温柔而谨慎的，她的目标是深度与激情、清晰与温暖。

在同一张信纸的下方边缘上，印着这段令人震惊的声明的来源："节选于一封写给参展艺术家的信，此信由第 7 届卡塞尔文献展的总监鲁迪·福克斯执笔，由路易斯·劳勒编辑出版。"

由于并没有被正式邀请参加卡塞尔文献展，从这封信的引述中也可知劳勒并没有收到此信。然而通过这种小花招，她也以一种边缘的方式出现在这场展览之中。受到正式邀请的珍妮·霍尔泽(Jenny Holzer)问劳勒是否愿意与时尚摩达(Fashion Moda)合作完成作品。时尚摩达是一所位于南布朗克斯(South Bronx)的另类美术馆。也就是说，时尚摩达的确位于艰难而残酷的中心地带，即美国最臭名昭著的，居住着黑人与拉丁裔的贫民区之一。时尚摩达并没有坚守自己的立场来对此反抗，而是建设性地融入该环境中。

尽管劳勒并没有收到福克斯的信，但和许多人一样，她也饶有兴致地读了这封信，此信有关即将到来的主要当代艺术盛事，因此成为艺术界八卦的焦点。这封信有一个荒唐的题目——第 7 届卡塞尔文献展：一个故事(*Documenta 7：A Story*)——还有同样荒唐的开篇首句——"这场展览如同一颗星星漂浮于我的脑海中，而我该如何向你描述这场展览？"—— 这封信揭示了福克斯最根本的矛盾。一方面，他声称将使艺术重获其珍贵的自律性，而另一方面，他毫不掩饰自己想要操纵个人艺术作品的愿望，这与他作为展览的主要艺术家的膨胀自我形象一致。不管参展艺术家们是否在意,福克斯都会努力确保他们的作品绝不会反映其所处的环境:周围的世界、风俗和建筑、政治与烹饪。

我也读过这封 1982 年春天发出的信,这使我好奇地参加了福克斯在纽约的歌德之家举办的新闻发布会,这次发布会是这场昂贵的国际艺术展览宣传活动的一部分。我满心期待福克斯能够确认有关这场展览将引起绘画和雕塑的传统模式回归的传闻,从而与早期文献展包含其他媒介的实验作品,比如影像和行为以及其他被公开批评的体制化的生产与接受形式相决裂。当然,福克斯做到了,正如他所展示的那一张张有关绘画和雕塑的幻灯片,近期的纽约以及西方世界的其他地方主导艺术市场的主要是这种新表现主义风格。然而,这场新闻发布会令我没想到的是,艺术总监的演讲,至少有一半不是关于艺术品,而是关于展览空间的准备工作进展情况。"我认为,"他说,"在临时的空间、改造的工厂等场所中展示当代艺术的时代已经结束。艺术是一项崇高的成就,应该得到体面和尊重的对待。因此,我们最终建造了真正的展墙。"[4]他竭尽全力呈现给听众们的正是这些展墙,以及照明设计和博物馆的其他细节。

在文献展的目录前言里,福克斯简要地概述了他的艺术展览。"我们精心计划这场艺术展览,"他写道,"除为这次展览准备空间以外,我们策划了一场展览。同时艺术家们都尽其可能地做到了最好。"[5]一切都应该是这样的:现在,艺术总监建造起永久性的展墙——既然不可能回到那个时代,即临时建筑足以、甚至能更好地满足非传统艺术实践的非传统要求的时代——同时,艺术家们都投身于艺术创作以适应这个神圣的环境。

因此,毫无疑问,在时尚摩达的展馆里,这些物品的身份依然存在问题。路易斯·劳勒的信纸、珍妮·霍尔泽的街头挑衅海报、由合作实验室(Colab)成员制作的小玩意儿、克里斯缇·拉普(Christy Rupp)的 T 恤上以丝网版画形式印着具有攻击性的老鼠——不管是什么,它们肯定都和鲁迪·福克斯反复重申的神圣艺术区格格不入。因为这些都是故意为之且边缘化的实践及作品,造价及售价都很便宜,不像那些在博物馆里的大多数画作和雕塑,背后真实但被伪装的情况却是国际艺术市场越来越被企业的投机行为所主导。不仅如此,时尚摩达的作品是故意面对,而不是否认、掩饰或者神秘化其生产和流通的社会基础,比如克里斯缇·拉普的老鼠图像。

  拉普和我住在曼哈顿下城的同一栋大楼,距离市政厅只有几个街区,纽约近期历史上最反动的市长将城市交付给强大的房地产开发商,然而城市服务却在下降,贫穷的市民们则被进一步边缘化。里根政府削减了帮助贫困人口的联邦计划,加上极具讽刺的、由于人为造成的纽约住房短缺,据报道,这曾导致 3 万无家可归的人住在城市的大街上。[6] 通过观察这些在我们建筑物后面的小巷里过夜的人们,他们与老鼠争夺麦当劳和汉堡王留在那里的垃圾,就可以想象他们的生活条件多么艰苦和残酷。1979 年春,当媒体报道一位附近办公室职员在下班路上被那里的老鼠攻击时,爱德华·I. 科赫(Edward I. Koch)市长颜面尽失。这样的事件如果发生在纽约市的贫民区是司空见惯的,但在此情况下,连卫生部门都被扯了进来,他们的调查结果相当耸人听闻:毗邻巷道的空地上有 32 吨垃圾,估计群居着 4,000 只啮齿动物。[7] 但卫生部门还有一些其他发现,更难以向公众解释。将空地与街道隔开的临时墙上,贴着巨大凶恶的、具攻击性的老鼠的图片,该图片是卫生部门文件里一张照片的复制品。这些图片不仅贴在临时墙壁上,甚至贴在附近的一些城市垃圾堆积处,这些腐烂的垃圾的确吸引老鼠,就好像卫生部门的游击行动为现在发生的事件预先贴出了警告。丑闻事件(指老鼠攻击事件)和似乎预言此事的图片的巧合,是新闻媒体急于报道的故事的一个方面,因此他们追查了这场游击行动的背后主谋克里斯缇·拉普。但这女人是谁?在电视上接受采访时,她显然知道这个城市老鼠泛滥的问题,甚至比卫生部门的官僚了解得更多。为什么她又自称是艺术家呢?为什么她把这些丑陋的图片作为自己的艺术作品呢?当然,一

克里斯缇·拉普,《老鼠巡逻》,1979 年

张从卫生部文件中借用并以机械方式复制的老鼠照片并不是艺术想象的创造;也没有使之成为普遍性的要求;在博物馆展览中看到此图片更是不可想象。

但是,那当然是其意义之一。拉普的《老鼠巡逻》(Rat Patrol),正如她称为"自己的活动",是如今数量众多的艺术实践之一,作品并没有对展览机构做出让步,甚至令他们感到困惑。因为只有展览机构才能在这个历史时刻将任何实践完全认可为艺术,因而《老鼠巡逻》不被大多数人理解为艺术。近来,我们越来越低估这一事实,因为自20世纪60年代后期以来,上述实践一直成为艺术家们重要作品的主题。正是这样的理解,鲁迪·福克斯才试图通过他在第7届文献展的展览策略和言论来压制。人们只能设想他的尝试经过了充分的计划。因为自从福克斯成为位于荷兰埃因霍温的阿姆斯特丹市立博物馆(Stedelijk van Abbemusuem)的艺术总监,他就已经是艺术实践最重要的支持者了,这些艺术实践揭示或批评以展览模式加诸艺术之上的条件,或者通过直接面对社会现实打破审美自律概念。

在第7届卡塞尔文献展里,福克斯仅仅温和而谨慎地加上了自己的艺术观点,以其立场来对抗环境,毋庸置疑,他没有获得完全的成功。由于与其他四位策展人合作,他被迫同意一些艺术家参展,而这些艺术家把揭露其艺术展作为己任。因此,想要加入弗里德里克博物馆的展览,人们面临各种礼仪的破坏,这正是福克斯想要确保的。我已经提到了时尚摩达的展台,这是负责挑选美国艺术家的策展人库斯杰·范·布鲁根(Coosje van Bruggen)坚持接受的。也许更具挑衅的是丹尼尔·布伦的作品。这是由布伦最熟悉的条纹材料做成的从高杆上串成一排的三角旗,还带有扩音器。扩音器里播放着按照年代顺序排列的音乐片段,作曲家从吕利(Lully)、莫扎特、贝多芬再到威尔第和斯科特·乔普林(Scott Joplin)。用14种语言吟诵的颜色名称周期性地打断这些音乐。因此,布伦在展览的入口处创造的气氛,被批评家本雅明·布赫洛描述为"适合游乐园或者加油站的盛大开幕"。[8] 这样的氛围更适合黑森州的

丹尼尔·布伦,《花环》(Les Guirlandes),
1982年,第7届卡塞尔文献展,前方为约翰·奥古斯特·纳尔(Johann August Nahl)的《弗雷德里克二世纪念碑》(丹尼尔·布伦摄)

劳伦斯·韦纳,《许多彩色物体并排放置,形成一排多彩的物体》,1982年(丹尼尔·布伦摄)

自我推销和国际艺术世界的节日聚会,而不是福克斯所期待的崇敬的氛围。此外,布伦同时模仿着这场展览简单化的历史概念(例如,展览目录中的一卷,按照出生日期来安排参与者)和民族主义,这是一个新近复兴的类别,以促进更强大的市场竞争。

在三个博物馆建筑内——弗里德里克博物馆、橘园美术馆(Orangerie)和新美术馆(Neue Galerie)——福克斯故意把每位艺术家的作品分布在每个画廊,以便与其他各位艺术家的作品形成不可思议的并列。尽管,福克斯喜欢将这种策略称为艺术家之间的有效对话,但是结果却是否定差异,分解意义,并将一切都降低为随机风格的大杂烩。然而,这些分组的真正意义更准确地体现在劳伦斯·韦纳(Lawrence Weiner)的名言上:"许多彩色物体并排放置,形成一排多彩的物体。"这段话放在弗里德里克博物馆外墙的带状装饰上,这个带状将本次展览目录的两大卷连接在一起。

在博物馆建筑区域,要使人们意识到福克斯的策略更加困难。然而有一件作品却否决了艺术对重大公共问题的参与,有力反击了福克斯的计划。这就是汉斯·哈克的《油画,向马塞尔·布达埃尔致敬》(*Oelgemaelde, Hommage a Marcel Broodthaers*),该作品被降级收藏于新美术馆而不是在弗里德里克博物馆占有一席之地。哈克的作品充满对抗:一面墙是精心绘制的里根总统的油画肖像;对面的墙则是一幅巨大的和平示威的壁画式照片(photomural)。这幅肖像画被传统上用来增强艺术品灵晕的博物馆装置所包围,使艺术品与尘世分离,栖息于自己的世界中,与福克斯的信条一致。画作被金色的框架所包含,在小画灯的照射下散发出自身特殊的光芒,并配有谨慎制作的墙壁标签,由悬挂在支柱之间的天鹅绒绳索保护,这幅画作就好像蒙娜丽莎那样与前来欣赏的观众保持着安全的距离。通过对这些博物馆装饰的戏仿,哈克向布达埃尔的杜撰博物馆表达了敬意,同时嘲笑了福克斯想要提升和保护自己杰作的欲望。

在这座高级艺术的小神殿,红地毯从脚下延伸到对面墙下,哈克在

汉斯·哈克,《油画,向马塞尔·布达埃尔致敬》,1982年(照片由汉斯·哈克提供)

这面墙上放置了一张壁画大小的照片,该照片于文献展正式开幕前一周拍摄于波恩。这张照片是在战后德国举行的最大规模的示威活动中拍摄的,抗议里根总统在德国联邦议院游说,以便支持美国在德国领土上部署美国巡航导弹和潘兴 2(Pershing 2)导弹。

在很特殊的条件下,哈克的作品能够实现展览中绝大多数绘画和雕塑所不能实现的。哈克不仅在此语境中插入实际的历史情况作为提醒,而且还根据当前审美辩论的条件进行了反思。如果不是因为哈克的作品,人们几乎不会知道最近摄影已经成为艺术家们试图抵制传统美术霸权的重要媒介,或者说瓦尔特·本雅明关于机械复制的经典论文已经成为当代视觉文化批判理论的核心。人们也不会理解,这场辩论还包括对博物馆机构保护艺术品灵晕的功能(这也是本雅明的主要目标)的批判。从福克斯那里我们所学到的是"我们的文化遭受着媒介造成的错觉之苦"[9],而这正是展览机构需要去克服的。

但是比这些辩论更重要的是,哈克的《油画》(Oelgemaelde)提醒着参观者,卡塞尔城镇的相关历史其实比文献展的艺术总监不断提及的历史更接近当下。福克斯试图将他的文献展定位于黑森—卡塞尔的贵族们建造起辉煌宫殿时的 18 世纪的伟大传统中。第 7 届卡塞尔文献展的官方明信片是约翰·奥古斯特·纳尔(Johann August Nahl)的作品,即弗雷德里克伯爵二世的新古典雕像的照片,该雕像就矗立在弗里德里克博物馆的前面;此外,目录每一卷的封面都附有一张关于博物馆山墙上的、装饰性的具寓意的雕塑的照片,不足为奇,那些照片都代表着古老的美术类别的绘画和雕塑。

然而,正如我所说,卡塞尔最近的历史更为紧迫。如果福克斯必须在博物馆里建面墙,是因为原来的墙在第二次世界大战中被盟军炸毁了。卡塞尔曾经是德国的中心,是希特勒的战略弹药库之一。但在 1982 年这座城市不再是德国的中心;相反,它距离东边的另一个德国的边境只有几英里。哈克的作品能够吸引前来参观的人们,也许并非因为 18 世纪的卡塞尔的光辉岁月,而是岌岌可危的眼下,冷战的紧张局势已再次升级。正如被阿波罗七弦琴的柔和之音所迷惑,也许福克斯首先让我们忘记的正是这个艰难和残酷的事实。

*

福克斯希望针对紧迫的历史事件的侵入,重申艺术的自律性,这个愿望在 1982 年举办的德国其他国际展览中得到更彻底的实现。这场展览由诺曼·罗森塔尔(Norman Rosenthal)和克里斯托·乔查麦兹(Christos Joachamides)共同组织,具有一个恰当的名字"时代思潮"(*zeitgeist*),这场展览比福克斯的展览更加大胆地否定了政治气候的现实,同时排除任何可能会扰乱他们所呈现的神秘化趋向的艺术品,他们希望展出的作品都能作为时代思潮的典范。这场展览再次在历史上著名的博物馆,即柏林装饰艺术博物馆(Kunstgewerbemuseum)展出,此博物馆根据其建筑师被命名为马丁·格罗皮乌斯大楼。乔查麦兹在其目录简介的最后一段提及了这座建筑的历史:

> 几个月前,马里奥·莫兹(Mario Merz)来到柏林,参观马丁·格罗皮乌斯大楼,谈到格罗皮乌斯的贡献时,他不由自主地评论道:多么美丽的宫殿!(我们再次来到这座辉煌的宫殿前。)在另一个场合,诺曼·罗森塔尔谈到那座大楼所唤起的内部和外部之间、现实与回忆之间的紧张关系。在外部,是由德国的过去和现在组成的恐怖环境。在内部,是自律性的胜利,建筑学上的"整体艺术作品"①通过创造自身,巧妙强势地消除建筑物中所谓的现实,甚至现实对其造成的伤害也是美的一部分。这也是"时代精神":此地方,这个地方,这些艺术家,正当此刻。对我们来说,问题是一个自律的艺术品怎样与同等自律的建筑物联系起来,并与当下所有的记忆联系起来。**10**

---

① "整体艺术作品"(Gesamtkunstwerk)是由德国作曲家、剧作家瓦格纳提出的美学概念,在 19 世纪的欧洲出现。20 世纪,这个词也用于形容建筑形式、室内装潢、家具、花园等空间概念,或电影、大众媒体中。参见维基百科。

马丁·格罗皮乌斯,装饰艺术博物馆,柏林,
1877—1881 年,洛伦·兹里特,蚀刻版画
(国家形象,柏林提供)


二战后柏林装饰艺术博物馆废墟
(国家形象,柏林提供)

事实上如何呢？但首先，我们可能会更加具体地了解那些记忆，以及现实所包含的内容是什么。马丁·格罗皮乌斯大楼在二战后几乎成为废墟，由于它紧邻盖世太保总部、党卫军办公大楼、恩斯特·扎格比尔（Ernst Sagebiel）的航空部和艾伯特·斯皮尔的帝国总理府（Albert Speer）。这个纳粹权力行政中心防卫到最后，遭到的轰炸和炮击是这个城市里最严重的。在整个重建期间，工艺美术馆仍然是一堆被忽视的废墟瓦砾；直到20世纪70年代末才进行了修复。即使现在，大部分装饰依然无法修复。但是也许比这些炮击留下的痕迹更相关的是这样的事实：因为前门离柏林墙只有几码远，所以只能从大楼的背后进入建筑物。在提到这座大楼及其包含的艺术品的自律的胜利被恐怖的环境所包围时，罗森塔尔陷入了沉思，大概这就是他所提到的恐怖环境吧。

假如罗森塔尔和乔查麦兹邀请了类似于汉斯·哈克那样的艺术家来参加"时代思潮"，他们的反问也许能得到真正有意义的回答。[11]因为这是哈克的既定计划的一部分，以及采用类似方法的其他艺术家的计划的一部分，展览的语境决定了他将进行的干预的性质。正如哈克所说，"作品第一次展出的语境对我来说就如同画布和颜料"[12]。当然，这意味着哈克的作品必须放弃其对自律性和普遍性的要求，以及放弃作为易于销售的商品的定位。罗森塔尔和乔查麦兹已经表明自己主要致力于艺术的这些方面。然而，想要刻意为"时代思潮"的语境而调整作品的想法并没有完全回避那些策展人。为了给博物馆中庭空间带来令人印象深刻的一致性，他们要求八位参展艺术家各自为展览特别画了四幅规格为3米×4米的画作。艺术家们尽职尽责地调整了作品的尺寸和版式，以满足展览的需求，就好像服装设计师可能会改变衣物的形状来满足一个异常肥胖的顾客的要求。美国画家大卫·萨利（David Salle）甚至大胆采取原来通常会使用的含义模糊的标题，将其特制的作品命名为《时代思潮绘画1号》《时代思潮绘画2号》《时代思潮绘画3号》和《时代思潮绘画4号》。毫无疑问，未来的收藏家会很高兴去收藏这些印有权威国际展览出版许可的作品。

对"时代思潮"艺术品的描述,我主要依据该目录的一个美国贡献者——艺术历史学家罗伯特·罗森布鲁姆(Robert Rosenblum),他能敏捷地适应任何新兴审美时尚,因此非常有资格为之代言:

  在十年前的象牙塔里,艺术家们煞费苦心地计算着高精度的几何图形、符号学理论以及各种视觉及知识的纯度,如今这座象牙塔被一群国际艺术家们入侵,他们都想以一种自觉的不良做法来撼动这一切。随处都能感受到一种解放爆发的感觉,仿佛一个神话的、记忆的、熔化的、带有参差不齐的形状和颜色的动荡世界,终于能够从智力的压抑限制之中释放出来,这种限制统治着过去十年最强有力的艺术。摄影图像非个人的、静态表面的,形式上清晰的客观领域都在这场动荡中被颠覆,这场动荡似乎既是个人的又是集体的,然而,从大多数的公共经验,无论是来自神话、历史或者早期艺术品的详细目录来看,艺术家们自我幻想的爆发被剔除,从杂志和明信片到地铁站和中产阶级的室内设计,所有可能的地方都在不断对当代人们的眼睛和心灵提出疑问。
  从这个潘多拉的盒子里,永不干涸的传奇创作正在涌现,以最意想不到的方式填充这些新画布。这种对抽象艺术传统的破坏和摄影图像的经验假设的攻击,积极地吸收了从圣经、漫画、历史传说、文学殿堂、古典传说中获取的最大范围的存在。呈现在这里的艺术家们的作品选集也许包括图像,例如,不仅包括耶稣(费廷)(Fetting)、飞马座(莱布伦)[Pegasus (LeBrun)]、布鲁恩希尔德(基弗)[Brünnhilde (Kiefer)]、俄里翁(加鲁斯特)(Garouste)、普罗米修斯(吕佩尔茨)(Lüpertz)、维克多·雨果(施纳贝尔)(Schnabel)、毕加索(波洛夫斯基)(Borofsky),还有兔八哥(萨尔)(Salle)和幸运的路克(波尔克)[Lucky Luke (Polke)]。涵盖了或高或低、当代和史前、经典和基督教、传奇和历史,这些创作形成了视觉上的巴别塔,混合了高低不同的、当代和史前的、古典和基督教的、传说中的和历史的文化,呈现出来的激烈偏见,密切反映了混乱而过剩的百科全书似的数据,这些数据填补了我们共享的视觉环境并提供了梦想和艺术的材料。**13**

人们可以花一点时间来分析这样的文本,象牙塔被国际军队入侵,然后他们又继续在象牙塔里面建造一座巴别塔;或者说分析一篇散文,其术语的变幻莫测可以从"历史传说"变成二元对立的"传说"与"历史"。无论如何,这是独特的历史观,认为十年被压抑的才智所控制,而下一个十年则被自觉的无礼行为爆发所解放。但这段历史毕竟只是艺术史,艺术史是一个制度化的学科,罗森布鲁姆扮演了卫冕大师的角色。对他来说,历史这词也许可以用时代思潮来代替,因为他所理解的只不过是感性和风格的变化。因此展览"时代思潮"所记载的艺术—历史转变仅仅是另一种可以预测的风格的转向:由冷到热,由抽象到具象,由日神到酒神。(我们可能会注意到,在这方面,鲁迪·福克斯在援引阿波罗的七弦琴的柔和之音时,混淆了其术语,因为在文献展中,绘画的主导模式也是高调的新表现主义。)

罗森布鲁姆关于时代思潮的历史的观点,在他的同事希尔顿·克莱默的展览目录中得到了证实,他最终将其归结为简单的品位改变。当克莱默尝试通过朱利安·施纳贝尔(Julian Schnabel)和马尔科姆·莫利(Malcolm Morley)的作品来处理他在纽约时报的专栏时,克莱默头脑中闪现出新奇的想法,认为新兴的艺术可能被解释为品位的改变。显然,他非常高兴找到了解决困境的办法,并决定在《时代思潮》中引述自己的观点:

> 在艺术中,没有什么比品位的真正改变更加不可估量——或者更加不可避免……尽管品位似乎可以通过一种补偿法则来操作,因此,在某一特定时期内对某些品质的否定,几乎已经可以

> 自动为它们的胜利归来埋下伏笔,而这个时间表则是永远无法准确预测的。它的根源在于比时尚更加深刻、更加神秘之处。我认为,每一种真正的品位改变的核心,都存在着敏锐的失落感,存在的痛感——这是一种对于艺术生活绝对必要的感觉,被允许陷入无法忍受的萎缩状态。正是为了立刻修复这种感知的空虚,品位才会在其最深沉的层次发挥作用。[14]

克莱默继续解释道,在20世纪60年代和70年代,艺术失去的是诗意和幻想、自我的戏剧、幻想的和非理性的事物;而这些都被纯正的、大脑抽象的正统观念所否定。它再次只成为关乎风格、感性和它们所产生的主题的问题。

但是对这些当代艺术的描述遗漏了什么?事实上,又抑制了什么?这个近期历史版本的隐藏日程精心地排除了过去二十年真正取得重大发展的艺术。通过将这一时期的艺术描述为抽象的、几何的、智能的,艺术实践的真正措辞被忽略了。我们在哪里读过这些批判权力体制的文本,这些权力体制试图将艺术的意义和功能局限于纯粹的审美?在哪里有讨论可以试图解散美术媒介,并将其替换为可以更好地抵制那些体制的生产方式?我们在哪里可以找到对女性主义和少数人群的作品分析,它们被艺术体制边缘化,成为创作替代实践的重要出发点?我们在哪里能够找到艺术家在当地社会环境里所提及的直接干预的内容?简而言之,在这些文章里,我们在哪里能了解到政治批判已经成为近期艺术最主要的力量?

当然,没有答案。对于罗森布鲁姆、克莱默、罗森塔尔、乔查麦兹以及福克斯来说,政治是艺术必须否认的。对他们而言,艺术是温和而谨慎的,艺术是自律的,存在于象牙塔中。毕竟,艺术只是品位的问题。为此,政治就是一个威胁了。但是他们的政治是什么?难道就只有艺术展览?是不是还有政治展览?选择18世纪帝国统治者的雕像作为展览的象征,只邀请一位女性参加43位艺术家的展览,难道不是政治？**15**难道我们认识不到，政治会限制有关风格问题的压制或解放的讨论吗？想要把艺术限制在纯粹的审美范围内，难道不是政治？

希尔顿·克莱默皈依新表现主义美学几乎与他经历过的另一种更具体的转变同时发生。为美国最有影响力的《纽约时报》担任16年的艺术批评家以后，克莱默辞职创立自己的杂志。由主要的右翼基金会慷慨资助，**16**克莱默的《新标准》(*New Criterion*)一出现，就成为里根政府文化政策的主要知识机构。在既定的道德价值观和批判标准的幌子下，这些政策实际上包括了所有文化活动的资金撤回和进一步边缘化，被视为批评保守的政治议程，逐步取消政府对艺术和人文学科的支持，被"私营部门"的资金所取代。后一个词"私营部门"，是美国现政府的最爱，最好被翻译为企业自身利益，从电视节目到艺术展览，它已经开始收紧对美国文化活动各方面的控制。克莱默在这方面的努力得到了他的出版商塞缪尔·利普曼（Samuel Lipman）的大力支持，他在里根总统艺术国家委员会任职，而该委员会负责监督国家艺术基金会的活动。在《新标准》中的一篇文章发表后几个月内，基金会的主席就宣布取消这笔奖金，从中可以看出来克莱默的新杂志的有效度，因为这篇文章主要谴责为艺术批评家设立的国家基金会奖金。**17**

正是在这种背景下，我们必须看到克莱默声称对美学问题保持高度中立，以及他对艺术政治化的憎恶。在《新标准》杂志中一篇题为《时光倒流：1984年的艺术与政治》("Turning Back the Clock: Art and Politics in 1984")的文章中，克莱默猛烈地攻击了最近一些涉及艺术和政治问题的展览。他的论点是，任何试图在审美中看到意识形态运作的企图都是极权主义的，甚至是斯大林主义者的立场，都不可避免地导致对暴政的默许。但是，如果政府试图压制对其政策的批评或反对，不能够被称为暴政，那么什么才是暴政？如果不是运用所谓自我表达的唯我论去直接肯定现状或内容本身，那么暴政最能接受的审美产品又是什么呢？克莱默自己对反对派的暴虐镇压的默许，明显地反映在他的文章里。文章隐含地呼吁取消那些展示政治艺术的展览场馆，一次又一次地提醒，读者们才是公共财政的受益人，还质疑那些策展人致力于政治艺术批评家这一学术定位的适合性。但是，这些麦卡锡主义者的暗示隐藏在对维持审美标准的所谓无利害关注的面纱之后。在克莱默的预估中，政治艺术具有极高的审美品质，这几乎是难以置信的；但更糟糕的是，这种艺术似乎有意全盘否定审美话语。为了证明自己的观点，克莱默特别指出汉斯·哈克在纽约市立大学研究生中心举办的展览中的贡献，该展览是在艺术家们呼吁反对美国对中美洲进行干预的情况下组织的。以下是他对哈克作品的讨论：

> 在展览中……我们可以看到其中有一个巨大的、方形的、未上漆的木箱，高约 8 英尺。在它的上面有一些小开口，往下印刷着大写单词。也许是对唐纳德·贾德的极少主义雕塑的拙劣模仿？根本不是。这是一个庄严的申明，而上面的字告诉我们为什么："美国军队在格林纳达波因特·萨林的监狱营使用的隔离箱。"受此启发的这个作品的创作者是汉斯·哈克，他也参加了"艺术与社会的良知（Art and Social Conscience）"展览［这个展览也是克莱默攻击的对象，举办于巴德学院（Bard College）的伊迪丝·C. 百隆艺术学院（Edith C. Blum Art Institute）］，由攻击里根总统的摄影灯箱海报组成［《安全网》（*The Safety Net*），1982］。这样的作品不仅缺乏任何可辨别的艺术品质，而且几乎没有任何可辨别的艺术存在。它们不能被体验为艺术，也不能被意指为艺术。然而，除了在艺术展览上，它们又该在什么地方被展出呢？然而，它们融入艺术环境中的目的不但是为宣传而加分，而且是为了破坏艺术作为审美话语领域的观念。里根总统和他的政策可能就是这场攻击的直接目标，但是更根本的是艺术本身的观念。[18]

但这是谁的艺术观念？谁的审美话语领域？谁的艺术品质呢？克莱默

汉斯·哈克,《隔离箱,格林纳达》,1983年,
1984年(照片由汉斯·哈克提供)

说得好像这都是既定的事实,因此,每个人都会同意哈克的作品只不过是宣传品,或者像《华尔街日报》社论中指出的那样,是色情作品。[19]哈克利用了历史上认可的挪用审美策略,以创造一种严格的具真实特性的作品,这一点似乎被克莱默忽略了。哈克的《隔离箱,格林纳达》(*Isolation Box, Grenada*)是美国军队在几个月前公然无视日内瓦公约所使用的那些隔离箱的精确重建。当他读到《纽约时报》中关于为残酷羞辱格林纳达和古巴人质特别建造的监狱牢房的描述时,[20]哈克仍然注意到它们与"唐纳德·贾德的极少主义雕塑"的相似之处,因此认识到将这种雕塑美学挪用于具有当代政治意义的作品中。但显然对于克莱默来说,为了质疑政府无视国际法入侵一个小主权国家,错误地轰炸了精神病院并杀死许多无辜的人,并在整个入侵期间进行全面新闻审查,以这样的质疑来恢复美学立场正是对暴政的默许。

*

希尔顿·克莱默忽视了哈克作品《隔离箱,格林纳达》中所包含的历史前卫策略,并不是简单地想要防止其作品中提出的政治难题。克莱默的目的更为彻底:压制任何有关前卫艺术和激进政治之间联系的讨论,从而为现代艺术提出连续的、毫无问题的美学史,它完全与政治参与事件隔绝。克莱默为达到这一目的所需的时间,可以通过阅读同一篇《艺术和政治》("Art and Politics")来确定,在文中克莱默抨击了新博物馆的"艺术与意识形态"(Art & Ideology)展览的策展人之一,这是克莱默怒气所指的主要目标:

> 在纽约州立大学韦斯特伯利学院教授艺术史的本雅明·布赫洛……为自己选择的展览宣传材料辩护,并抨击已故的小阿尔弗雷德·H.巴尔(Alfred H. Barr, Jr.)无法理解"(现代)艺术家和理论家们在20世纪引入到美学理论和生产史中的最激进的变化"。显然,这意味着阿尔弗雷德·H.巴尔永远不会接受布赫洛教授对现

代艺术史的马克思主义分析,这种分析似乎建立在路易斯·阿尔都塞(Louis Althusser)所写的《列宁与哲学》(Lenin and Philosophy)一书的基础之上。(这真的是纽约州立大学韦斯特伯利学院所教授的现代艺术历史吗?啊!人们可以相信。)[21]

我不会再详述,但是括号里的评论引起了我的注意,会不会有人质疑克莱默的策略包括扣赤色分子帽子进行政治迫害。在我们的语境下,克莱默打上括号之处更重要,即对现代一词的蓄意伪造。即使是对巴尔所持立场最极端的批评者们,在指责他无法理解现代艺术家和理论家之前,也会有所犹豫,而这根本就不是什么布赫洛所做的。接下来是克莱默引文中更为完整的一段:

> (阿尔弗雷德·巴尔)作为美国现代主义奠基人之一以及教授美国新前卫体制的第一任主任,1927年,他前往苏联观察学习国际前卫活动,并希望把这些活动带回美国,他认为自己面临看似难以控制的冲突局面。一方面,苏联现代主义前卫派的生产力惊人[惊人的方面表现在:支持者的数量,无论男女,从马列维奇后期的至上主义者(Malevich's late Suprematist)通过构成主义者实验时期到LEF团体和生产主义项目,从宣传鼓动剧场作品到面向大众的前卫派电影作品的生产模式]。另一方面,艺术家和文化生产者、批评家和理论家们普遍意识到他们正在参与现代主义美学的终极转变,这将不可挽回、不可逆转地改变它们从资本主义社会和体制中继承而来的生产和接受条件(来自康德美学以及起源于它的现代主义实践)。此外,人们越来越担心,成功转型的过程可能会被集权主义形成的压制所中止,而集权主义的压制形成于为新的社会主义集体文化奠定基础的系统中。最后也是至关重要的,在此情况下,阿尔弗雷德·巴尔对利益和行为动机的处理是:在社会团体即将解散自身及其专门活动的时刻和地点,寻找最先进的现代主义前卫派,以便在具有新定义的社会生产文化集体活动过程中,承担新的角色和功能。

>阿尔弗雷德·巴尔作为最早的"现代"艺术史学家之一,即将在美国发现并建立现代前卫艺术。对20世纪的艺术家和理论家们引进美学理论和艺术创造的历史无法理解的原因(从字面意义上看),在这种语境下,显然太过复杂,无法解决。**22**

虽然布赫洛花了很长的篇幅,来详细说明那些巴尔未能完全理解的艺术家和理论家们的特殊历史背景(然而,正如布赫洛所说,出于历史的特定或决定性原因),克莱默用布赫洛的那些替换一般性术语现代,在20世纪20年代后期,自律的现代主义媒介濒临瓦解的边缘,那些生产主义者们转而支持集体社会生产。

我详细引用布赫洛的文章不仅是为了展示希尔顿·克莱默批评中狡猾、歪曲事实的伎俩;还因为它对当代艺术展特别具有针对性。因为正是为了掩饰现代美学发展历史中的断裂,构成了当前阿尔弗雷德·巴尔协助建立博物馆的计划。在布赫洛看来,现代艺术博物馆把现代艺术史展现给美国公众,尤其是那些公众中的艺术家们,他们从未完全清楚地表述过历史前卫的立场。这一立场包括发展文化实践,这些实践批判性地揭示了在现代资产阶级社会中遭到限制的艺术体制化。与此同时,这些实践的目的在于在体制化体系之外发挥社会作用。然而,在现代艺术博物馆,无论是早期还是现在,苏联前卫派、杜尚和德国达达艺术家们的作品都受到遏制。它们被尽可能地呈现为传统的美术杰作。这些作品的激进内涵已经被体制扭曲,以免干扰体制将现代艺术描绘为抽象和抽象风格的稳定发展。

虽然,众所周知目前现代艺术博物馆藏品的陈列不仅仅是为了呈现现代艺术中独特的作品,而是为了展示这些作品的叙事历史。最近现代艺术博物馆新闻稿宣称"这些藏品讲述的是现代艺术的故事",同样清楚的是,鉴赏成为错误构建历史的正当理由。在博物馆管理人员看来,现代艺术博物馆最首要的任务是让公众直接体验不受沉重历史负担影响的伟大艺术作品。事实上,在新博物馆入口到小阿尔弗雷德·H.巴尔画

纽约现代艺术博物馆展出的苏联前卫艺术作品,1984年(路易斯·劳勒摄)

廊的陈列中，清楚地表明这个理由。在专门的牌匾上，巴尔曾将他的任务定义为："从平凡之中区分出认真负责、持续不断、绝不动摇的品质。"**23** 为了判断这种鉴赏原则是如何在带有偏见的历史中运用的，需要详细分析特定艺术家和艺术运动的相对重要性和重要程度，例如，毕加索和马蒂斯尤其重要，而不是与他们相对的杜尚和马列维奇。特意把立体主义作品与苏联前卫派作品相对照，如今却把作品降级到杂乱的楼梯间；博物馆为了凸显其馆藏的特别作品却把其他作品存放于仓库。

然而，现代艺术博物馆在采取简单有效的展览方式的同时，对自己的藏品怀有一种偏袒的态度。在博物馆内部，把现代艺术实践严格划分到不同的展览部门。通过将前卫艺术作品分配到各个展览部门——绘画和雕塑、素描、版画、书籍插图，建筑和设计，摄影和电影。即严格按照媒介对展品进行看似自然的强制分配，现代艺术博物馆自动构建出一部现代主义的形式主义历史。**24** 因为这种简单并看似中立的展示模式，举个例子，对于博物馆观众来说，他们也无法理解罗德琴科（Rodchenko）放弃绘画转向摄影的意义所在。罗德琴科认为，绘画已成为过时的文化的遗留痕迹，摄影才有可能是创造新文化的工具。这是巴尔前往苏联旅行期间目睹的情况，但这段历史却无法清楚地表达，因为罗德琴科各式各样的作品被交付到博物馆不同的部门中去。事实上，参观者仅能体验到罗德琴科是一位跨媒介艺术家，是一位多才多艺的艺术家，就像许多"伟大的"艺术家一样。在摄影部门看来，罗德琴科似乎为摄影增添形式上的可能性，但是在那些认为摄影比绘画更具有社会实践潜力的人眼中，他的作品又无法被理解。如果没有其他原因，摄影也很容易适应更广泛的分配系统。虽然在其个人作品灵晕的衬托之下，罗德琴科的摄影甚至无法传达这个最简单的历史事实。现代艺术博物馆的结构中固有的对现代主义和现代主义中的前卫干预的误解，对战后美国艺术有特别的影响，布赫洛在其"艺术和意识形态"展的论文中对此有所讨论。我们现在正在经历当代艺术展览中，现代主义和现代主义中的前卫之间的矛盾，而我们也饱受由此带来的后果，我将回到这一点（的讨论）上。

希尔顿·克莱默对布赫洛提出的巴尔与苏联前卫派相遇的分析进行总结性的反驳,仅仅是通过对阿尔都塞的分析进行贴标签来实现,[25]当把他对这一重要事件(这一事件发生在1929年博物馆成立之前)的描述放在一起时,可以更充分地理解他。在《新标准》特刊号上一篇专门讨论翻新的博物馆的文章中,克莱默再次小心翼翼地把美学与政治分开:

> 20世纪20年代,巴尔曾去过德国和俄罗斯,他对艺术以及在那里学习的艺术观念印象深刻。这些观念比审美感觉更激进,这点是可以肯定的。这些观念起码在当时是比较激进的,在它们的社会含义中也带有激进性。在德国的包豪斯建筑学派和俄国革命早期的前卫派议会中,在强大的乌托邦意识形态影响下,艺术是什么,或者艺术应该是什么的概念发生了改变。结果,区分工业艺术和艺术之间的界限就算没有被所有相关的人完全抛弃,至少会受到很多质疑和削弱。从此,以这个激进的角度来看,没有审美等级。海报可能等同于绘画,一座工厂或住房项目也应该赢得与一件伟大雕塑作品同样的尊重。
>
> 在我的印象中,巴尔一生对政治不是很感兴趣。不管怎样,政治意蕴的发展并没有吸引他。巴尔最感兴趣的还是艺术的美学内涵,所以,在他的影响下,现代主义美学和工业主义技术综合的尝试成为早期博物馆设计的愿景。[26]

无论克莱默是否公正地评价巴尔的政治兴趣,他将巴尔归于能够理解前卫派美学,并放弃过激立场的那类人,尽管克莱默坚持用激进这个词。[27]早期前卫派并没有想将"建筑、工业设计、摄影、电影与绘画、雕塑和平面艺术相提并论",以便把其他媒介的艺术作品提升到"高雅艺术的行列"。[28]相反,早期前卫派中真正的激进主义抛弃了为社会生产利益的美术概念,也就是说,一方面,将架上绘画作为一种形式进行摧毁。最初的前卫派计划并不包括具有社会含义的美学;而是包括政治化美学、社会主义艺术。[29]

268

纽约现代艺术博物馆,建筑与设计馆的前厅,
1984年(路易斯·劳勒 摄)

然而,克莱默在论述中表达了对前卫派去激进化的历史后果的正确判断:"起源于包豪斯和其他前卫派团体的美学已经被剥夺了自身的社会意识形态,转而成为文化市场上的占支配地位的审美。"实际上,前卫派的作品已经从他们的政治背景中脱离出来成为美术呈现,而且成为产品设计和广告的典范。好像为了说明从政治性鼓动到广告宣传这一转变过程,[30]现代艺术博物馆设计馆的入口处展示了苏联前卫派成员的海报,同时并置一些受他们直接或间接影响而创作的广告画。罗德琴科为革命剧院创作的海报下面是由阿列克谢·布罗多维奇(Alexei Brodovich)为马蒂尼设计的广告。阿列克谢这个来自俄国的移民,早期对罗德琴科的设计课程十分痴迷。对面墙上贴着古斯塔夫·克鲁西斯(Gustav Klucis)和谢尔盖·先金(Sergei Senkin)的政治宣传标语"让我们完成这个伟大事业"。利西茨基(El Lissicsky)的"苏联俄罗斯展览(USSR Russische Ausstellung)"公告挂在最近的金巴利酒(Campari)广告的旁边。为了刻意模糊意义上的重要区别,克莱默当然点头表示赞成,并指出在这方面现代艺术博物馆已经完成了它的使命。但是时至今日,现代主义已经完全融入消费者文化之中,当我们走进现在的设计部门,"我们突然发现自己仿佛置身于布鲁明戴尔家具商店(Bloomingdale's furniture department)里,所以人们越来越质疑这样的布置是否必要"[31]。任务完成之后,现代艺术博物馆又周而复始,回到艺术事业,因为它已经超越了巴尔的"激进概念",扩大了审美追求的定义。克莱默总结道:"如今只有作为一个专门从事高雅艺术的机构,新的现代艺术博物馆才能够声称自己具有一个伟大而必要的目标。"[32]

在这点上,官方新保守主义者认为博物馆的目标被历史前卫主义曲解,博物馆应当完全放弃呈现那些不遵守传统美术观的艺术实践,即恢复绘画和雕塑所属的特权。事实上,在重新开放的现代艺术博物馆题为"近期绘画与雕塑的国际调查(An International Survey of Recent Painting and Sculpture)"的开幕展上,博物馆方面也是这样做的。而且特别将第7届文献展和"时代精神"作为先例,负责选拔的该次展览的策展人基纳斯顿·麦克夏恩（Kynaston McShine）声称"（这次展览）着眼于每件事物，每个角落"，因为"重要的是要从各个不同的地方开展工作，并向大众展示当前大量的艺术活动。国际上正在发生的事情，我希望（这次展览）能够成为国际上正在发生的事件的横截面"[33]。然而，将"正在发生的事情"限制于绘画和雕塑领域中，就是在这个历史节点上，故意掩盖艺术活动的客观事实。但是仅仅把"每件事物，每个角落"着眼于绘画和雕塑领域是盲目的，而且这种盲目做法会继续无视前卫派作品的每一次重要努力。国际调查展的丑闻在于，除了随意包含当今文化市场的琐碎产品及其混乱又廉价的装置，还拒绝考虑那些质疑并想要替代绘画与雕塑霸权地位的艺术形式。当人们记起也是麦克夏恩在1970年组织了现代艺术博物馆最后一场重要的当代艺术国际展览——"信息"，以及该展对概念艺术及其相关发展的广泛调查，由此国际调查的弊端更加暴露无遗。和鲁迪·福克斯一样，麦克夏恩不能宣称无视20世纪60年代晚期的艺术作品，这些作品让绘画与雕塑的回归成为历史上的问题。即使在麦克夏恩荒谬的展品入选原则中：只有那些在1975年之后成名的艺术家们的作品才有机会入选，[34]但是我们没有任何理由拒绝这些艺术家们，他们的作品在"信息"展览中展现出持续、深入的趋势。展览目录的简介，没有署名但可能出自麦克夏恩之手，围绕着以下问题展开：

> 虽然这次展览仅仅展示绘画和雕塑，但是人们不禁会记录当前画家和雕塑家跨界进入的其他学科，如摄影、电影、影像甚至建筑的趋势。尽管近年来这些"跨界"已经为人们所期待，但对于普通观众而言，还是不太熟悉音乐和行为表演。这里所呈现的艺术家们不仅活跃在绘画和雕塑领域，而且在行为艺术方面也很活跃。他们对剧场的关注不可避免地呈现在其作品中，最常见的方式是叙事或自传的形式。[35]

这样一段介绍，在其故意的弱化和模糊中，旨在拒绝透露任何持续存在于艺术世界某些部分的，对传统绘画和雕塑的反对。麦克夏恩通过选择"跨界"一词,再一次借用艺术多功能性的神话,来贬低真正的非主流艺术作品和社会参与式艺术生产的重要性。麦克夏恩却完全忽略了这些艺术生产,国际调查展所代表的反动传统可能岌岌可危,在历史上彻底破产。

在这方面有趣的是回忆起十年前发表在《艺术论坛》上,采访现代艺术博物馆绘画与雕塑部门主任威廉·鲁宾的内容。在此,鲁宾表示了当时对当代美学发展的一种相当普遍的观点。鲁宾推测,例如概念艺术和大地艺术之类的新型艺术实践可能标志着现代主义的终结,而现代主义可能只是一个局限的历史概念。鲁宾将现代主义与架上绘画、私人收藏和博物馆联系起来。鲁宾认为,新型艺术实践"需要或者(应该需要)另一种环境,或许,还需要另一种公众"[36]。

虽然鲁宾对自己提出的观点犹豫不决,但他似乎已经对20世纪60年代到70年代早期的艺术史的事实有着非常清晰的认识。因此,鲁宾所带领的部门将要举办一场毫无疑问会否定上述认识的展览,这一点更令人惊讶。对于十年间发生的事情,鲁宾和麦克夏恩又相信什么呢?由于鲁宾曾说过未来会告诉我们答案,那么他所认为的那些可能造成与现代主义的决裂的努力是否只是"转瞬即逝的现象"?从麦克夏恩的调查,以及20世纪60到70年代一部分永久艺术收藏品的布置来看,答案是肯定的,因为没有证据表明鲁宾所说的"后现代"艺术。除了一些极少主义雕塑作品之外,甚至没有任何那段时期的艺术痕迹,能让鲁宾思考是否传统上定义的现代艺术已经终结。

然而,任何目睹了过去十年间发生的艺术事件的人,都可能会有迥然不同的结论。一方面,对艺术体制化的批判愈演愈烈,加深了与现代主义的决裂。另一方面,社会保守力量共同压制了上述事实,并重建了传统美术类别,从文化官僚机构到博物馆机构,从公司董事会到艺术市场。这是在新一代创业艺术家们的共谋下完成的,他们无视最近的艺术史和现在的政治现实,完全是愤世嫉俗的。这些新近的预示着"天才"般的作品,对于那些想要收藏具有确定转售价值的艺术品的新贵阶层收藏者们来说,收藏这些作品的同时可以满足他们对于温和的色情刺激、浪漫陈词滥调的渴望，也便于参考过去的"杰作"以及精美的装饰。除了极少数例外，现代艺术博物馆重新开幕展览上的艺术品无不迎合这一口味，有的惬意地挂在川普大楼客厅的沙发上的墙上，或是随着价格飞涨，在银行金库里暗自神伤。难怪麦克夏恩在他目录介绍的结尾，会特别希望"每个人都支持属于我们这个时代的艺术"。鉴于他所说的属于我们这个时代的艺术，这种对我们喜好的阿谀奉承几乎与展览的赞助商们不谋而合，而赞助这次展览的美国电话电报公司的广告活动恰好与展览同时进行。广告的头号大标题写着："明天的一些杰作在今天展出"，在标题之下是罗伯特·朗哥作品的复制品，表达了对美国电话电报公司企业风格的赞美，如今在现代艺术博物馆永久收藏。企业利益与现代艺术博物馆开幕展览中展示的艺术完美契合，这是博物馆馆长撰写的目录序言中强调的一点，其对美国电话电报公司的长篇赞美和感谢包含在以下声明中："美国电话电报公司清楚地认识到，在工商业领域中备受推崇的实验和创新必须在艺术中得到同等重视和支持。"[37]

当然，实验和创新在工商业领域十分重要，因为它们可以扩大消费市场并提高利润。这也是"近期绘画与雕塑的国际调查"展览中那些作品的创作动机，这一点并不是那么明显。但是，如果成千上万的参观者们涌进这座重新开放的博物馆，却没有发现这个事实，那么现代艺术博物馆就会向他们展示更具说服力的，带有企业理念的艺术。希尔顿·克莱默称之为"曾在现代艺术博物馆尝试过的最大胆的'戏剧性的改变'（coup de théâtre）"[38]。我们第一眼看到克莱默这样的提法是在《纽约时报》杂志上，一张满版照片之上的标题是："博物馆在庆祝现代主义时期永久收藏的杰作时，会持续展出新品。""新品"令人怀疑，"戏剧性的改变"则表现在通往设计馆的自动扶梯之上那充满戏剧性的两层空间；"新品"就是一架直升机。以下是博物馆新闻稿对这次新收购的描述：

纽约现代艺术博物馆,建筑与设计馆的前厅,
1984年(图片由纽约现代艺术博物馆提供)

作为一件普遍存在的当代手工艺品,这架贝尔47D直升机几个月前被(建筑与设计部门)收购。当观众进入第四层的美术馆就能看到悬挂在上面的直升机。它和吉普车一样具有功能性的外观,47型直升机在1947年投产,之后连续30年保持了行业生产纪录。在建筑与设计部部长亚瑟·德莱克斯勒(Arthur Drexler)看来,作为工业大生产的例子,贝尔直升机是"一件特别值得纪念的藏品"。

1984年1月,在纽约德尔巴里奥博物馆(Museo del Barrio)举办的一次展览,能更好地说明这款直升机的纪念意义。参展艺术家们发表联合声明一起反对美国干预中美洲国家。展品包括55幅绘画作品,出自在洪都拉斯和尼加拉瓜边境生活的、萨尔瓦多和危地马拉的难民儿童之手。实际上,几乎每一幅作品都描绘了这种"普遍存在的当代手工艺品",因为自从朝鲜战争以来,它一直成为反叛乱战争中最重要的工具,的确无处不在。甚至弗朗西斯·福特·科波拉(Francis Ford Coppola)也领悟到在他对越战中美军的高度神话般的描写中贝尔直升机这个"值得纪念的藏品"的险恶的象征价值。但是除了象征意义之外,事实上,贝尔直升机由沃斯堡著名企业——德事隆(Fort Worth corporation Textron)制造生产,它是一家主要的美国国防承包商。德事隆生产的贝尔和休伊(Huey)直升机用来对付萨尔瓦多、洪都拉斯、尼加拉瓜和危地马拉的平民百姓。**39**但是因为当代艺术展览教会我们区分政治和美学,《纽约时报》一篇题为《奇妙的现代艺术博物馆》的报道能够展示现代艺术博物馆引以为豪的新藏品:

> 一架直升机,悬挂在天花板上,在现代艺术博物馆的自动扶梯上盘旋……直升机通体鲜绿色,大眼睛①非常漂亮。因为现代艺术博物馆向我们展示了回顾20世纪的方式,我们才觉得它美不胜收。**40**

---

① 指直升机的玻璃。

# 9. 后现代博物馆

虽然很了解后现代建筑充满历史主义的噱头、狡黠的参照、视觉的双关,我依然认为自己受到它最近一个笑话的冲击。我脑海中的例子是詹姆斯·斯特林(James Stirling)设计的著名的(德国)斯图加特国立美术馆新馆(Neue Staatsgalerie in Stuttgart)。在这个例子中,斯特林的博学智慧体现在博物馆崭新、光滑的前墙的细节上,在《在博物馆的废墟上》一文中,我会毫不客气地说,一眨眼工夫,它们全部分解成废墟。我意识到这对构建如画般的废墟的历史传统同样是一个参考;博物馆壮观的外立面背后是一个若隐若现的停车场,也撕下其自诩的纪念碑性的伪装;并仅仅通过展现巨大的石灰华(一种多孔碳酸钙)和砂岩块虚饰的外表,骄傲地凌驾在现代主义不言自明的材料面前,而那些"真实"的石头却铺在地上。这啼笑皆非的自负甚至表现为后现代建筑师对最近艺术品的拙劣模仿,只不过通常是以在博物馆前面的地上矗立巨大石块的方式——例如,尤瑞·若克瑞恩(Ulrich Ruckriem)的《花岗岩》(Granite)(诺曼底),放置在密斯·凡·德·罗(Mies van der Rohe)设计的柏林新国立美术馆(Neue Nationalgalerie)旁边,或理查德·塞拉的《柏林立方体,致查理·卓别林》(Berlin Block for Charlie Chaplin),巧妙地嵌入同一博物馆的广场中。但我仍然假装足够偏执地假设,斯特林会对我提

詹姆斯·斯特林、迈克尔·威尔福德（Michael Wilford）等合作的斯图加特新国家美术馆，1977—1982年，围墙外立面的细节（路易斯·劳勒 摄）

出的后现代主义是建立在博物馆话语体系崩溃基础之上的论点嗤之以鼻。斯特林好像嘲笑着问，如果博物馆是一个寿终正寝的机构，那么我为什么要建造斯图加特国立美术馆新馆？为什么当进入后现代主义时代，我们正在见证自 19 世纪以来博物馆建筑最大规模的增长？

1985 年，在法兰克福的一座新博物馆，奥斯瓦尔德·马蒂亚斯·翁格尔斯（Oswald Mathias Ungers）设计的德国建筑博物馆（Deutsches Architekturmuseum）举行的展览，能够在某种范围内反映博物馆扩张的规模。举办这个展览是为了庆祝另一座法兰克福新博物馆，由理查德·迈耶（Richard Meier）设计的法兰克福工艺美术博物馆（Museum für Kunsthandwerk）的开馆。展览展示了这两个建筑以及德国新建的其他 15 个博物馆的图片及方案，包括斯特林的斯图加特国立美术馆新馆。当展览在柏林的新包豪斯档案馆（new Bauhaus-Archiv）举行时，柏林的新工艺美术博物馆（new arts and crafts museum）也开馆了。然而，后者作为这 15 个或更多的德国新博物馆之一，并没有被展出，因为这些博物馆在展览组织时还在建设中。

法兰克福展也暗示着另一方面的复苏：一种新的艺术生产与这些新博物馆产生的舒服的共生关系。通过新表现主义画家马库斯·吕佩尔茨（Markus Lüpertz）在展览目录上发表的一篇题为《艺术与建筑》（"Art and Architecture"）的论文得以表述，吕佩尔茨自豪地宣称这些博物馆发展取得了成功：

> 在过去几年中，准确地说在 70 年代，我们经历过参与政治的、表现得像个"左翼分子"、卷入阶级斗争的建筑师，质疑自己和自己的角色，并试图破坏将建筑作为凝固的、被建造的、永久事物的固有的理念……
>
> 这段时期的典型特点是，缺乏具艺术性的艺术（只有少数一如既往地延续了传统），官方的观点是：没有艺术，没有天才，没有精英，没有建筑大师，我们也行。

理查德·塞拉,《柏林立方体,致查理·卓别林》,1977年(莱因哈特·弗里德里希摄)

尤瑞·若克瑞恩,《花岗岩》,1985年(托马斯·马考德摄)

这个困境(cul-de-sac),这个政治僵局——因为当政治插手,艺术总是失败——如今将被老母亲艺术(Old Mother ART)打破……像往常一样,当其他被高度赞扬的方法,比如政治、社会的途径失败后,艺术不得不来替代。

　　但艺术是鲜活的,有精英艺术家和天才艺术家,被夺去生活必需品的艺术家,超越感官的艺术家,甚至有不需要将他们的绘画挂在墙上的艺术家……1

在最后一句话中,吕佩尔茨的言辞变得虚伪,因为他知道其绘画是为博物馆展墙构思,并完全依赖于展墙的,拒绝近来艺术实践的批判性维度,他乐意为博物馆提供绘画。实际上,当我参观斯特林的斯图加特国立美术馆新馆,在重新布置的临时展厅,我发现选择的藏品有点儿像现代和当代艺术的缩影,这些"精英天才们"逐步发展的作品创造出完美平稳的过渡形式:从杰克逊·波洛克、马克·罗斯科(Mark Rothko)、巴内特·纽曼(Barnett Newman)的作品,到乔治·巴塞利兹(Georg Baselitz)、安塞姆·基弗(Anselm Kiefer)及吕佩尔茨自己的作品。20世纪60年代和70年代,这一时期以社会政治方法介入的艺术,正如吕佩尔茨所描述的,已经从这个过程中消失,就像稍晚些在斯图加特国立美术馆新馆主展厅展出的,由科尔及撒切尔政府赞助、伦敦皇家艺术学院举办的"20世纪德国艺术展",2 正如这次展览排除了那些采用有疑问的美学方法(创作的)作品,比如约翰·哈特菲尔德(John Heartfield)、汉纳·道波温(Hanne Darboven)、伯尔尼和希拉·贝歇夫妇(Bernd and Hilla Becher)、尤瑞·若克瑞恩、洛泰尔·鲍姆嘉通(Lothar Baumgarten)及汉斯·哈克的作品。"20世纪德国艺术展"认为德国现代艺术具有非常特殊的民族性——甚至民族主义传统——表现主义的传统。通过一系列的排除、伪造证据尤其是排斥魏玛艺术和20世纪六七十年代的代表艺术,这为表现主义的胜利创造了条件,现在通常认为吕佩

尔茨那样的艺术家是其代表。³

在文化上,正是这种与后现代主义一词相关的发展——否定20世纪六七十年代的政治化、唯物主义的实践,"重新发现"民族或历史谱系,使我们返回到连续的博物馆艺术中。适合博物馆空间的艺术的死灰复燃,包括物质及话语两方面的,架上绘画和铸铜雕塑的回归,建筑大师建筑的复兴——这些如今被称为后现代主义。

面对斯特林的小玩笑,如果我选择感觉类似于妄想,这是因为他对后现代主义的说法,或者,吕佩尔茨似的(观点)与我写作《在博物馆的废墟上》所持立场正好相反。他们的说法取决于黯然失色的政治化实践,而我的说法依赖于对它们(政治化实践)的关注。对我来说,后现代主义艺术是那样一些实践,比如丹尼尔·布伦、马塞尔·布达埃尔、理查德·塞拉、汉斯·哈克、辛迪·舍曼、谢莉·利文和路易斯·劳勒的作品。采用不同的策略,这些艺术家们致力于揭示艺术生产和接受的社会物质条件,那些条件被博物馆的功能所掩饰。可以把这些艺术家增加到生产方式与博物馆空间不相容的艺术家们的行列,他们寻求新的观众,试图构建博物馆区域外的社会实践。简而言之,"我的"后现代主义使主流的唯心现代主义从属于唯物主义批评,从而表明建立在唯心主义前提下的博物馆是一个过时的机构,与具有创新精神的当代艺术不相容。

我所遭遇到的这些艺术实践使我提出一个补充的项目,分析博物馆在现代主义文化中对艺术生产及接受所起的作用,能够提供有历史深度的、系统的后现代主义的理论。虽然这成为一种共识,博物馆——尤其是安德烈·马尔罗所阐释的对博物馆的想象,已经形成我们能够思考艺术的方式,没有人对此机构的历史进行过详细的探讨。在我看来,我们需要建立在福柯对收容所、诊所、监狱分析模型基础上的博物馆考古。因为博物馆似乎同样是一个排斥与监禁的空间。

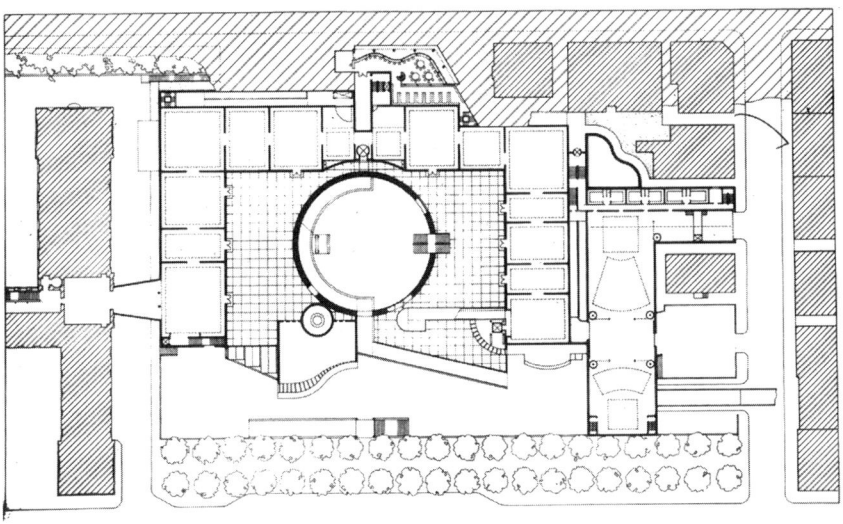

詹姆斯·斯特林、迈克尔·威尔福德等合作的斯图加特新国家美术馆，1977—1982年，美术馆平面图（詹姆斯·斯特林、迈克尔·威尔福德等提供）

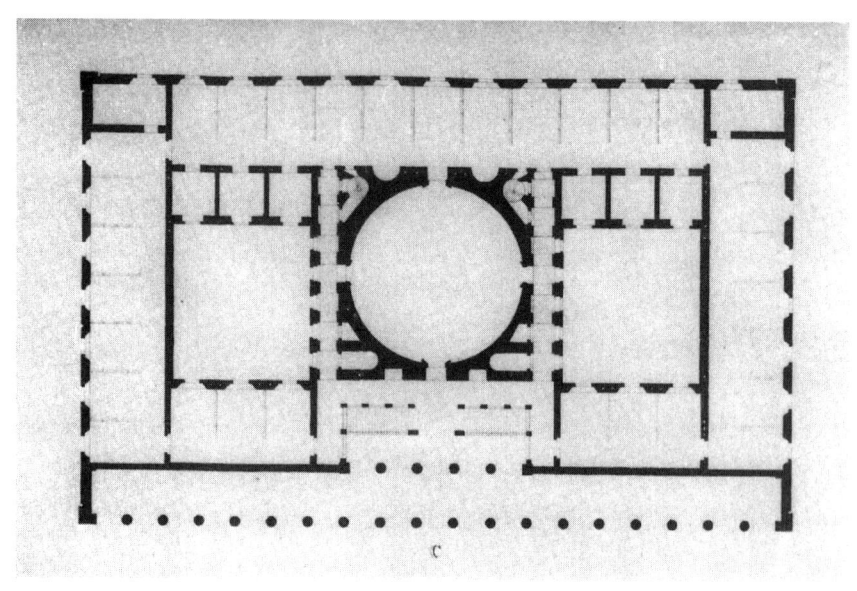

卡尔·弗里德里希·申克尔,柏林老博物馆,1823—1830年,绘画陈列室,摘自申克尔《建筑设计集》,1841—1843年(纽约公共图书馆提供)

1986年,我通过调查早期艺术博物馆的典范——卡尔·弗里德里希·申克尔(Karl Friedrich Schinkel)设计的柏林老博物馆,来尝试这一项目。因此,对我来说特别有趣的是:詹姆斯·斯特林故意在申克尔计划的基础上,增加斯图加特国立美术馆的(设计):这座被称为后现代主义突破性的建筑,在建造的那一刻已经倒退成为最能完美体现博物馆观念的建筑。

自从黑格尔在柏林博物馆扮演着中心角色,马克思建议我们该如何分析这个角色,我想在此召唤他们。"黑格尔在某个地方说过,"马克思在《雾月十八日》(*Eighteenth Brumaire*)中写道,这也是经常被引用的几句开场白,"一切伟大的世界历史事变和人物,可以说都出现过两次。他忘记补充一点:第一次是作为悲剧出现,第二次是作为闹剧出现"。[4] 在我所写的艺术博物馆的历史剧中,我的悲剧演员是阿洛伊斯·希尔特(Alois Hirt),而闹剧演员我已经介绍过,他的名字叫马库斯·吕佩尔茨,我会把(文章)开头几行送给他:

> 经典的博物馆是这样建造的:四面墙,光从上面打下来;两扇门,一个作为入口,另一个作为出口。所有这些新博物馆通常是美丽的、值得关注的建筑,但是,和所有艺术一样,对"其他"类型的艺术充满敌意。他们不给单纯无辜的绘画、单纯无辜的雕塑一个机会……
>
> 建筑应以这样的方式展现自己的伟大,在其中的艺术是可能的,艺术并不被建筑自身所声称的艺术驱逐,也没更糟糕地被建筑利用为"装饰"。[5]

如今,吕佩尔茨的确是一位"无辜"的画家,160多年后,他提出的事实与阿洛伊斯·希尔特对申克尔的柏林博物馆提出批评一样,因此他肯定是无辜的。但在这个较早的戏剧中,希尔特远非唯一的演员。在我的叙述中,卡尔·弗里德里希·冯·鲁莫尔(Carl Friedrich von Rumohr)在他之前。

\*

冯·鲁莫尔也许不为一般艺术史学科所熟知,其著作《意大利研究》(*Italienische Forschungen*)是现代艺术史研究的奠基之作,[6]他也是一本关于烹饪艺术的书籍的作者,比布里亚-萨瓦兰(Brillat-Savarin)的作品早了三年。得知前者的书名是《烹饪艺术的精神》(*Geist der Kochkunst*),[7]品尝过德国菜肴后,尽管更微不足道,我们可能会忍不住认为这是 19 世纪初的德国哲学思考和物质现实之间不均衡的一个例子。德国人,我们可能会说起马克思,仅仅是思考法国人已经做过的事情。[8]

但这只是根据表面,如以德式香肠和德式泡菜,来判断冯·鲁莫尔对"精神(geist)"一词的应用,而且也错过了这个标题与冯·鲁莫尔美学论文之间的比较点,吕佩尔茨以此篇论文开始意大利研究。后一篇论文名为《艺术家庭》("Haushalt der kunst"),[9]其意在自在地辩论。它的目标是黑格尔。正如冯·鲁莫尔针对性地为其烹饪书选择大词"精神",在此他嘲笑黑格尔所谓的"小词'理念'(idea),这个词的意义在诉诸美感的和精神的之间摇摆,为形形色色、狂热的断言提供了机会,容纳各种各样的不确定性和模糊性"[10]。在黑格尔广受欢迎的美学讲座中,他概括地将冯·鲁莫尔的粗糙的批评去除,[11]利用冯·鲁莫尔的艺术史研究方法为哲学思考提供具体细节,从而把它置于平淡无奇的地位。[12]为此,他把冯·鲁莫尔及冯·鲁莫尔的主要对手业余学者阿洛伊斯·希尔特放在绝对平等的位置。

尽管早在 1797 年,正是希尔特本人首次向普鲁士国王建议设立一座博物馆,储藏其艺术收藏品,[13]但直到 1830 年(博物馆)开幕,希尔特在关于这个机构的性质的争论中一直是中心人物,冯·鲁莫尔通常被认为对博物馆的最终形式具有更大的影响力。[14]冯·鲁莫尔并非柏林博物馆委员会成员,只是亲自在意大利完成过一些博物馆学的任务,在此他被委派征集一批绘画,旨在填补艺术史上藏品的空白。[15]但作为老师、顾问、许多艺术家的知己、学者及负责博物馆的官员,据说冯·鲁莫尔充当着幕后掌权者。相反,我想为那位为灰色赋予新意义的人要求权利。此人最常被引用的句子是:"当哲学把它的灰色绘成灰色的时候,生命形态就变老了,这灰色的灰色,不能使生活形态变得年轻,而只能将它作为认识的对象。密涅瓦的猫头鹰,要等到黄昏到来才会起飞。"[16] 当然,(说这话的)人是黑格尔。

1817年,卡尔·冯·阿尔滕斯泰因(Karl von Altenstein)被任命为普鲁士第一任文化部长,因此他直接对国王负责,拥有新博物馆的最高职权。在阿尔滕斯泰因掌权的第一个星期,他在柏林会见黑格尔,请他接替去世的费希特(Fichte)在哲学领域的位置。黑格尔不会辜负所谓哲学家官僚主义的期望:[17] 两年内,他发表《法哲学原理》(*Philosophy of Right*),作为普鲁士国家现状的辩解书,字里行间出现哲学的灰色的灰色。黑格尔在柏林的朋友圈(成员)包括在大学教授建筑史的阿洛伊斯·希尔特、卡尔·弗里德里希·申克尔,皇家首席建筑师及博物馆的建造者。1823—1829年间,博物馆建设的非常时期,黑格尔发表关于美学的演讲。但讲座的前一部分已在海德堡形成,在那里有黑格尔的学生,年轻的古斯塔夫·弗里德里希·瓦根(Gustav Friedrich Waagen)。在此期间,两人前往斯图加特参观当时最重要的北方绘画馆藏——波瓦塞雷(Boisserée)兄弟著名的艺术收藏。这次相遇成为瓦根第一本著作主题形成的部分原因。1822年,关于扬·凡·艾克和休伯特·凡·艾克(Jan and Hubert van Eyck)兄弟的专著发表。[18] 凭借在这个全新艺术史领域的学识,瓦根应邀到柏林参加画廊计划,最终成为第一位主管。[19]

博物馆刚开幕,瓦根就不得不把注意力转移到一件令人不快的事情上,回应希尔特在《意大利研究》第三卷的评论中对自己及导师冯·鲁莫尔的攻击。[20] 希尔特以久负盛名的《科学批评年鉴》(*Jahrbücher für wissenschaftliche Kritik*)作为其论坛。黑格尔主持这本杂志的编委会直至去世。希尔特利用评论机会来发泄愤怒,反对建立与其博馆理念背道而驰的机构。尽管希尔特文章与瓦根长篇累牍论战的大部分内容,只不过是关于谁更了解拉斐尔这样的琐碎细节,[21] 这仅仅构成希尔特和博物馆委员会关于博物馆应该成为怎样的机构的一系列纠纷最终的小插曲。[22] 所有这些交锋中,希尔特只在默认情况下得手过一次。希尔特为博物馆提供雕带上的铭文,在其他人提出反对意见之前,将脚手架拆除,以防改变。[23] 因此,即使现在,站在已经更名为马克思—恩格斯广场(Marx-Engels-Platz)的此处,我们读到一段拉丁语:"弗里德里希·威廉三世为研究各种古董及艺术品而创立此博物馆。"[24]

这是衡量柏林博物馆在每一个细节上的审慎程度的一个标准,有多达六个有关铭文的备忘录。在成为既成事实后,国王命令科学院的语言学课就此事提出意见。[25] 在给内阁顾问冯·阿尔布雷特(von Albrecht)的机密备忘录中,博物馆委员会成员亚历山大·冯·洪堡(Alexander von Humbodt)写道,语言学教授博克(Böckh)已经通知希尔特,他所拟出的铭文的每个单词都必须改变。因此,希尔特从哥廷根消夏返回,在博物馆看到相同的铭文时感到震惊,思考一番后说会被所有德国人嘲笑。[26] 一部分笑柄在于铭文中不合语法的拉丁文,[27] 但实质上是反对希尔特援用博物馆这个称呼,将某种建筑的名字用作机构的名称。

浪漫主义诗人路德维希·蒂克(Ludwig Tieck)从语言学的角度分别提出两种替代的铭文,由弗里德里希·施莱尔马赫(Friedrich Schleiermacher)签名认可。蒂克提议(铭文)由与拉丁语法相似的德语组成,将该机构重新命名为"美术作品的和平纪念碑"[28]。施莱尔马赫将其称为"以年代及艺术为特色的雕塑和绘画的宝库"[29]。两种命名均省略掉机构的目的,而且这个省略使我们回到他们对博物馆一词的拒绝。现在很难理解对希尔特选择博物馆一词的反对,因为在三十年的计划中,总是被如此认为,而且在19世纪,柏林博物馆被认为最完美地体现了博物馆的概念。我们想知道,为什么会有人反对用博物馆一词为这早期的艺术博物馆典范命名？为什么纪念碑或宝库（这样的词）更可取呢？

答案在于工作室（Studio）一词，希尔特选择以此作为博物馆的目的。当希尔特使用博物馆一词而其他人不同意，这个词使他们都想起同一件事，所谓最初的托勒密·亚历山大博物馆（museum of Ptolemy of Alexandria），它的确是一个研究场所。[30]学者的栖居之所，包含图书馆和古器物收藏，正如作为备忘录的铭文所述，古物博物馆是"一种学院"。[31]当然，除了希尔特，那些关心新机构的人正是想把博物馆的身份与学院的联系排除在外。

蒂克提议以和平纪念碑（monument of peace）代替博物馆（museum），他所谓的和平是建立在维也纳会议（the Congress of Vienna）基础上的，因此，在拿破仑战败后，展示从巴黎运回柏林的普鲁士艺术品将充分表现出它的象征意义。在那一刻，1815年，在柏林（建立）博物馆的想法第一次具有必要性。在反对拿破仑的战争中，被掠夺的普鲁士收藏品象征着民族遗产而不仅仅是皇帝失去的财产，因此弗里德里希·威廉三世顺应这一需求，向公众开放他的艺术品。[32]"公共艺术的胜利"是很少被艺术史家审视的历史性的发展，他们通常认为自己是艺术品的直接受益者。艺术和公众已经被视为稳定的，而不是历史建构的、意识形态的范畴。但当公众被理解为普遍性的、并未因阶级划分而断裂，它是黑格尔的唯心主义国家和公民社会的概念，不是马克思对此概念的批判，而是延续。[33]当艺术品被认为是自然地栖居在国家机构——博物馆里，这是唯心主义而不是唯物主义美学。谁被允许进入（博物馆）？什么类型的进入？正是为了什么进入？这些确实是需要回答的问题。在博物馆成立的那一刻起，这些都是悬而未决的问题。为机构命名将其用途指定为工作室、实践场所的问题，或许只是一个表明整个问题复杂性的细节。

柏林博物馆的最初计划呼吁建立一个有关科学院的分支机构，为艺术家和学者提供研究的藏品。[34]以此形式，博物馆使艺术品具有实用目的,将各种各样的藏品——古代雕塑、残片、钱币、宝石、石膏模型、现代绘画——以绘画分类,学术研究人员及所谓的艺术爱好者(kunstfreunde)来处理。这样的博物馆确实是一个工作室。但是申克尔受委托计划扩建学院,对博物馆有着截然不同的想法。1800年,在弗里德里希·基利(Friedrich Gilly)指导下,他年轻时的幻想已经明显勾勒出这个构想。[35]

1822年冬,威廉·冯·洪堡(Wilhelm von Humoldt)陪同普鲁士国王出访意大利,在那个渴望在斯普雷(Spree)河畔造就雅典的时代,他希望国王牢记伟大的艺术博物馆对柏林的象征意义。[36]国王回来之后,申克尔出乎意料地呈献给他精心制定的、建立一座崭新博物馆的计划和详细的成本分析。它独立于学院,将被建在卢斯特花园宫殿的对面。该项目所涉及的远远超过一个新的博物馆。申克尔提出完整的改建柏林核心区的方案,使斯普雷河改道,改善航运设施,重建装运码头和北端的仓库,使之成为之后的博物馆岛(Museumsinsel)。[37]该计划的核心是突显壮丽的新古典主义艺术博物馆。

申克尔的新观念立刻赢得了博物馆委员会的青睐,[38]阿洛伊斯·希尔特的意见是唯一反对的声音。在他附在该委员会批文后面的少数派报告中,[39]希尔特承认更偏爱学院里的博物馆。然而,如果博物馆独立于卢斯特花园宫殿,需要许多改变。一边列举这些变化,希尔特一个接着一个地继续反对申克尔博物馆的每个主要功能,如:南面两层楼的柱廊,抬高地面的大厅入口的楼梯,位于博物馆中心的两层楼高的圆形建筑和主楼层的独立柱,雕塑被安装于此。赫特提出这些建筑元素的替代方案,坚持将博物馆减少到两个简单的分区,一层是雕塑,一层是绘画,必须重新规划以容纳至少五个部门。除了绘画和雕塑,这些藏品还将包括石膏模型,以及以前收藏在古董柜和艺术收藏室的藏品。在申克尔的计划中,后者要么被全部摒弃,比如对石膏模型的处理,要么被贬谪到地下室的小房间,比如对钱币、残片、铭文等都是如此处置。[40]

卡尔·弗里德里希·申克尔,柏林老博物馆,1823—1830年,透视图,摘自申克尔《建筑设计集》,1841—1843年(纽约公共图书馆提供)

卡尔·弗里德里希·申克尔,柏林老博物馆,1823—1830年,美术馆主楼梯透视图,摘自申克尔《建筑设计集》,1841—1843年(纽约公共图书馆提供)

卡尔·弗里德里希·申克尔,柏林老博物馆,1823—1830年,圆形大厅的透视图,摘自申克尔《建筑设计集》,1841—1843年(纽约公共图书馆提供)

申克尔详细地逐条驳斥了希尔特的批评，[41]然而，争论的焦点一言以概之。"这样一个计划，"他写道，"是一个整体，每部分精确地发挥作用，所以任何改变，都会使整体陷入混乱"。这最后一个短语，不能被精确地翻译，德语原文为"ohne aus der Gestalt eine Missgestalt zu machen"。[42]申克尔以他的博物馆是不可侵犯的完形这个概念，来反驳希尔特可能提出的任何异议，甚至涉及绘画的选择或在特定墙上绘画的布局。似乎一点微小的改变就会威胁到整体。面对如此棘手的问题，希尔特最后请求国王，毕竟"艺术品不是为博物馆而存在；而博物馆是为艺术品而建立的"。[43]他争辩道，申克尔让艺术从属于建筑，而不是让建筑为艺术服务。这是希尔特对建筑教义首要原则——合理性（zweckmässigkeit）原则，或者我们可以称之为功能主义的公然挑战。[44]申克尔对希尔特所强调的"微不足道"的功能或目的概念嗤之以鼻，认为他的观点深陷于不能解决矛盾的原始理性主义的困境。[45]对于申克尔来说，问题既不是他将博物馆的目的贴上"纯粹"的标签——艺术品的栖息之所，也不是艺术或建筑是否享有特权，而是如何超越对立面达到更高的统一。辩证地切入艺术和建筑的关系问题，申克尔的博物馆本身已构成对黑格尔主义的扬弃（Aufhebung），正如他写道，"艺术的命运是尽可能展现其对象之间的关系"。[46]

申克尔关注黑格尔美学的一个具体的例子是博物馆中心的圆形大厅，这是希尔特对此博物馆最厌恶的部分。回想一下，施莱尔马赫想将博物馆的内容指定为"以年代及艺术相区别的雕塑和绘画"。他继续解释，这决定博物馆的双重目的，"一方面展示本身就很杰出的作品，另一方面展示对艺术史很重要的作品"。[47]施莱尔马赫在此暗指唯心主义美学的核心问题，规范美与历史发展之间的冲突。希尔特依恋古典规范，与他对当前的期望相关。他坚持将博物馆作为一个工作室，是由于他渴望通过对古典时代的研究来促进艺术的复兴。但对于历史哲学来说，这样的愿望只能是虚伪的怀旧，否认当下的历史进程。[48]正如黑格尔所说，古董雕塑的确"没有什么比它更美的"。[49]古典艺术代表了完美恰当的诉诸美感的表象和观念。然而历史有着比美丽的表象更高的目标，所以浪漫型艺术——也就是说现代基督教艺术，必然取代古典艺术。"当浪漫型艺术利用基督教的神圣及人性为其内容，"黑格尔在《美学》中写道，"它完全抛弃古典艺术所达到的内容和形式互惠的理想。努力使自己摆脱即刻感性，为了表达与感性呈现无法分离的内容，浪漫型艺术的确成为艺术本身的自我超越"。[50]

申克尔在其圆形大厅中保留古典完美的世界，旨在使参观者一进博物馆就能观赏到。"这个美丽而尊贵的空间景象，"他写道，"必须在这些建筑中营造一种使人们能够感受和判断的愉悦氛围"。[51]或者，正如他和瓦根在之后的备忘录中更简洁地声明的那样，"寓教于乐"[52]。申克尔所称的"圣所"，包含珍贵的纪念性古典雕塑，不以历史年代顺序选择，安装在巨大柱子之间的高台上，沐浴在高处昏暗的灯光下。观众的情绪被调动起来，他们已经准备好迎接人类争取绝对精神的历史。他们在参观过程中，并未发现冯·鲁莫尔希望的，通过对意大利的档案研究所恢复的艺术物质条件的任何迹象，[53]博物馆参观者只会发现申克尔博物馆的影子（gestalt），其中所有物体之间的关系都被仔细地确定。

也许我们现在能够理解为什么德国人认为希尔特的铭文是荒谬的，因为申克尔的博物馆不是工作室。它不是代表艺术复兴的可能性，而是代表艺术终结的不可逆转性。黑格尔在《美学》导论中说："今天我们世界的精神，似乎超越了艺术是我们绝对知识的最高模式的阶段。艺术生产和艺术作品的特殊性质不再满足我们的最高需要。我们已经超越了将艺术作品视为神圣之物而崇拜它们。它们给我们的印象需要更高的试金石和不同的测试。思考及反思在艺术之上展开双翼。"[54]这又是黑格尔所说的密涅瓦的猫头鹰，申克尔的圆形大厅，沐浴在古典时代最伟大的作品的暮光之中，期待观众们对艺术的思考。黑格尔继续写道："（艺术）对于我们已经失去真正的真理和生命，而被转移到我们的理念中，而不是保持其早期的现实必要性……艺术唤起我们的智力思考，不是为了再次创作艺术,而是为了从哲学层面了解艺术是什么。"[55]正是由于艺术对现实必然性的攫取,唯心主义美学与唯心主义的博物馆才得以建立;正是因为要反对其遗留的力量,我们必须为唯物主义美学和唯物主义艺术而抗争。

*

我最初在琳达・诺克林(Linda Nochlin)主持的题为"19世纪艺术中的政治无意识"的大学艺术协会的会议上,提出上述对柏林博物馆的讨论。[56]弗雷德里克・詹姆逊(Fredric Jameson)是会议的回应者,此次会议以他的著作《政治无意识》(*The Political Unconscious*)命名,他关于后现代主义的众多文章在关于此问题的学理辩论中占据优势地位。我的演讲结束后,詹姆逊似乎尤其受到这些华丽言辞的冲击,他接着说:

> 不得不承认,我一直对唯物主义和唯心主义之间的这种对立感到不安,这种对立被视为超越历史的立场或永恒的力量、倾向及诱惑……例如,我倾向于想知道,"唯心主义"是否总是一种反动的立场,或者在某些情况下,是否在一个精确的历史背景中作为意识形态举动,具有某种确定的社会和阶级内容,如果没有革命性的结果,也可能不会有进步……我认为我很想知道唯物主义和唯心主义之间的对立……自20世纪60年代以来,已经成为未经检验的左派套语(doxa),既然毛泽东思想本身是否也存在一点点"唯心主义"。[57]

如果詹姆逊打算提出这个异议来暗示博物馆在它的早期历史中,是一个进步的机构,那么我的答案是,它的进步只是在于巩固资产阶级霸权本身,因为博物馆就是致力于保证霸权在文化领域内运作的机构之一。唯心主义美学一旦在博物馆内物化,它可以将艺术作为革命实践或抵抗的可能性抵消。从直接参与社会生活中有效地去除艺术,创建一个"自律"的艺术领域,成为博物馆的使命,现代主义理论和实践的激进形式正是为反对这些。根据彼得·比格尔声称的历史前卫的自律及其体制化的批判我们也必须对某些当代艺术实践提出要求,[58] 因此,等同于我用"唯物主义美学和唯物主义艺术"[59] 这个短语所表达的意思。

现在我们位于博物馆历史的终结点,唯心主义的立场变得多么反动,比任何时候都更加清晰,因为在被称为后现代主义的滑稽幌子中,唯心主义的死灰复燃通常是显而易见的。也许詹姆逊对唯物主义和唯心主义之间对立的过度怀疑——以及他对当代美学实践中真正差异的无知,这些差异为我用这种对立所指出的区别提供了信息——这在他自己的后现代理论中产生盲点。

詹姆逊在一系列论文中阐述了这一理论,其中最完整的一篇题为《后现代主义,或晚期资本主义的文化逻辑》("Postmodernism, or the Cultural Logic of Late Capitalism"),[60] 发表在《新左派评论》(*New Left Review*)上。我并不怀疑这篇论文的总体目标的重要性:提供一种当代文化理论,通过将其定位于晚期资本主义结构中,可以涵盖广泛异质性的方方面面。正是在詹姆逊疏忽的细节中,在他对所关注的分析的奇特选择中,人们一开始就感到某种犹豫。但是更严重的缺点也被指出。詹姆逊的既定目标是描述他所谓的文化主导及其历史分期的条件。为此,他依赖于欧内斯特·曼德尔(Ernest Mandel)关于资本主义增长的第三阶段,或晚期资本主义的讨论。在对此论文直接、实质性的诸多回应中,迈克·戴维斯(Mike Davis)指出,詹姆逊似乎恢复了最声名狼藉的经济基础/上层建筑模型的空想马克思主义经济决定论,此外,歪曲了曼德尔自己的历史分期:

> 对于詹姆逊而言,要证明20世纪60年代是资本主义和文化史上的一个断裂结点,而且对于建立后现代主义、新技术……跨国资本主义之间的"本质"联系至关重要。然而,在曼德尔的《晚期资本

主义》(*Late Capitalism*，1972 年首次出版)中，开篇第一句就宣称，其核心目的是理解"战后长期快速增长的浪潮"。在其随后所有的著作中都清楚地表明，曼德尔认为真正的断裂，即长波的明确结束，是 1974—1975 年的"第二次衰退"……詹姆逊和曼德尔设想的区别是关键：晚期资本主义大约是在 1945 年或 1960 年左右诞生的吗？20 世纪 60 年代是新时代的开启，还是仅仅是战后繁荣的顶峰？经济衰退在哪方面符合当代文化趋势？**61**

对戴维斯提出的问题的初步回答，为我们提供了不同于詹姆逊的，对近期历史分期问题的描述。不希望修改并因此保留决定论的模型，然而，可以看到 20 世纪 60 年代激进化的艺术实践的宽容自由与戴维斯的"战后繁荣的过热高峰"(superheated summit of the postwar boom)之间的关系，以及这些实践的边缘化，它们被保守势力的遮蔽与 1974—1975 年的"第二次衰退"之间的关系。这修正过的分期并不会使文化实践本身反映出经济和政治状况，而是这些实践的相对价值、有效性反映了这些条件。目前对现代主义中曾经受到怀疑的时刻的重新评价，比如战争之间的"现实主义"；被抑制或歪曲的其他激进时刻，比如苏联前卫派的作品；目前一直伴随着我们的原创性实践的主张；日益边缘化的抵抗性的作品，所有这些现象都能囊括于戴维斯的措辞——其实，是曼德尔的模型中。

詹姆逊，正如他的批评者指出的那样，是"无情的黑格尔派哲学家"**62**。这在一定程度上体现在他的总体方案之中，詹姆逊已意识到其中内在的危险：

> 某种增长的总体系统或逻辑的视野越强大……读者越感觉到无能为力……然而，我觉得，只有根据一些主流文化逻辑或占统治地位的规范的概念，才能够衡量和评估真正的差异……无论如何，在此政治精神维度中的分析如下：提出一个新的系统文化规范的某种概念及其再现，以便更充分地反映当今任何激进文化政治的最有效形式。**63**

詹姆逊对于他进行的项目,具有毫无疑问的说服力。事实上,他的确提供了针对文化批评的背景。然而,问题在于,通过对特定的历史和当代的对抗性实践的忽视,詹姆逊重现被抹杀的一段历史,并被他假定为后现代主义条件。重复黑格尔的名言将哲学的灰色绘成灰色,詹姆逊写道:"辩证的解释总是回顾性的,总是诉说一个事件的必要性,为什么它必须以它自己的方式发生;要做到这点,事件必定已经发生,故事必定已经结束。"[64] 定位于后现代主义的异质性中,詹姆逊发现它在所取代的事物中获得统一:现代主义本身,现在已经完全被册封并体制化。但是他并不承认这是一种伪造的统一,恰恰是通过消除威胁性的破坏来实现的。在它的抵抗和批判性的冲击下,现代主义对于詹姆逊而言就像它对于体制那样:现代主义预测"必要的风格创新"[65],是资产阶级主题或作者(*auteurs*)风格为中心的现代主义:[66]

> 伟大的现代主义……以个人、私人风格的发明为基础,就像你的指纹那样明确无误,就像你自己的身体一样无与伦比。但这意味着现代主义美学以某种方式与独特的自我及私人身份,独特的人格和个性的概念有机地联系在一起,这可以期待产生自己独特的世界观和打造自己独特的、明确无误的风格。[67]

我们不可能没有认识到这种强调自律个性的现代主义唯心主义的重建;事实上,詹姆逊的现代主义是表现主义的一种变体,在这方面的重大意义在于他的范例是梵高、蒙克和抽象表现主义。在此也没给哈特菲尔德留下余地。[68]詹姆逊版的现代主义版本与后现代博物馆太相称。

\*

"四面墙,光从上面照射下来,两道门,一道是进口,另一道是出口"——事实上,詹姆斯·斯特林的确为马库斯·吕佩尔茨提供了他所希望的后现代博物馆。其实,尽管斯特林受委托设计的博物馆收藏现代和当代艺术艺术品,他决定复制申克尔的博物馆计划。显然,在面对过

詹姆斯·斯特林、迈克尔·威尔福德等合作的斯图加特新国家美术馆,1977—1982年,永久藏品馆(理查德·布莱恩特 摄)

去150年的艺术实践时，斯特林没有得到任何提议，可能必须重新考虑19世纪美术馆的布置序列。因为，无论申克尔与斯特林的博物馆有何差异，它们当然与那些为放置艺术作品而建造的众多博物馆几乎完全相同。甚至，在另一个关于他的高明的基于史实的笑话中，斯特林继续将老斯图加特美术馆成行排列的画廊编号，次第打开，使新的建筑与那些永久陈列室连在一起。艺术作为一个不间断的历史连续体，可以在一套连通的房间中被展示，这种想法绝不会被打断。因此目前任何对被构想的、体制化的艺术的破坏，不会被后现代博物馆学记录在案。这同样适用于建筑本身。正如以下对斯特林的赞歌：

> 很难找到另一座建筑，以如此完美的方式表达出一种语言连贯性和忠实于现代运动最激进的前卫派语法，尽管使用了各种历史学引用。这些引用——新古典、巴洛克、柯布西耶式、构成主义（Constructivist）或露西安式（Loosian）——具有另一个重要的程序性价值：他们论证了折衷主义如何运用最近的传统，从而展示了现代运动如何被包含在历史的连续体中。**69**

我想以博物馆中央的圆形大厅作为总结，因为首先这个元素促使对申克尔博物馆的比较。斯特林对此空间的处理完全不同，从博物馆的展厅无法进入，对古典雕塑拙劣的处理，很难想象这个圆形大厅或者中庭，因为向天空开放，像申克尔想象的那样，就像一个圣殿。然而，唯心主义精神虽然再次以滑稽的形式伪装，却不容易被消除。以下是一位评论家如何描述斯特林的圆形大厅的：

> 建筑学上模仿的那些桥段，尽管它们是辉煌的，但是当我们敬畏地向前方呼唤那些似乎从组成圆形庭院的大理石和弦所发出的强大而朴实的声音时，它们迅速地退回到背景中。斜坡可以被视为音乐渐强（crescendo），墙壁开口如连续低音（basso continuo），开放的天空如合唱。但他们自己无法解释弥漫在室内的强有力的大地之声，就好像它是来自一个巨大的山角。这个庭院是斯特林迄今为

詹姆斯·斯特林、迈克尔·威尔福德等合作的斯图加特新国家美术馆,1977—1982年,中庭(理查德·布莱恩特 摄)

> 止最难忘的作品之一。漫步其中如同进入一个神奇的领域,建筑被浓缩成精华:庭院成为列队行进的舞台场景,建筑精神在漫步中以宗教般的形式显现。
>
> 与卡梅伦以最高贵的服装装饰圣彼得堡省的帝国梦并无不同,它再次让自鲁琴斯(Luytens)以来的、一位英国最伟大的建筑师,用大理石的声音唱出了德国精神对不朽的建筑的渴望,在此庄严肃穆地吟唱无声的赞美颂(Te Deum)。在此庭院中同时栖居着毕德麦雅式(Biedermeier)和申克尔的精神;如果当今的文化宣称其渴望找到了永久性的体现,德国将会指向这个庭院。它是对反复出现的万神殿原型的重新阐述,但这个庭院的屋顶是由行云①构成的。通过为无可言说的仪式提供纪念碑似的结构,这个庭院成为建筑精神的隐喻,这样做的确将它上升到具有纪念意义的建筑的地位。**70**

虽然让斯特林为他那些辩护者们不负责任的胡说承担责任是不公平的,当我们再次听到关于德国精神的渴望的谈话时,我们必须意识到唯心主义正在抬起它最丑陋的头颅。在此语境下,我们应该记得,美国批评家唐纳德·库斯比(Donald Kuspit)同样记述了新德国画家,包括马库斯·吕佩尔茨,声称,因为"艺术仍然有转变历史的救赎力量",这些画家"标志着新德国的自由"。

> 新德国画家为德国人民提供卓越的服务。他们埋葬了德国风格、文化和历史的幽灵,因此人民才能真正获得新生。他们被共同赋予神话般的机会来创造全新的身份……通过艺术上的重生,他们远离过去的身份。**71**

任何熟悉德国右翼言辞的人都会认识到这与基督教民主党政府的"正常化"项目的文化等同。赫尔穆特·科尔(Helmut Kohl)和弗朗茨·约瑟夫·施特劳斯(Franz Josef Strauss)也希望在"历史的救赎转型"中"为德

---

① 屋顶能看到空中的流云。

国人民提供卓越的服务",比如通过以下方式:1985年5月在比特堡(Bitburg)和贝尔根-贝尔森(Bergen-Belsen)集中营同时举行的,纳粹恐怖主义犯罪者和受害者的象征性和解仪式。在"新德国自由"的直接后果中——忘记近期历史的自由是排外情绪的死灰复燃,现在不仅表现为反对犹太人,而且反对所有客籍劳工(Gastarbeiter)和政治难民。

在所有关于唯心主义和唯物主义讨论的主要文本中,马克思简明扼要地反驳了通过"救赎"实现自由的观点,他写道:"只有通过使用真正的手段,才可能在现实世界中实现真正的解放……'解放'是历史行动而不是精神行动,这是由历史条件所导致的……" 72

对斯图加特国立美术馆新馆圆形大厅的不那么带有恶意的一次讨论表明,其成就是古典主义与现代主义的调和,因为斯特林已经通过勒·柯布西耶的空间规划重新诠释申克尔的圆形大厅。斯特林设计的圆形大厅不是其博物馆的焦点,至少就博物馆被视为艺术空间而言;相反,它是博物馆计划中的裂缝。观众可以登上博物馆门前的斜坡,进入圆形大厅空间,绕着一侧转圈,在还没有完全进入博物馆的情况下就从上面的街道离开了,而从博物馆内部进入空间,必须迂回行进,仿佛进入迷宫的中心。从圆形大厅无法直接抵达美术馆。73 在圆形大厅的图纸上,斯特林以博学的方式暗示古典和现代的和解。借用密斯·凡·德·罗而不是勒·柯布西耶的渲染风格,斯特林将新古典主义雕塑的照片拼贴成施工图纸。在目前的语境中,这典故让人想起菲利普·约翰逊(Philip Johnson)的一篇题为《申克尔与密斯》("Schinkel and Mies")的小文章,74 其中以最轻率的方式进行形式主义比较。当时还尚未封号的后现代主义的代表约翰逊①总是小心翼翼地把现代主义从其物质历史和社会项目中分离出来,人们不禁怀疑他对申克尔的爱是否与他对最邪恶和具欺骗性的唯心主义者、国家社会主义者们的崇拜是相呼应的。毕竟,纳粹肯定被认为是第一个建造申克尔的柏林老博物馆新版本的,(它是)由保罗·路德维希·特鲁斯特

---

① 约翰逊发表那篇文章时,"后现代主义"一词还未出现。

(Paul Ludwig Troost)设计的德国艺术之家(the Haus der Deutschen Kunst)。

菲利普·约翰逊作为载入史册的建筑大师,对现代建筑史的建构发挥了决定性作用;他在为后现代主义历史主义服务的过程中,在重建那段历史中同样发挥了决定性的作用。因此,在目前对这两种结构讨论的语境中,也许值得反思约翰逊的"被压抑"的过去。在纳粹上台时的德国,约翰逊唯一关心的似乎是他的导师密斯是否会在法西斯国家保持卓越的地位,约翰逊显然觉得遵循谁的原则并不是什么顾虑:

> 在国家社会主义德国谈论建筑情况是错误的。新国家面临如此巨大的重组问题,以至于尚未制定出艺术和建筑方案。只有几点是肯定的。首先是新客观派(Die Neue Sachlichkeit)(对此约翰逊似乎指的是包豪斯)的结束。那些看上去像医院和工厂的房子是禁忌。而且,几乎已成为德国城市特色的排屋注定没有发展前途。它们看上去很雷同,扼杀了个人主义。其次,建筑都具有纪念碑性。换言之,替代诸如公共浴室、住宅区、职业介绍所等的,会是官方火车站、纪念博物馆、纪念碑。目前的政权更倾向于留下展现其伟大的标志,而不是为工人们提供卫生设备。

对约翰逊来说,密斯是这项工作的人选:

> 密斯一直远离政治,一直反对功能主义。没有人能指责密斯的房子看起来像工厂。尤其是两个因素使密斯作为新建筑师被接受成为可能。首先,保守派尊敬密斯。甚至德意志文化同盟也没有反对他。其次,密斯(与另外四位建筑师)恰好赢得德国国家银行新建筑项目。评审团是老建筑师和银行的代表。假如(这可能是一个漫长的假设)密斯建造这个建筑,将会帮助他赢得地位。
>
> 优秀的现代德国国家银行将满足对纪念性的新渴望,但首先,它将向德国知识分子和外国证明,新德国并不是一定要摧毁近年已经创作出来的所有辉煌的现代艺术。[75]

卡尔·弗里德里希·申克尔,柏林老博物馆,1823—1830 年（图片 C.1910 年,国家形象提供,柏林）

保罗·路德维希·特鲁斯特,德国艺术之家,慕尼黑,1937年(照片由耶格和格尔根为纳粹出版物《现在的建筑和建筑工程》拍摄,1938年,维尔纳·里奇)

在我看来,阅读约翰逊的文章所引发的道德反感与他代表的与保守的后现代主义相对立的政治立场相称。因为这种道德上的反感来自于了解历史意义的决心。正是在这一点上,我被弗雷德里克·詹姆逊的坚持所困扰,在他关于后现代主义的论文中,他反对对所谓"'制定政治——道德判断的老左派习惯'进行政治分析,因为左派评论家的主要活动被认为只是'决定'作品是进步的还是反动的,引起争论的还是对抗性的,还是对系统的复制和对传统意识形态的强化"。[76]詹姆逊坚持辩证地解读后现代主义无疑是正确的,这能够对后现代主义的进步及保守性做出解释。然而,除非我们在形成理论的过程中,也坚持彻底关注历史和当代实践,这些实践在马克思给予该术语的明确意义上,可以恰当地被称为唯物主义,我们冒险为历史唯心主义观念及随之而来的抵抗边缘化做出的贡献,这是"其他"后现代主义,即后现代博物馆的后现代主义所预示的。

马蒂斯,摩洛哥,铅笔速写

萨金特,1990年

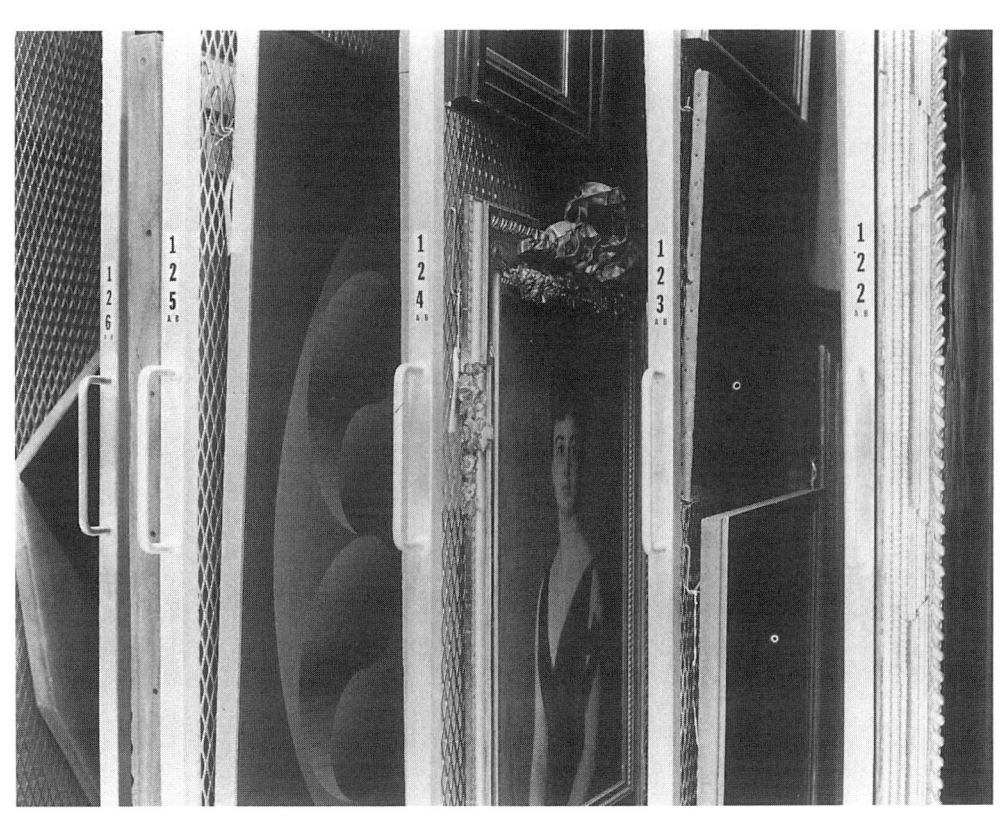

剧场博物馆

# 论文来源

《在博物馆的废墟上》,发表于《十月》第 13 期(1980 年夏)。

《博物馆的旧主题,图书馆的新主题》("The Museum's Old, the Library's New Subject"),发表于《降落伞》(*Parachute*)第 22 期(1981 年春)。

《绘画的终结》("The End of Painting"),发表于《十月》第 16 期(1981 年春)。

《后现代主义的摄影活动》("The Photographic Activity of Postmodernism"),发表于《十月》第 15 期(1980 年冬)。

《挪用挪用》("Appropriating Appropriation"),收录于《图像清理者:摄影》(*Image Scavengers: Photography*, Philadelphia: Institute of Contemporary Art, University of Pennsylvania, 1982)。

《重新定义场域特定性》("Redefining Site Specificity"),收录于《理查德·塞拉:雕塑》(*Richard Serra: Sculpture*, New York: Museum of Modern Art, 1986)。

《这不是艺术博物馆》("This Is Not a Museum of Art"),收录于《马塞尔·布达埃尔》(*Marcel Broodthaers*, Minneapolis: Walker Art Center, 1989)。

《艺术展览》("The Art of Exhibition"),发表于《十月》第 30 期(1984 年秋)。

《后现代博物馆》("The Postmodern Museum"),发表于《降落伞》第 46 期(1987 年 3 月、4 月、5 月)。

# 注　释

## 导　论

[1] 道格拉斯·克林普（Douglas Crimp），《正片/负片：关于德加摄影的注解》（"Positive/Negative: A Note on Degas's Photographs"），载于《十月》第5期（1978年夏），第100页。

[2] 参见本书《艺术展览》（"The Art of Exhibition"）。

[3] 克雷格·欧文斯，《他者的话语：女性主义者与后现代主义》（"The Discourse of Others: Feminists and Postmodernism"），载于《反美学：关于现代主义文化的论文》（*The Anti-Aesthetic: Essays on Postmodern Culture*），哈尔·福斯特（Hal Foster）编（Port Townsend, Wash.: Bay Press, 1983），第73页。

[4] 臭名昭著的赫尔姆斯（Helms）关于美国国家艺术基金会（NEA）/全国人文学科捐赠基金会（NEH）拨款法案的修正案，以妥协性的语言陈述如下："任何授权给国家艺术基金会、国家人文基金会的拨款，不可用于任何可能被国家艺术基金会、国家人文基金会判断为淫秽物品的推广、传播或制作，包括但不限于施虐受虐狂的描写、同性色情、儿童性剥削，或个人从事性行为，作为一个整体，不具有严肃的文学、艺术、政治、科学价值。"（Congressional Record—House, 101st Congress, public law 101—121, October 23, 1989, p. H6407）

[5] 对这些危如累卵事件的最好分析是卡罗尔·万斯（Carol Vance）的《文化战争》（"The War on Culture"），载于《美国艺术》第9期（*Art in America* 77）（1989年9月），第39—43页；《误解淫秽》（"Misunderstanding Obscenity"），载于《美国艺术》第5期（1990年5月），第49—55页。

[6] 之前我曾简略地写过失败的观察，《我卧室里的男孩》，载于《美国艺术》第2期

(1990年2月),第47—49页。关于在西方传统和当代争论中区分同性恋和公开的同性恋的必要标准,参见伊芙·科索夫斯基·塞吉维克(Eve kasofsky Sedgwick),《橱柜认识论》(*Epistemology of the Closet*)(Berkeley and los angeles:University of california press,1990),第48—59页。

[7] 陶曼玲(Maureen Dowd),《杰西·赫尔姆斯稳赚不赔的艺术立场》("Jesse Helms Takes No-lose Position on Art"),纽约时报,1989年7月28日,B6版。

[8] 这是众多有偏见的裁决之一,法官戴维·J.阿尔巴内塞(David J. Albanese)拒绝辩方提议将有争议的照片与整个展览联系起来观看。这尤其有害,因为它只能证明淫秽,根据1973年最高法院的米勒·V.加利福尼亚决议(Miller V. California decision),如果作品作为一个整体,就会引起人们的兴趣。参见万斯,《误解淫秽》。

[9] 引自杰恩·默克尔(Jayne Merkel),《艺术受审》("Art on Trial"),载于《美国艺术》第12期(1990年12月),第47页。

[10] 同上,第49页。

[11] 同上,第47页。

[12] 比较一下,更早的是摄影评论家本·利弗森(Ben Lifson)对梅普尔索普的评论:"我不在乎梅普尔索普拍摄谁。每个摄影师不得不描绘或描述最吸引他的环境。你所追寻的激情所在之处,大都是感情冲突之处,但是梅普尔索普的感情被掩盖了。他的作品没有感情。常识告诉我们,那些情景充满冲突。"[本·利弗森和阿比盖尔·所罗门-戈多(Abigail Solomon-Godeau),《摄影癖》(Photophilia),载于《十月》第16期(1981年春),第111页]

[13] 当然,我所知悉的对同性恋压迫的例外是,跟随我的建议,盖尔·鲁宾(Gayle Rubin)应邀于1990年秋,在波士顿当代艺术学院举办的梅普尔索普研讨会上发言。鲁宾在旧金山积极参与同性恋、女同性恋、施虐/受虐亚文化研究,发表相关论文,一直以男同性恋、施虐/受虐行为作为博士论文课题。

[14] 希尔顿·克莱默(Hilton Kramer),《艺术高于法律尊严吗?》("Is Art above the Laws of Decency?"),载于《纽约时报》,1989年7月2日,第2部分,第7页。

[15] 亚伦·瑟库拉(Allan Sekula)通过将克莱默对梅普尔索普的攻击与对加斯东·拉雪兹(Gaston Lachaise)作品的批判相对比,提出:"在拉雪兹作品中,我们可以找到类似的,将女性概括为乳房和阴道的女性主题[《乳房与女性器官之间》(Breasts with Female Organ Between),1930—1932]。然而,克莱默辩解道:'即使在拉雪兹表达女性人体最极端的时刻,他也传达出一种完整而游刃有余的技艺以实现他的感觉。'克莱默的主体性概念似乎相当具有性别针对性。拉雪兹,当然可以被冠以'活力论者的典范'(vitalist ideal),而梅普尔索普则代表被谴责的'社会病理学'(social pathology)。"[亚伦·瑟库拉,《一些美国笔记》("Some American Notes"),载于《美国艺术》78第2期(1990年2月),第43页]

[16] 当然,女权主义关注性别,而反对同性恋憎恶(antihomophobic)的分析必须考虑性别问题;尽管如此,已经令人信服地证明,需要将两种形式的调查分别概念化。参见盖尔·鲁宾《关于性的思考:性政治学激进理论的笔记》("Thinking Sex: Notes for a Radical Theory of the Politics of Sexuality"),收录于《快乐与危险:探索女性性别》(*Pleasure and Danger: Exploring Female Sexuality*),卡罗尔·万斯主编(波士顿:劳特利奇出版社,1984年版),第287—319页;塞吉维克,《认识论》,第27—35页。

[17] 委托我为塞拉展览图录撰文的现代艺术博物馆(The Museum of Modern Art),非常强烈地反对我对其作品的马克思主义阐释。然而,得知塞拉支持这篇文章,在联邦当局决定毁掉塞拉的《倾斜之弧》的风暴后,想要避免论战,博物馆没有理由拒绝此文。在目录的前言中,威廉·罗宾(William Rubin),博物馆绘画与雕塑部主任写道:"考虑到去年春天决定《倾斜之弧》命运的听证会,引起源源不断的评论这样的特殊情况,我们觉得恰当的做法是:艺术家对于这些问题的立场,应该以他个人认为最有效的方式,被呈现在目录中。现代艺术博物馆不同意有关《倾斜之弧》写作的修辞语气和历史论战,另当别论。不过,我们的策展人有各不相同的立场来支持塞拉,我们选择在艺术家的艺术生涯面临四面楚歌时,按照艺术家及其客座策展人的要求来引导论战的气氛——从而实现博物馆作为集思广益的论坛的角色,推动关于我们时代的艺术的公共对话。"("前言",理查德·塞拉/雕塑,纽约:现代艺术博物馆,1986年,第9—10页)毋庸置疑,文章中的立场是我自己的,不是塞拉或客座策展人罗莎琳·克劳斯(Rosalind Krauss)的;这些论证也不是他们所要求的。既然博物馆最初的动机是完全拒绝我的文本,或者迫使我将它改得面目全非。罗宾为维护博物馆扮演的开明角色,为不同想法和观点提供论坛,他的虚伪达到了一定高度。

[18] 彼得·比格尔(Peter Burger),《先锋派理论》("Theory of the Avant-Garde"),迈克尔·肖(Michael Shaw)译(明尼阿波利斯:明尼苏达大学,1984年版),第22、49页。

[19] 同上,第54页。

[20] 同上,第58页;亦可参见脚注4,第109页。

[21] 比格尔,文学评论家,于1974年在德国发表《先锋派理论》,在我文章中讨论的艺术很大程度是众所周知或已经产生的。

[22] 比格尔赞同苏联前卫(the Soviet avant-garde)建设社会主义社会方面的巨大潜力;参见比格尔《先锋派理论》,脚注21,第114页。

[23] 同上,第50页。

[24] 博物馆无法重新审视其关于高雅艺术/流行文化的鸿沟的最有说服力的例子是1990年秋,柯克·瓦恩多(Kirk Varnedoe)和亚当·高波尼克(Adam Gopnik)在现代艺术博物馆组织的"高雅与低俗:现代艺术与流行文化"(*High and*

Low：Modern Art and Popular Culture）展。展览的前提很简单：艺术家有时将流行及大众文化转换为高雅艺术，正如他们将"原始"艺术转换成高雅的西方表现主义。因其简单的论点及大规模地排斥当代艺术实践，不假思索地打破博物馆反复强调的艺术品差别，而遭到媒体的一致责难。引入有关高雅与低俗主题的一系列艺术史论文，作为展览目录的姊妹篇，瓦恩多和高波尼克草率地将关于此主题的严肃思考整个排除在外，从20世纪60年代开始于伯明翰的法兰克福学派大众文化、审美理论和文化研究，到迥然不同的当代女性主义和后现代主义分析："虽然关于'大众文化'及前卫的写作汗牛充栋，这个文集的分量似乎与学者们的著作不成比例。理论家的声响似乎发表得过于频繁而不具吸引力，说好听些是熟练地玩弄抽象概念的技巧，说难听些，似乎是坚持狭隘、教条、从历史观点上是站不住脚的（甚至连禁不起验证都称不上）关于现代历史复杂现实的分类。"瓦恩多和高波尼克著，《现代艺术与流行文化：解读高雅与低俗》(*Modern Art and Popular Culture*：*Readings in High & Low*)，导论[纽约，现代艺术博物馆及哈里·N.艾布拉姆斯（Harry N. Abrams），1990])，第11页。浏览此书的索引，我期待的作者名字一个都没出现在列表上：比如，西奥多·阿多诺(Theodor Adorno)、马克斯·霍克海默(Max Horkheimer)、瓦尔特·本雅明、雷蒙德·威廉斯(Raymond Williams)、斯图亚特·霍尔（Stuart Hall）、迪克·赫布迪奇(Dick Hebdige)、劳拉·穆尔维(Laura Mulvey)、格里塞尔达·波洛克(Griselda Pollock)、米根·莫里斯(Meagan Morris)等。

[25] 参见道格拉斯·克林普编辑《艾滋：文化分析/文化行动主义》(*AIDS*：*Cultural Analysis/Cultural Activism*)（剑桥，麻省：麻省理工学院出版社，1988年版）；道格拉斯·克林普，亚当·罗斯通(Adam Rolston)，艾滋病演示图形（西雅图，海湾出版社，1990年版）。

[26] 安德烈亚斯·胡伊森(Andreas Huyssen)，《勾勒后现代》("Mapping the Postmodern")，《大分裂之后：现代主义、大众文化、后现代主义》(*After the Great Divide*：*Modernism*，*Mass Culture*，*Postmodernism*)（布卢明顿和印第安纳波利斯：印第安纳大学出版社，1986年版），第209页。

[27] 我参考的是弗里德里克·詹姆逊(Fredric Jameson)提出的最有影响力的、基础主义总体化的后现代主义理论[《后现代主义或晚期资本主义的文化逻辑》(*Postmodernism or The Cultural Logic of Late Capitalism*，Durham，N. C.：Duke University Press，1991)]，同时参考另一本极大受惠于詹姆逊著作的：大卫·哈维(David Harvey)所著，《后现代性的条件：对文化变迁之起源的探究》(*The Condition of Postmodernity*：*An Enquiry into the Origins of Cultural Change*，Oxford：Basil Blackwell，1989)。对这些作品的女性主义批评，参见罗莎琳·多伊奇(Rosalyn Deutsche)，《空间中的人》("Men in Space")，载于《艺术论坛》(*Artforum* 28，no. 6)(1990年2月)，第21—23页；罗莎琳·多伊奇，《男

孩镇》("Boys Town"),载于《环境与规划 D：9 社会和空间》(*Environment and Planning D: Society and Space 9 , no.1* )(1991 年 3 月),第 5—30 页;多琳·梅西(Doreen Massey),《柔性性别歧视》("Flexible Sexism"),载于《环境与规划 D：9 社会和空间》(1991 年 3 月),第 31—57 页;米根·莫里斯(Meaghan Morris),《镜子里的男人：大卫·哈维的后现代性的"条件"》("The Man in the Mirror: David Harvey's 'Condition' of Postmodernity"),载于《理论、文化与社会 9》(*Theory, Culture & Society 9* )(1992 年版),第 253—279 页;吉莉恩·罗斯(Gillian Rose),《回顾爱德华·苏贾的后现代地理学及大卫·哈维的后现代性的"条件"》("review of Edward Soja's Postmodern Geographies and David Harvey's 'Condition' of Postmodernity"),载于《历史地理学杂志 17》(*Journal of Historical Geography 17* )(1991 年),第 118—121 页。

[28] 参见彼得·加拉斯(Peter Galassi),《尼古拉斯·尼克松：人民的图像》(*Nicholas Nixon: Pictures of People*)(纽约：现代艺术博物馆,1988 年)。

[29] 引自 1988 年 10 月艾滋病解放力量联盟(ACT UP)在现代艺术博物馆示威时所发放的传单。

[30] 道格拉斯·克林普,《患艾滋病人民的肖像》("Portraits of People with AIDS"),《文化研究》(*Cultural Studies*),劳伦斯·格罗斯伯格(Lawrence Grossberg)、凯利·尼尔森(Cary Nelson)、宝拉·崔奇勒(Paula Treichler)主编(纽约：劳特利奇出版社,1991 年版),第 130 页。

[31] 科贝拉·默瑟(Kobena Mercer),《皮肤、头部及性事》("Skin Head Sex Thing"),《我看上去如何？酷儿电影及影像》(*How Do I Look? Queer Film and Video*),坏对象选择(Bad Object Choices)主编(西雅图：海湾出版社,1991 年版),第 169—210 页。

# 第一部分　博物馆里的摄影

## 1. 在博物馆的废墟上

[1] 希尔顿·克莱默(Hilton Kramer),《格罗姆与戈雅、马奈相关吗？》("Does Gerome Belong with Goya and Monet?"),载于《纽约时报》,1980 年 4 月 13 日,第 2 版,第 35 页。

[2] 西奥多·W. 阿多诺(Theodor W. Adorno):《瓦莱里、普鲁斯特与博物馆》("Valery Proust Museum"),载于《棱镜》(*Prisms*),萨缪尔·姗瑞·韦伯(Samuel and Shiery Weber)译,伦敦：内维尔·斯皮尔曼出版社(London: Neville Spearman)1967 年版,第 173—186 页。

[3] 克莱默,《格罗姆与戈雅、马奈相关吗？》,第 35 页。

[4] 列奥·施坦伯格,"另类准则",收入《另类准则》(Leo Steinberg, "Other Criteria", in *Other Criteria*, New York: Oxford University Press, 1972),第 55—91 页。

该文基于作者1968年3月在纽约现代艺术博物馆的讲座而成。

[5] 同上,第84页。

[6] 参见罗莎琳·克劳斯（Rosalind Krauss）在《劳森伯格和物质化图像》（"Rauschenberg and the Materialized Image"）一文中,对立体拼贴和劳森伯格"改造"拼贴之间差异的探讨,载于《艺术论坛》第13期（1974年12月）,第36—43页。

[7] 当然,并非所有艺术史家都赞同,是马奈将绘画与其来源的关系问题化。然而,该观点是迈克尔·弗雷德（Machael Fried）的文章《马奈的来源：1859—1865年其艺术的各个方面》（"Manet's Sources：Aspects of his Art，1859—1865"）的最初假设[载于《艺术论坛》第7期（1969年3月）,第28—82页]。文中开场白为："如果说有一个简单的问题可以促使我们了解19世纪60年代前半期马奈的艺术的话,那就是:我们该如何理解此时马奈的绘画对历史上伟大艺术家作品的参照？"（第28页）弗雷德假定马奈作品对先前艺术的借鉴,以其"表面意义和显而易见"的方式,不同于之前西方绘画对历史资源的运用。这在某种程度上导致西奥多·雷夫（Theodore Reff）对弗雷德论文的攻击,例如,他说:"当雷诺兹（Reynolds）从荷尔拜因（Holbein）的名画中借鉴模特儿的姿势、米开朗基罗和阿尼巴尔·卡拉奇（Annibale Carracci）巧妙地将这种关联应用于自己作品的主题中时;当安格尔（Ingres）有意识地在其宗教题材作品中采用拉斐尔（Raphael）的构图,并在肖像画中使用希腊雕塑或罗马绘画中的相似图像时,难道它们就没有透露出与马奈早期作品同样的历史意识吗？"[西奥多·雷夫,《马奈的来源：一种批判性评价》（Manet's Sources：A Critical Evaluation）,载于《艺术论坛》,第8期（1969年9月）,第40页]由于对这种差异的否认,雷夫能够继续将适用于解释过去艺术的艺术史方法论运用在现代主义上,例如,这种方法论解释了意大利文艺复兴艺术与古典时代艺术之间的特别的关系。这是引发这篇论文的一个拙劣的、盲目应用艺术史方法论来论证劳森伯格艺术品来源的例子：在批评家罗伯特·平克斯-威腾（Robert Pincus-Written）的讲座中,劳森伯格的《字母组合》（Monogram）（一件采用安哥拉山羊标本的集合装置）的来源被说成是威廉·霍尔曼·亨特（William Holman Hunt）的《替罪羊》（Scapegoat）!

[8] 米歇尔·福柯,《图书馆幻想曲》,载于《语言、反记忆及实践》,唐纳德·F. 布沙尔、雪利·西蒙译[Michel Foucault，"Fantasia of Library"，in *Language，Counter-Memory，Practice*，trans. Donald F. Bouchard and Sherry Simon (Ithaca：Cornell University Press，1977)],第92—93页。

[9] 引自尤金尼奥·多纳托,《博物馆的熔炉：〈布瓦尔和佩居谢〉的文本解读注释》,载于《文本策略：透视后结构主义批评》,Josue V. Hararu 主编（Eugenio Donato，"The Museum's Furnace：Notes Toward a Contextual Reading of *Bouvard and Pecuchet*"，in *Textual Strategies：Perspectives in Post-Structuralist Criticism*，

ed. Josue V. Hararu, Ithaca：Cornell University Press,1979),第 214 页。

[10] 同上,第 220 页。福柯与多纳托的论文之间明显的延续性,使人产生误解,因为多纳托明确地对福柯的考古学方法进行批判,认为这种方法暗示了福柯对形而上学起源的一种回应。当福柯在《知识考古学》(*The Archeology of Knowledge*,New York：Pantheon Books,1969)中把"考古学"法典化即已超越了"考古学"。

[11] 古斯塔夫·福楼拜,《布瓦尔和佩居谢》,A. J. 克莱尔谢梅尔译(Gustave Flaubert, *Bouvard and Pecuchet*, trans. A. J. Krailsheimer, New York：Penguin Books,1976),第 114—115 页。

[12] 多纳托,《博物馆的熔炉》,第 223 页。

[13] 这个说法源于欧文·潘诺夫斯基(Erwin Panofsky);参见他的文章《作为人文学科的艺术史》("The History of Art as a Humanistic Discipline"),载于《视觉艺术的含义:关于艺术史的论文》(*Meaning in the Visual Arts*：*Papers in and on Art History*, Garden City, N. Y. ：Doubleday Anchor Books,1955),第 1—25 页。

[14] 这种比较最早出现在罗伯特·罗森布卢姆(Robert Rosenblum)的论文集《现代艺术和现代城市:从卡耶博特、印象派画家到今天》("Modern Art and the Modern City：From Caillebotte and the Impressionists to the Present Day")中,该论文集是配合 1977 年 3 月布鲁克林美术馆(the Brooklyn Museum)的古斯塔夫·卡耶博特(Gustave Caillebotte)作品展而作。尽管只有卡耶博特的作品图片,罗森布卢姆依然出版了他的讲座版。以下摘录能够说明罗森布卢姆所进行的比较:"卡耶博特的艺术似乎与最近的抽象绘画、雕塑的一些结构性变革相呼应。他在 19 世纪 70 年代对现代巴黎的描绘……蕴含崭新的观看方式,与我们的时代极其相似。举例来说,与同时期的其他印象主义画家相比,卡耶博特使作品中的随意性和秩序性走向极端,通常在同一作品中并置矛盾的风格。巴黎的城里人和乡下人来到户外,但在他们的休闲活动中,充斥着数学上的坐标、技术规律。交叉或平行的钢梁沿着桥栏柱移动,发出 A-A-A-A 的撞击声。方形铺路石组成的棋盘,绘制出重复的系统,这在安迪·沃霍尔(Warhol)或斯特拉(Stella)、吕曼(Ryman)和安德烈(Andre)的早期作品中能找到对应。例如,丹尼尔·布伦(Daniel Buren)作品中纯粹的条纹,顿时将一种愉悦的、基本的美学加之于都市的变化中。"(罗伯特·罗森布卢姆,《古斯塔夫·卡耶博特:20 世纪 70 年代与 19 世纪 70 年代》)("Gustave Caillebotte：The 1970s and the 1870s"),载于《艺术论坛》第 15 期(1977 年 3 月),第 52 页。1980 年 3 月,当罗森布卢姆在亨特学院(Hunter College)关于现代主义的研讨会上,再次通过幻灯片对吕曼和卡耶博特的作品进行比较时,他认为这也许就是潘诺夫斯基所谓的假象。

[15] 安德烈·马尔罗,《沉默之声》,斯图尔特·吉尔伯特译,波林根系列[Andre Malraux, *The Voices of Silence*, trans. Stuart Gilbert, Bollingen Series, no. 24 (Princeton：Princeton University Press, 1978],第 44、46 页。

[16] 福楼拜,《布瓦尔和佩居谢》,第 321、300 页。

[17] 参见瓦尔特·本雅明,《机械复制时代的艺术品》,载于《启蒙之光》,哈里·左恩译(Walter Benjamin, "The Work of Art in the Age of Mechanical Reproduction", in *Illuminations*, trans. Harry Zohn, New York：Schocken Books, 1969),第 217—251 页。

[18] 关于在最近艺术创作中,普遍运用后现代艺术技术的讨论,参见道格拉斯·克林普的《图画》[Douglas Crimp, "Pictures", *October*, no. 8 (Spring 1979)],第 75—88 页。

## 2. 博物馆的旧主题,图书馆的新主题

[1] 关于两次世界大战之间的反应与最近回到具象绘画的关系的详细讨论,参见本雅明·H. D. 布赫洛(Benjamin H. D. Buchloh),《权威的图像,回归的密码》["Figures of Authority, Ciphers of Regression", *October*, no. 16 (Spring 1981)],第 39—68 页。

[2]《现代艺术博物馆年报 1979—1980》,现代艺术博物馆,纽约,1980。

[3] 当这篇论文最初于 1981 年春发表时,整面墙大小的《月升》(*Moonrise*)以超过 70,000 美元的售价成交。安塞尔·亚当斯(Ansel Adams)于 1984 年去世。

[4] 关于房地产开发与艺术世界关系的重要讨论,参见罗莎琳·多伊奇(Rosalyn Deutsche)和卡拉·根德尔·瑞恩(Cara Gendel Ryan)所著的《士绅化的纯艺术》["The Fine Art of Gentrification", *October*, no. 31(Winter 1984), pp. 91—111]。

[5] 道格拉斯·克林普,《20 世纪 70 年代艺术简介》(*Introduction to 1970s Art* New York：Art Information Distribution, 1975)。

[6] 劳伦斯·阿洛韦等著(Lawrence Alloway et al.),《毕加索:专题论文集》["Picasso：A Sumposium", *Art in America* 68, no. 10(December 1980), p. 19]。

[7] 同上,第 17 页。

[8] 约翰·理查森(John Richardson),《你的节目表演》["Your Show of Shows", *New York Review of Books* 27, no. 12(July 17, 1980), pp. 16—24]。

[9] 关于把毕加索的艺术当作自传的主流观点的批评,参见罗莎琳·克劳斯(Rosalind Krauss),《以毕加索之名》["In the Name of Picasso", *October*, no. 16 (Spring 1981), pp. 5—22]。

[10] 约翰·萨科夫斯基(John Szarkowski),《摄影师之眼导论》(1966),载《镜头观察：20 世纪摄影写作》,第 2 卷,佩尼娜·R. 佩特拉克["Introduction to *The Photographer's Eye*"(1966), in *The Camera Viewed：Writings on Twentieth-*

century Photography》, Vol. 2, ed, Peninah R. Petruck (New York：E. P. Dutton, 1979), p. 203].

[11] 安塞尔·亚当斯(Ansel Adams),《个人信条》,载《美国年度摄影》58 卷["A Personal Credo", *American Annual of Photography*, vol. 58(1948), p. 16].

[12] 同上,第 13 页。

[13] 萨科夫斯基,"导言",第 211—212 页。

[14] 参见茱莉亚·凡·哈费腾(Julia Van Haaften),《原创性的太阳照片：纽约公共图书馆持有的早期作品插图和照片的清单,1844—1900 年》,载《纽约公共图书馆简报 80》["Original Sun Pictures'：A Check List of the New York Public Library's Holdings of Early Works Illustrated with Photographs, 1844—1900", *Bulletin of the New York Public Library 80*, no. 3 (Spring 1977), pp. 355—415]。

[15] 参见安妮·M. 麦格拉思(Anne M·Mcgrath),《纽约公共图书馆的摄影瑰宝》,载《AB 书商周刊》["Photographic Treasures at the N. Y. P. L.", *AB Bookmans Weekly*, (January 25, 1982), pp. 550—560]。截至 1982 年,茱莉亚·凡·哈费腾(Julia Van Haaften)任策展人的摄影收藏,被归集到米里亚姆和艾拉·D. 瓦拉赫印刷品及照片艺术部(the Miriam and Ira D. Wallach Division of Art, Prints, and Photographs)。

[16] 萨科夫斯基,"导言",第 206 页。

[17] 道格拉斯·戴维斯(Douglas Davis),《后一切》("Post-Everything"),载《美国艺术 68》(1980 年 2 月),第 14 页。和毕加索的粉丝们一样,戴维斯对自由的概念,是一个彻底的神话,不承认由阶级、民族、种族、性别或性取向决定的社会差异。因此,据说当戴维斯想到自由时,首先浮现在他脑海中的是"市场"。的确,他的自由概念似乎是里根时代的版本——比如"自由"企业。

[18] 关于纽约现代艺术博物馆(MOMA)摄影部的历史,参见克里斯托弗·菲利普斯(Christopher Phillips)的《摄影的裁判席》("The Judgment Seat of Photography"),载《十月》第 22 期(1982 年秋刊),第 27—63 页。

## 3. 绘画的终结

[1] "当代艺术八人展"(Eight Contemporary Artists),1974 年 10 月 9 日至 1975 年 1 月 5 日,由珍妮弗·利赫特(Jennifer Licht)在纽约现代艺术博物馆组织的作品展。这八位艺术家是：维托·阿肯锡(Vito Acconci)、阿里杰罗·波提(Alighiero Boetti)、丹尼尔·布伦(Daniel Buren)、汉娜·达波文(Hanne Darboven)、简·迪贝兹(Jan Dibbets)、罗伯特·亨特(Robert Hunter)、布莱斯·马尔顿(Brice Marden)和多萝西亚·若柯朋(Dorothea Rockburne)。

[2] 芭芭拉·罗斯(Barbara Rose),《巨星的暮光》("Twilight of the Superstars"),载

《党派评论》(*Partisan Review*)第 41 期(1974 年冬),第 572 页。

[3] 劳伦斯·阿洛威(Lawrence Alloway),约翰·科普兰斯(John Coplans),《与威廉·鲁宾交谈:"博物馆的概念并不是无限可扩展的"》("Talking with William Rubin: 'The Museum Concept Is Not Infinitely Expandable'"),载《艺术论坛》第 13 期(1974 年 10 月),第 52 页。

[4] 丹尼尔·布伦(Daniel Buren),《博物馆的功能》("Function of the Museum"),载《艺术论坛》第 12 期(1973 年 9 月),第 68 页。

[5] 罗斯,《巨星的暮光》("Twilight of the Superstars"),第 569 页。

[6] 芭芭拉·罗斯,《美国绘画:80 年代》(*American Painting: The Eighties*, Buffalo: Thorney-Sidney Press, 1979),以下所有引自芭芭拉·罗斯此目录中的论文。

[7] 这个问题是李察·轩尼诗(Richard Hennessy)一篇文章的标题,载《艺术论坛》第 17 期(1979 年 5 月),第 22—25 页。

[8] 引自《摄影:一个特殊的问题》(社论)("Photography: A Special Issue")(editorial),载《十月》第 5 期(1978 年夏),第 3 页。

[9] 轩尼诗(Hennessy),《这都是什么》("What's All This"),第 22 页。

[10] 罗伯特·雷曼(Robert Ryman),菲利斯·塔奇曼(Phyllis Tuchman)著,《罗伯特·雷曼访谈》("An Interview with Robert Ryman"),载《艺术论坛》第 9 期(1971 年 5 月),第 49 页。

[11] 轩尼诗,《这都是什么》,第 23 页。

[12] 同上,第 25 页。

[13] 米歇尔·福柯,《事物的次序》(*The Order of Things*, New York: Pantheon, 1970),第 16 页。

[14] 菲利普·李德(Philip Leider),《自 1970 年以来的斯特拉》(*Stella since 1970*, Fort Worth: Fort Worth Art Museum, 1978),第 98 页。

[15] 同上,第 96—97 页。

### 4. 后现代主义的摄影活动

[1] 道格拉斯·克林普(Douglas Crimp),《图画》("Pictures"),载《十月》第 8 期(1979 年春),第 75—88 页。这篇论文是我在 1977 年秋为纽约艺术家空间策划的同名展览目录中的论文的修订版。

[2] 对极少主义雕塑剧场风格提出批评的名篇是迈克尔·弗雷德(Michael Fried)的《艺术与物性》("Art and Objecthood"),载《艺术论坛》(1967 年 6 月),第 12—23 页。

[3] 瓦尔特·本雅明,《机械复制时代的艺术品》,收录于《启示录》("The Work of Art in the Age of Mechanical Reproduction", *Illuminations*),哈利·左恩(Harry

Zohn)译(New York:Schocken Books,1969),第 221 页。
[4] 瓦尔特·本雅明,《摄影小史》("A Short History of Photography"),斯坦利·米切尔(Stanley Mitchell),载《国际银幕》(1972 年春),第 18 页。
[5] 同上,第 19 页。
[6] 同上,第 7 页。
[7] 本雅明,《艺术品》("Work of Art"),第 221 页。
[8] 本雅明,《小史》("Short History"),第 20 页。
[9] 同上,第 21 页。
[10] 芭芭拉·罗斯(Barbara Rose),《美国绘画:80 年代》(*American Painting: The Eighties*, Buffalo:Thoren-Sidney Press, 1979, n. p.)。
[11] 摄影的"第三种意义"是罗兰·巴特的理论,参见《第三种意义:对爱森斯坦剧照的研究笔记》,收录于《图像—音乐—文本》,斯蒂芬·希斯译("The third Meaning: Research Notes on Some Eisenstein Stills", in *Image-Music-Text*, trans. Stephen Heath, New York:Hill and Wang, 1977),第 52—68 页。
[12] 在此我指的是约翰·萨科夫斯基的《镜子和窗户:1960 年以来的美国摄影》(John Szarkowski, *Mirrors and Windows: American Photography since 1960*, New York:Museum of Modern Art,1978)。
[13] 谢莉·莱文(Sherrie Levine),未发表的声明,1980 年。
[14] 韦斯顿(Weston)认为照片必须预先形象化(previsualized)的观点,以各种形式贯穿于他大量的著作中。早在 1922 年,它首次出现于《摄影随笔》("Random Notes on Photography")中。参见彼得·C. 邦内尔(Peter C. Bunnell)主编,《爱德华·韦斯顿论摄影》(*Edward Weston on Photography*, Salt Lake City: Peregrim Smith Books,1983)。
[15] 参见罗兰·巴特(Roland Barthes),《图像修辞学》("Rhetoric of the Image"),《图像—音乐—文本》论文集,第 32—51 页。

### 5. 挪用挪用
[1] 引用此处是为了指出:这篇文章是为《图像的清理者:摄影》(Image Scavengers: Photography)展览目录而作,双联展的另一部分包括《图像的清理者:绘画》(Image Scavengers:Painting),1982 年 12 月 8 日—1983 年 1 月 30 日于宾夕法尼亚大学当代艺术研究所展出,以"挪用"作为组织展览的主题。

## 第二部分　雕塑的终结

### 6. 重新定义场域特定性
[1] 唐纳德·贾德(Donald Judd),《特定物》("Specific Objects"),载《艺术年鉴》(*Arts Yearbook*)(1965 年第 8 期),第 74 页。

[2] 塞拉在此场合真实的断言是:"因此,移除《倾斜之弧》就是毁灭它"("To remove *Tilted Arc*, therefore, is to destroy it");参见克拉拉·维尔格拉夫-塞拉和玛莎·巴斯柯克(Martha Buskirk)《倾斜之弧的毁灭:档案》(*The Destruction of Tilted Arc: Documents*, Cambridge, Mass., The MIT Press, 1991),第67页。1985年3月6—8日,纽约联邦大厦的国际贸易法院正式审判庭上,关于移除《倾斜之弧》的听证会举行,陪审团由美国总务署地区行政官威廉·J.戴蒙德(William J. Diamond)、美国总务署代理副地区行政官杰拉尔德·图瑞斯基(Gerald Turetsky)、美国总务署公共建筑服务部保罗·奇斯托利尼(Paul Chistolini),以及两组外部陪审团成员,辛普森律师事务所的托马斯·勒温(Thomas Lewin)、撒切尔(Thacher)和巴特利特(Bartlett),佳士得拍卖行(the auction house of Christie)的迈克尔·芬德雷(Michael Findlay)、曼森(Manson)和伍兹(Woods)组成。1985年4月10日,该陪审团以4:1的投票结果建议迁移《倾斜之弧》。这个建议被美国华盛顿特区总务署代理主任,德怀特·A.英克(Dwight A. Ink)采用,1985年5月31日,他宣布迁移雕塑的决定。

[3] 贾德,《特定物》("Specific Objects"),第82页。

[4] 引述菲利斯·塔奇曼(Phyllis Tuchman),《卡尔·安德烈访谈》("An Interview with Carl Andre"),载《艺术论坛》7第10期(1970年6月),第55页。

[5] 同上。

[6] 瓦尔特·本雅明,《爱德华·福克斯,收藏家与历史学家》("Eduard Fuchs, Collector and Historian"),金斯利·肖特(Kingsley Shorter)译,载《单向街》(*One-Way Street*, London: New Left Books, 1979),第360页。

[7] 丹尼尔·布伦(Daniel Buren),《艺术可教吗?》("Peut-il Enseigner l'Art?"),载《画廊》(*Galerie des Arts*)(1968年9月)。理查德·米勒(Richard Miller)根据法文版翻译。

[8] 曾有几次将塞拉的作品从公共现场移除的企图。移除《倾斜之弧》的决定宣布后不久,圣路易斯市(St. Louis City)议员蒂莫西·迪伊(Timothy Dee)向市议会提交了一份法案,如果获得通过,允许城市选民决定是否移除圣路易斯市区的《吐温》(*Twain*)(1974—1982)雕像。据(圣路易斯)《河滨时报》(*The Riverfront Times*),1985年9月6—10日,6A版,迪伊说,"问题是普通民众——我的选民与绝大多数精英艺术社群的真正分歧在于:精英艺术社群决定做什么是因为他们都投资于某些艺术家"。记录在案的最彻底的例子是,西德波鸿基督教民主党反对《终点站》(1977)。这个例子,参见《理查德·塞拉的终点站:纪录片第7章》(*Terminal von Richard Serra: Eine Dokumentation in 7 Kapiteln*)(波鸿:波鸿博物馆,1980年版)及我在本章中的讨论。此外,由于建筑师和城市官员反对这件作品,塞拉并未收到一些主要的委创金。这些包括在华盛顿特区,宾夕法尼亚大道发展公司的作品;在巴黎蓬皮杜中心的作品,马德里户外场地的作品;西德,

马尔(Marl);伊利诺伊州皮奥里亚市的《视点》(1971—1975),卫斯理大学校园委托,并没有建造。关于塞拉在公共区域建造作品所面临的困难的讨论,参见道格拉斯·克林普,《理查德·塞拉的城市雕塑:访谈》("Richard Serra's Urban Sculpture: An Interview"),载《理查德·塞拉:访谈 1970—1980》(*Richard Serra: Interviews, Etc. 1970—1980*)(纽约州扬克斯:哈德逊河博物馆,1980),第163—187页。

[9]《韦氏新大学生词典第8版》("*Webster's Eighth New Collegiate dictionary*")(马萨诸塞州,斯普林菲尔德,1979年版),第989页。

[10]《资本论》第二卷,卡尔·马克思为解释生产,将商品总量分为两大部类。部类1由生产资料组成:包括原材料、机械、建筑等;部类2包括消费品。后来的马克思主义者,将部类3指定为与工人阶级无关、仅仅为资产阶级消费的那些商品生产。部类3包括奢侈品、艺术和军火。关于艺术和军火之间关系的讨论,参见欧内斯特·曼德尔(Ernest Mandel),《晚期资本主义》(*Late Capitalism*),尤里斯·德·布雷斯(Joris de Bres)译(伦敦:Verso,1978年版),尤其是第9章,《永远的军火经济和晚期资本主义》("The Permanent Arms Economy and Late Capitalism")。

[11] 艾米·戈尔丁(Amy Goldin),《审美贫民窟:一些关于公共艺术的想法》("The Esthetic Ghetto: Some Thoughts about Public Art"),《美国艺术》(*Art in America*)62第3期(1974年5—6月),第32页。

[12] 理查德·塞拉(Richard Serra)《从视点之路延续的笔记》("Extended Notes from Sight Point Road,"),载《理查德·塞拉:1977—1985欧洲近期雕塑》(*Richard Serra: Recent Sculpture in Europe 1977—1985*, Bochum: Galerie m, 1985),第12页。

[13] 引自克林普,《理查德·塞拉的城市雕塑》("Richard Serra's Urban Sculpture"),第170页。

[14] 同上,第168页。

[15] 同上,第170页。

[16] 同上,第175页。

[17] 有关这个问题,参见伊夫-阿兰·博瓦(Yve-Alain Bois)《漫步在风景如画的克拉拉-克拉拉》("A Picturesque Stroll around Clara-Clara"),载《十月》第29期(1984年夏),第32—62页;也可参见理查德·塞拉和彼得·艾森曼(Peter Eisenman)的《访谈》("Interview"),载《地平线》(*Skyline*)(1983年4月),第14—17页。

[18] 引自克林普,《理查德·塞拉的城市雕塑》,第175页。

[19] 同上,第166、168页。

[20] 理查德·塞拉,安妮特·迈克尔逊(Annette Michelson),理查德·塞拉和克拉

拉·维尔格拉夫-塞拉著,《理查德·塞拉的电影:一次采访》("The Films of Richard Serra: An Interview"),载《十月》第 10 期(1979 年秋),第 91 页。

[21] 同上:这次采访中,在讨论塞拉和维尔格拉夫的电影《钢铁厂/ 钢厂》(*Steelmill/Stahlwerk*)(1970) 的背景下,塞拉详细地讨论他在钢铁厂工作的经验。《钢铁厂/ 钢厂》正是在制造《终点站》(*Terminal*)的钢厂拍摄的,尽管拍摄发生在锻造《柏林立方体,致查理·卓别林》期间 (1977)。

[22] 基督教民主党代表波鸿市议会发表的新闻稿,转载于《理查德·塞拉的终点站》(*Terminal von Richard Serra*),第 35—38 页。

[23] 自 1982 年以来,在西德基督教民主党执政时,失业率已经上升到战后纪录水平:截至 1985 年,有 220 万人登记失业,估计 130 万求职者未登记。受灾最严重的地区是重工业所在地,如鲁尔区。1985 年 10 月,德国工会联合会举行了为期一周的、抗议基督教民主党的经济政策,恰逢在联邦议院激烈辩论的问题。在这些争论中,反对党全面攻击基督教民主党导致德国社会状况崩溃。

[24] 声称钢不是原材料,因为它是由铁生产的,基督教民主党通过在资本主义的钢铁产地呼吁自然与人造的区别,试图混淆视听。当然,钢是用于生产资料的第一部类产品;参见注 10。

[25] "对于每个资本家,除了他自己的工人,所有工人的总量,是作为消费者而不是工人出现,交换价值(工资)的拥有者,金钱,用来换取他的商品。"卡尔·马克思,《政治经济学批判的基础》(*Gundrisse: Foundations of the Critique of Political Economy*),马克思图书馆 编辑,马丁·尼古拉斯(Martin Nicolaus, New York: Vintage Books, 1973),第 419 页。战后时期的德国,将工人阶级与社会状况调和的尝试,正在符号层面,包括语言本身展开。因此,工人(Arbeiter)和工人阶级(Arbeitklasse)这些词不再用于官方讨论,既然德国现在据说是一个没有阶级的社会。在这个社会,只有需要工作的人——雇员(Arbeitnehmer)和提供工作的人——雇主(Arbeitgeber)。这一语言学转换的讽刺之处在于,它仍然会对工人起作用,对他们来说,完全知道工人正是工作的给予者(Arbeitgeber),而雇主是工作的接受者(Arbeitnehmer)。在这样的形势下,右翼政党将艺术视为另一使社会状况神秘化的形式,也就不足为奇了。

[26] 约翰·比尔斯利(John Beardsley),《公共场所中的个人情感》("Personal Sensibilities in Public Places"),载《艺术论坛》19 第 10 期(1981 年 6 月),第 44 页。

[27] 同上。

[28] 路易斯·阿尔都塞(Louis Althusser)详细阐明他所谓的意识形态国家机器(Ideological State Apparatuses)的作用,其中包括作为"生产条件的再生产"(the reproduction of the conditions of production)的文化。为使这种再生产发生,必须保证工人"从属于主导性的意识形态"(subjection to the ruling

ideology)。因此,工人面临的文化目标的功能之一是,教他们如何担当自己的主导性。参见路易斯·阿尔都塞,《意识形态和意识形态国家机器(调查笔记)》["Ideology and the Ideological State Apparatuses (Notes towards and Investigation)"],《列宁与哲学》(*Lenin and Philosophy*),本·布鲁斯特(Ben Brewster)译(New York:Monthly Review Press,1971),第127—186页。

[29] 道格拉斯·斯托克(Douglas Stalker)和克拉克·格莱莫尔(Clark Glymour)著,《恶性物体:关于公共雕塑的思考》("The Malignant Object:Thoughts on Public Sculpture"),载《公众利益》(*The Public Interest*)第66期(1982年冬),第3—21页。关于其他新保守主义对艺术的公共支出的攻击,参见爱德华·C. 班菲尔德(Edward C. Banfield),《民主的缪斯:视觉艺术和公众利益》(*The Democratic Muse:Visual Arts and the Public Interest*,New York:Basic Books,1984);塞缪尔·李普曼(Samuel Lipman),《文化政策:美国向何处,政府向何处?》("Cultural Policy:Whither America,Whither Government?"),载《新标准3》(*The New Criterion 3*)第3期(1984年11月),第7—15页。

[30] 比尔斯利(Beardsley),《个人情感》("Personal Sensibilities"),第45页。

[31] 就此问题,中央文献是卡尔·马克思关于国家和公民社会的早期著作;尤其参见《关于"犹太人问题"》,《卡尔·马克思:早期著作》,罗德尼·利文斯通和格雷戈尔·本顿译(纽约,古典书籍出版社,1975年版),第211—241页。也参见国家和公民社会之间的关系的重新诠释,以及安东尼奥·葛兰西的著作中共识的重要性。

[32] 对于任何密切关注此案的人来说,关于《倾斜之弧》的公众听证会是一种嘲弄。听证会由总务署的区域负责人威廉·J. 戴蒙德(William J. Diamond)主持,并选出其他四个陪审团成员。他曾公开要求移除《倾斜之弧》,并散发请愿书,寻求有利于移除的证据。尽管参加听证会三分之二的人,赞成将《倾斜之弧》保留在联邦广场,戴蒙德的陪审团向总务署提议移除。关于《倾斜之弧》案件的完整报道,包括塞拉在法庭上扭转总务署决定的失败尝试,参见维尔格拉夫-塞拉和巴斯柯克,《倾斜之弧的毁灭》(*The Destruction of* Tilted Arc)。

[33] 参见 Weyergraf-Serra 和巴斯柯克,《倾斜之弧的毁灭》,第26—29页。

[34] 同上,第28页。

[35] 同上,第117页。

# 第三部分　后现代史

## 7. 这不是艺术博物馆

我对布达埃尔(Broodthaers)作品的介绍来自本雅明·布赫洛的文章《马塞尔·布达埃尔:前卫派的寓言》("Marcel Broodthaers:Allegories of the Avant-Garde"),载《艺术论坛》第9期(1980年5月),第52—59页;及《马塞尔·布达埃尔的虚构博物馆》

("The Museum Fictions of Marcel Broodthaers"),载《艺术家博物馆》(*Museums by Artists*, Toronto：Art Metropole,1983),第 45—56 页。我也曾与布赫洛一起编辑过《十月》有关布达埃尔的特刊(第 42 期,1987 年秋),而他当时是客座编辑。此外,准备撰写此论文时我也曾查阅过他借给我的那些个人保留的文件资料副本。

在这些材料中,除了布达埃尔自己的著作,德克·斯诺威尔特(Dirk Snauwaert)的硕士论文[《马塞尔·布达埃尔 现代艺术博物馆,鹰部,图像部 从渐新世至今的鹰,分析》("Marcel Broodthaers. Musée d'Art Moderne, Département des Aigles, Section des Figures. Der Adler vom Oligozän bis heute：Een Analyse",1985),荷兰大学(Rijksuniverisiteit),根特市(Gent),1985]以及艾特安·蒂尔曼(Etienne Tilman)的硕士论文[《现代艺术博物馆,马塞尔·布达埃尔的鹰部》("Musée d'Art Moderne, Département des Aigles, de Marcel Broodthaers",布鲁塞尔自由大学(Université Libre de Bruxelles),哲学与文学系(Faculté de Philosophie et Lettres),布鲁塞尔(Brussels),1983—1984],在对布达埃尔虚构博物馆进行各方面重构中,特别有帮助。我始终没有看到第一手材料。

[1] "这个聪明东西躲避社会的模具。/她自己投入自己。/其他与之相似的东西可与她分享与海作战。/ 她是完美的。"[马塞尔·布达埃尔,《蚌》("The Mussel"),迈克尔·康普顿(Michael Compton)译,《备忘选集》("Selections from Pense-bêtes",载《十月》第 42 期(1987 年秋),第 27 页。]

[2] 马塞尔·布达埃尔,展览公告,圣劳伦斯画廊,布鲁塞尔(Galerie Saint-Laurent, Brussels),1964 年。

[3] 马塞尔·布达埃尔,《如三明治中的黄油一般》("Comme du beurre dans un sandwich"),载《幻影》(*Phantomas*),第 51—61 号(1965 年 12 月),第 295—296 页;引自比吉特·佩尔泽(Birgit Pelzer)的《追索信》("Recourse to the letter"),载《十月》第 42 期(1987 年秋),第 163 页。

[4] 本雅明·布赫洛,《介绍性说明》("Introductory Note"),载《十月》第 42 期(1987 年秋),第 5 页。

[5] 瓦尔特·本雅明,《拱廊街计划》(*Das Passagen-Werk*)第一卷(Frankfurt am Main, Suhrkamp,1982),第 280 页。

[6] 同上,第 277 页(原文为斜体)。关于对马克思的陈述,在本雅明的笔记中紧随其后进行进一步阐释:"(人们产生)所有生理和心理感觉之处,渐渐被财产的拥有感所导致的单纯的异化所占据。"

[7] 同上,第 271 页。

[8] 瓦尔特·本雅明,《打开我的图书馆》("Unpacking My Library")(1931),《启示录》(*Illuminations*),哈利·左恩(Harry Zohn)译(New York：Schocken Books,1969),第 67 页。

[9] 伊丽莎白·吉尔摩·霍尔特(Elizabeth Gilmore Holt)编辑,《公共艺术的胜利》

(*The Triumph of Art for the Public*, Garden City, N. Y.：Anchor Books, 1979)。

[10] 瓦尔特·本雅明,《爱德华·福克斯,收藏家和历史学家》("Eduard Fuchs, Collector and Historian")(1937),《单向街和其他作品》(*One-Way Street and Other Writings*),金斯利·肖特(Kingsley Shorter)译(London：New Left Books,1979),第355—356页。

[11] 鉴于恩格斯(Engels)1892年对历史唯物主义的定义是"此种历史进程的观点,寻求推动社会经济发展中生产和交换方式变化的重要动力和终极原因,随之而来的社会分裂成不同阶级的重要动力和终极原因,以及推动发生在阶级间相互斗争中的重大事件发展的重要动力和终极原因"。这一概念一直是马克思主义理论中的重要辩题,尤其是关于"终极原因"("ultimate cause")的概念。瓦尔特·本雅明的唯物史观,贯穿于他的著作及其最后完成的《历史哲学论纲》("Theses on the Philosophy of History")主题的相关阐述中[见《启示录》(*Illuminations*),第253—264页],而这一论文也是对马克思主义最细致和最复杂的讨论。

[12] 本雅明,《爱德华·福克斯》("Eduard Fuchs"),第361页。

[13] 同上,第352页。

[14] 马塞尔·布达埃尔,第5届卡塞尔文献展(*Documenta 5*, *Cassel*)上的公开信,1972年6月。

[15] 马塞尔·布达埃尔,与尤尔根·哈尔滕(Jürgen Harten)和卡塔琳娜·施密特(Katharina Schmidt)的谈话,在展览期间作为新闻稿发布;《图像部:从渐新世至今的鹰》("Section des Figures：Der Adler vom Oligozän bis heute"),杜塞尔多夫(Düsseldorf),市立艺术馆(Städtische Kunsthalle),1972年;引自雷纳·博格梅斯特(Rainer Borgemeister),《图像部:从渐新世至今的鹰》("Section des Figures：The Eagle from the Oligocene to the Present"),载《十月》第42期(1987年秋),第135页。

[16] 实际上,布达埃尔在1968年6月27日一封电头为卡塞尔的公开信上已经指明[再版于《移动的博物馆:争议中的艺术博物馆》(*Museum in Motion?：The Art Museum at Issue*)],卡雷尔·布洛特坎普(Karel Blotkamp)等编辑[(The Hague：Government Printing Office,1979),第249页]。另外在一块名为《无限印制》(*Tirage illimité*)(由黑色和红色绘成)(Le noir et le rouge)的塑料牌上也有删减版——很多城市爆发了1968政治运动,如:"阿姆斯特丹、布拉格、南泰尔、巴黎、威尼斯、布鲁塞尔、卢万、贝尔格莱德、柏林和华盛顿。"参见本雅明·布赫洛,《公开信,工业诗》("Open Letters, Industrial Poems"),载《十月》第42期(1987年秋),第85—87页。

[17] 参见在《移动的博物馆》的传真中发布的文件,第248页。

[18] 马塞尔·布达埃尔,《公开信》,发稿日期及地址为:布鲁塞尔美术馆(Palais des Beaux Arts),1968 年 6 月 7 日;写着"致我的朋友们"("A mes amis"),发表在《移动的博物馆》,第 249 页(原文为斜体)。

[19] 正如本雅明·布赫洛所写的那样,海上度假胜地奥斯坦德(Ostend)是"比利时最不可能发现文化部长办公室之处"(布赫洛,《公开信,工业诗》,第 91 页)。

[20] 马塞尔·布达埃尔,《公开信》,奥斯坦德,1968 年 9 月 7 日,发表于《移动的博物馆》,第 249 页。

[21] 马塞尔·布达埃尔,《公开信》,杜塞尔多夫,1968 年 9 月 19 日,发表于《移动的博物馆》,第 250 页。

[22] 因为我们缺乏法国革命传统,所以人们(people)并没有人民(peuple)一词的政治内涵,它也可以被译为"大众(the masses)、群众(the multitude)、人群(the crowd)、下层阶级(the lower classes)"。本雅明·布赫洛指出公开信的文本和题为"1968 博物馆"的塑料牌上的文字两者之间的区别:"'人们从不被承认'的声明(具有阶级和政治的内涵),在塑料牌版本中变成更为怪异和专制的说法'儿童从不被承认'。"(布赫洛,《公开信,工业诗》,第 96 页)

[23] 马塞尔·布达埃尔,《公开信》,巴黎,1968 年 11 月 29 日,致"亲爱的朋友们"("chers Amis")。

[24] "是否一张印有安格尔画作的明信片能价值几百万?"[马塞尔·布达埃尔,引自本雅明·布赫洛《形式主义和历史性——1945 年以来美国和欧洲艺术观念的转变》("Formalism and Historicity—Changing Concepts in American and European Art since 1945")],收录于《70 年代的欧洲:近期艺术的方方面面》(*European in the Seventies*: *Aspects of Recent Art*, Chicago: Art Institute of Chicago,1977),第 98 页。

[25] 丹尼尔·布伦(Daniel Buren),《工作室的功能》("The Function of the Studio"),托马斯·瑞潘斯科(Thomas Repensek)译,载《十月》第 10 期(1979 年秋),第 51 页。

[26] 这一分离是 19 世纪争论的要点,可以在阿洛伊斯·希尔特(Alois Hirt)试图将柏林博物馆改造成一种工作室中可见一斑,因此,这是博物馆本身唯一可以在希尔特的饰带铭文中找到的线索[参见本文集中的《后现代博物馆》]。

[27] 布赫洛,《形式主义和历史性》,第 98 页。

[28] 本雅明,《爱德华·福克斯》,第 360 页。

[29] 马塞尔·布达埃尔,《要不要思考……是个问题。要盲目》("To Be *Bien Pensant... or Not to Be. To be Blind*"),保罗·施密特(Paul Schmidt)译,载《十月》第 42 期(1987 年秋),第 35 页。

[30] 与此(商品即位)(enthronement of the commodity)相关的是,其乌托邦似的与自身愤世嫉俗的元素之间矛盾的情感。它对死亡物体的表述所作的改进,与马

克思所说的商品的"神学刺激"("theological capers")相对应。他们在专业领域采取明确的形式:在格兰维尔(Grandville)的铅笔下,在这个时代一种命名商品的方式在奢侈品行业中使用,将整个自然界转变成了特制品。他以同样的精神呈现后者。当时,广告(reclames)这个词开始出现在他们展示的商品中。他在疯狂中结束了自己的一生[瓦尔特·本雅明,《巴黎——19 世纪的首都》("Paris—the Capital of the Nineteenth Century")],引自《查尔斯·波德莱尔:发达资本主义时代的抒情诗人》(*Charles Baudelaire: A Lyric Poet in the Era of High Capitalism*),哈里·左恩译(纽约:新左派出版社,1973,第 165 页)。参见 G 卷档案,《展览,广告,格兰维尔》("Ausstellungswesen, Reklame, Grandville"),本雅明著《拱廊街计划》,第 232—268 页。

[31] 因为布达埃尔的博物馆是虚构的,有时很难决定哪些构成了它的"真实"部分,哪些仅仅存在于布达埃尔所省略的声明中。因此,我们只能说,布达埃尔常用的信头上的红字标题,可以证明文献部(Section Littéraire)的存在。在布达埃尔自己指定博物馆部的两个场合,1971 年电影部所作的公告中,以及在 1972 年图像部的目录中,他只列出了以下内容:19 世纪部,布鲁塞尔,1968;17 世纪部,安特卫普,1969;19 世纪部(二回),杜塞尔多夫,1970;电影部,杜塞尔多夫,1971;图像部,杜塞尔多夫,1972。除此之外,还有 1971 年在科隆艺术博览会(Cologne Art Fair)展出的金融部(Section Financière),以及 1972 年在卡塞尔第五届文献展展出的广告部(Section Publicité)、现代艺术部(Section d'Art Moderne)、古代艺术博物馆(Musée d'Art Ancien)、20 世纪画廊(Galerie du XXème Siècle)。1968 年,圣日耳曼图书馆(Librarie Saint-Germain des Prés)以下列方式展示了布达埃尔塑料牌展览:"M. U. SE. E. D'. A. R. T / CAB. INE. T D. ES, E. STA. MP. E. S. / 鹰部(Departement des Aigles)。"布达埃尔还在《马塞尔·布达埃尔:目录/目录》("Marcel Broodthaers: Catalogue/Catalogue")(布鲁塞尔:美术馆,1974,第 26 页)中提到了文献部(Section Documentaire),他对赫尔曼·戴尔德(Herman Daled)表示感谢;以及几份作者去世后出版的目录上列出的博物馆部中的民俗部(Section Folklorique)。

[32] 关于对公开信更深入的分析,参见佩尔泽(Pelzer),《追索信》("Recourse to the Letter")。

[33] 马塞尔·布达埃尔,《万元法郎奖励》("Ten Thousand Francs Reward"),保罗·施密特(Paul Schmidt)译,《十月》第 42 期(1987 年秋),第 45 页。布达埃尔特别保留了对其同行约瑟夫·博伊斯(Joseph Beuys)最尖锐的政治批评。对布达埃尔给博伊斯的信[以一种奥芬巴赫(Offenbach)寄给瓦格纳(Wagner)的"发现"信的形式]的分析,见 1971 年在古根海姆博物馆取消的汉斯·哈克(Hans Haacke)的展览,参见斯蒂芬·杰默(Stefan Germer),《哈克,布达埃尔,博伊斯》("Haacke, Broodthaers, Beuys"),载《十月》第 45 期(1988 年夏),第

63—75页。1968年7月14日,布达埃尔在给博伊斯的信中首次对其"博物馆"做出声明,其中写道:"我们在此宣布布鲁塞尔现代美术馆的建立。没人相信。"

[34] 本雅明·布赫洛在自己有关布达埃尔的各种著作中,已就《公开信》做了广泛讨论。详见《形式主义和历史性》和《公开信,工业诗》。

[35] 马塞尔·布达埃尔,《公开信》,安特卫普,1969年5月10日,致"各位朋友"。

[36] 因为,在德国之外的地方,艺术博物馆的功能(收藏艺术品),以及艺术展厅(开放临时展览)的功能是由同一机构实现的。布达埃尔对两者所作的转换,在我们所处的语境下失去大部分意义。所以,应该注意的是艺术馆(Kunsthalle)的发展与19世纪艺术博物馆(Kunstmuseum)的发展接近。

[37] 在布达埃尔的虚构博物馆解散后,他在1973—1974年所创作的一系列装置被称为装饰。

[38] 参见帕特里夏·梅娜迪(Patricia Mainardi),《奥赛美术馆的后现代历史》("Postmodern History at the Musee d'Orsay"),载《十月》第41期(1987年夏),第31—52页。

[39] 布达埃尔,《万元法郎奖励》,第43页。

[40] 正如布达埃尔所说:"我永远不会从技术对象中获得这种复杂性,这些对象的单一性使人偏执:极少主义艺术、机器人、电脑。"(同上)

[41] 同上。

[42] 但是,该博物馆的确找到了买家。由布达埃尔特殊标记的十九条目录出售给了艺术商人迈克尔·维尔纳(Michael Werner)。

[43] 布达埃尔,《万元法郎奖励》,第47页。

[44] 马塞尔·布达埃尔,《方法》("Methode"),源自《从渐新世至今的鹰》第一卷(杜塞尔多夫:市立美术馆,1972),第11—15页;参见《十月》第42期(1987年秋),第152—153页。在《方法》中以马格利特命名的这部分,布达埃尔简单地写道:"阅读米歇尔·福柯的文本《这不是一只烟斗》。"参见米歇尔·福柯,《这不是一只烟斗》,理查德·霍华德(Richard Howard)译,载《十月》第1期(1976年春),第7—21页。

[45] 马塞尔·布达埃尔,《鹰,意识形态,观众》("Adler, Ideologie, Publikum"),源自《从渐新世至今的鹰》第一卷,第16页。

[46] 布达埃尔通过在目录的第二卷中打印出展览的参观者所作的评论,来展现现代艺术的经验教训如何被理解。见《观众的意见》("Die Meinung des Publikums"),同上,第二卷,第8—12页。

[47] 对于布达埃尔"方法"的更完整的讨论,参见博格梅斯特(Borgemeister),《图像部》("Section des Figures")。

[48] 马塞尔·布达埃尔,《图像部》,见《从渐新世至今的鹰》第二卷,第19页。布达埃尔对艺术和鹰的辨识暗示了他从未具体提及的语言替换。在法语中,短语

"他不是鹰"(Il n't pas un aigle)意为"他不是天才"(he's no genius)。因此,我们可以假设"这不是艺术品"(Ceci n'est pas un objet d'art)伴随着代表鹰的图像或物体,否定了艺术与天才的共同联系。然而,在大多数情况下,布达埃尔对鹰的评论与权力而不是天才有关。例如,他在《图像部》中对鹰所做的各种声明,第 18—19 页。

[49] 布达埃尔,《万元法郎奖励》,第 46 页。

[50] 米歇尔·福柯,《事物的次序》(纽约:潘森,1970 年版),第 xv 页。

[51] 同上,第 xvii 页。"……比如手术台上的伞和缝纫机;虽然他们的邻近性可能是惊人的,但仍然通过这点加以保证……即通过其稳固性为并置的可能性提供依据。"(同上,第 xvi 页)

[52] 这一点正是历史唯物主义者所反对的:"历史唯物主义者把它留给了其他人,将被一个在历史主义的妓院(bordello)中被称作'曾经'的失足女加以耗尽。他仍然控制着自己的权力,足以爆破历史的连续统一体。"(本雅明,《历史哲学论文》,第 262 页)

[53] 参见福柯,"撤退和返回原点",《事物的次序》,第 328—335 页。

[54] 布达埃尔,《图像部》,第 18 页。

[55] 因此,例如,"在美国博物馆担任策展人和馆长的经验使我坚信,艺术收藏的现象太凭直觉,太普遍,不能单纯地视为一种时尚或对名望的渴望。它是内在个体的复杂且不可抑制的表达,是一种伟大人格通常拥有的魔性。"[弗朗西斯·亨利·泰勒(Francis Henry Taylor),《天使的味道:从拉穆塞斯到拿破仑的艺术收藏》(*The Taste of Angels*: *Art Collecting from Ramses to Napoleon*, Boston: Little, Brown&Co., 1948)]

[56] 朱利叶斯·冯·施洛塞尔(Julius von Schlosser),《文艺复兴晚期艺术品与多宝阁:对收藏历史的贡献》(*Die Kunst-und Wunderkammern der Spatrenaissance*: *Ein Beitrag zur Geschichte des Sammelwesens*, Braunschweig, Germany: Klinkhardt & Biermann,1978),第 1 页。

[57] 对于各种好奇柜的描述,见奥利弗·易恩培(Oliver Impey)和阿瑟·麦格雷戈(Arthur MacGregor)编辑的《博物馆的起源:16 世纪和 17 世纪欧洲好奇柜》(*The Origins of Museums*: *The Cabinet of Curiosities in Sixteenth and Seventeenth-Century Europe*, Oxford, Clarendon Press,1985)。这部出版物的标题源于为庆祝阿什莫尔博物馆(the Ashmolean Museum)三百周年纪念日举行的研讨会——这个例子表明传统艺术史学家们对于福柯考古学提出的文化史方面问题的漠视。

[58] 当然,对权力/知识进行明确的分析,是福柯在《知识考古学》(*The Archeology of Knowledge*)之后的"谱系"(genealogical)阶段的工作方向。尽管布达埃尔没有意识到,他的作品"图像部"却预料到这个方向。作为其第一个表现形式,

在布达埃尔博物馆"关闭"的三年之后,1975年《规训与惩罚》(*Discipline and Punish*)出版。

[59] 我们禁不住想知道是否为了让布达埃尔嘲笑它,才特别编造了这个荒谬的类别。

[60] 
| 写作 | 绘画 | 复制 |
|---|---|---|
| | 图像 | |
| 交谈 | 构成 | 做梦 |
| | 交换 | |
| 创造 | 告知 | 权力 |

权力(Pouvoir),当然也是动词,意为"能够;有权力",但它是列表中唯一可作为名词使用的法语词,因此此题记有歧义。

[61] 马塞尔·布达埃尔,《公开信》,卡塞尔,1972年6月。

## 8. 艺术展览

[1] 爱德华·J. 洛厄尔(Edward J. Lowell),《黑森雇佣兵》(*The Hessians*,Port Washington, N. Y.;Kennikat Press,1965),第1—2页。

[2] 瓦尔特·本雅明,《历史哲学论纲》("Theses on the Philosophy of History"),载《启迪》(*Illuminations*),哈利·佐恩(Harry Zohn)译(New York:Schocken Books,1969),第256—257页。

[3] 鲁迪·福克斯(Rudi Fuchs),《前言》,《第7届文献展》(*Documenta 7*)第1卷(Kassel,1982),第15页。

[4] 引自库斯杰·范·布鲁根(Coosje van Bruggen)的《迷雾之中万物放大》("In the Mist Things Appear Larger"),《第7届文献展》第2卷,第9页。

[5] 鲁迪·福克斯,《前言》,《第7届文献展》第2卷,第7页。

[6] 1984年5月1日,据美国住房和城市发展部报告预测纽约市区28,000~30,000民众无家可归。创意非暴力社区(旨在帮助无家可归的民间非盈利性组织)发言人指出,官方统计的数据"十分可笑",出于政治原因,里根政府大大低估了这个问题的严重性。民间反贫困组织统计出来的全国范围内无家可归人数是官方数据的十倍,达到250,000~300,000人。引自罗伯特·皮尔(Robert Pear)在《纽约时报》发表的文章《美国无家可归人数达到250,000,远小于之前的预测》("Homeless in U. S. Put at 250,000, Far Less Than Previous Estimates"),1984年5月2日,A版第1页。

[7] 安迪·索尔迪斯(Andy Soltis)和克里斯·奥利弗(Chris Oliver)的文章《超级老鼠:它们永不言败》("Super Rats:They Never Say Die"),载《纽约邮报》(*New York Post*),1979年5月12日,第6页。在这篇文章中卫生署害虫防疫局官员报道说:"你去布朗克斯南部看看,那里的鼠疫持续不断。妇女被咬之后鼠疫

恶化。"

[8] 本雅明·布赫洛,《第 7 届文献展:公认思想的词典》("Documenta 7: A Dictionary of Received Ideas"),载《十月》第 22 期(1982 年秋),第 112 页。

[9] 福克斯,《前言》,第 7 页。

[10] 克里斯托·乔查麦兹(Christos Joachamides),《特洛伊城墙之前的阿喀琉斯和赫克托尔》("Achilles and Hector before the Walls of Troy"),载《时代精神》(*Zeitgeist*, New York: Brzailler, 1983),第 10 页。

[11] 这篇文章写于哈克在西柏林创立新美术学会(Neue Gesellschaft für Bildende Kunst)之前,哈克的作品充分证明了我的猜测。《路德维希兵团的广泛性与多样性》(*Broadness and Diversity of the Ludwig Brigade*)(1984)的确将其作为拉近柏林墙到展览所在地(the Künslterhaus Bethanien)的起点。因此这个作品把德国人之间的关系作为创作主题,当时这种关系在新闻报道中十分热门,因为迫于苏联的压力,埃里克·昂纳克(Eric Honecker)推迟访问波恩。[载《十月》第 30 期(1984 年秋),第 9—16 页]

关于罗森塔尔(Rosenthal)和乔查麦兹(Joachamides)可能已经得到了问题的真正答案的另一个例子是:1983 年纽约新现代艺术博物馆"艺术与意识形态展览"("Art & Ideology exhibition")上,亚伦·瑟库拉(Allan Sekula)展出作品《地理课上的素描》(*Sketch for a Geography Lesson*),这幅作品由照片和相关文字解释组成,将德国冷战紧张局势兴起的影响作为创作主题,与哈克的油画(Oelgemaelde)创作风格完全不同。

[12] 珍妮·西格尔(Jeanne Siegel),《李昂·戈拉伯/汉斯·哈克:是什么导致艺术政治化?》("Leon Golub/Hans Haacke: What Makes Art Political?"),载《美术杂志》(*Arts Magazine*)第 58 卷,第 8 期(1984 年 4 月),第 111 页。

[13] 罗伯特·罗森布鲁姆(Robert Rosenblum),《时代精神起源有感》("Thoughts on the Origins of 'Zeitgeist'"),载《时代精神》,第 11—12 页。

[14] 希尔顿·克莱默,《激情迹象》("Signs of Passion"),载《时代精神》,第 17 页。有趣的是,克莱默在此文谈到艺术的变化是对以往风格固有的失落感的补偿,因为正是列奥·斯坦伯格(Leo Steinberg)提出这种失落感及其周期性的强化。出自文章《当代艺术及其公共困境》("Contemporary Art and the Plight of Its Public")[《另类准则》(*Other Criteria*), New York: Oxford University Press, 1972)],作为现代主义内部创新的条件。这种对比,一方面是斯坦伯格对现代主义的理解,另一方面是克莱默对现代主义的怨恨,安妮特·米歇尔松(Annette Michelson)开始回顾希尔顿·克莱默的《前卫派时代》(*The Age of Avant-Garde*),参见米歇尔松的文章《当代艺术及其公共困境:从纽约希尔顿的视角看》,载《艺术论坛》第 13 卷,第一期(1974 年 9 月),第 68—70 页。

[15] 这是《时代精神》参展人数。罗森塔尔、克里斯托和尼古拉斯·塞罗塔(Nicholas

Serota)早期在伦敦举办的展览——"绘画新精神"("A New Spirit in Painting"),参加展览的艺术家人数达到38位,但全是男性。

[16]《新标准》(*New Criterion*)的具体融资细节,可参见汉斯·哈克作品《美国隔离箱,格林达纳,1983》("U. S. Isolation Box,Grenada,1983"),收录于《汉斯·哈克:未尽事宜》(*Hans Haacke:Unfinished Business*),布里安·瓦里斯(Brian Wallis)编辑(Cambridge,Mass.:The MIT Press,1986),第258—259页。

[17] 参见希尔顿·克莱默《被赋予的批判:对失败的反思》("Criticism Endowed: Reflections on a Debacle"),载《新标准》第2卷,第3期(1983年11月),第1—5页。他的论点包括对利益冲突的指责,其中"在该项目的核心,肯定有一群人,他们互为好友或是同行。他们孜孜以求地关照彼此的利益"。(第3页)这也是克莱默所分析的同行评价模式(Peer-panel system of judging)。在这种模式之下,同行之间需要互相评价。当然,经过多年,这种模式的评价结果肯定会与受让人和陪审员得出的结果有所重合。然而,克莱默反对评论者奖金的真正原因,源自他的观点,即"他们中的很多人几乎反对美国政府的所有政策,除了那种让自己或朋友和政治伙伴受益的政策"。(第4页)

国家艺术基金会主席弗兰克·霍德塞尔(Frank Hodsell)否认克莱默的文章对取消奖学金的决定产生影响。虽然霍德塞尔承认"国家艺术委员会表达的疑虑"是一个决定性因素,而且据说塞缪尔·利普曼(Samuel Lipman)亲自为委员会的每位成员分发了克莱默的文章。参见格蕾丝·格鲁克(Grace Glueck),《基金会暂停对艺术评论家拨款》("Endowment Suspends Grants for Art Critics"),载《纽约时报》,1984年4月5日,C版第16页。

[18] 希尔顿·克莱默,《时光倒流:1984年的艺术与政治》("Turning Back the Clock:Art and Politics in 1984"),载《新标准》第2卷,第8期(1984年4月),第71页。

[19] "据我们所知,CCNC(原文如此)展览还没有被一位纽约著名艺术评论家评论过。也许,评论家们注意到,距离42街区不远处,可以看到可能是美国最大的淫秽色情内容收藏。在这方面,CCNC艺术家通过其作品对美国入侵格林纳达事件进行解读,得到了适当的响应。"[《旧格林纳达的艺术家们》("Artists for Old Grenada"),载《华尔街日报》,1984年2月21日,第32页]关于汉斯·汉克(Hans Haacke)和托马斯·伍德鲁夫(Thomas Woodruff)对社论的回复,参见《信件》("Letters"),载《华尔街日报》1984年3月13日。

[20] 参见戴维·施里布曼(David Shribman),《美国将格林达纳营作为质询之地》("U. S. Conducts Grenada Camp for Questioning"),载《纽约时报》1983年11月14日,A版第1、7页。该篇文章描述隔离箱:"在控制门和铁丝网,以及两个帐篷之间,格林纳达营地最突出的特点是,两排新建的木制房间,每间房子间距都是八英尺。然而,除(审讯室)外,还有10间隔离室,每间都有四个小窗户和半

径只有半英寸的通风孔。房间的入口只有地板到膝盖的高度,所以犯人必须爬着才能进入。"

[21] 克莱默,《时光倒流》,第71页。

[22] 本雅明·布赫洛:"既然现实主义是……(当前条件下的纪实艺术)",载《艺术与意识形态》(*Art & Ideology*)(纽约:当代艺术博物馆,1984),第5—6页。与布赫洛的文章《从图像的表面特性到纪实图像》("From Faktura to Factography")中的论述有些细微的不同……载《十月》第30期(1984年秋季刊),第83—119页。布赫洛在这篇文章阐述了更为精细的细节及其之后的发展,巴尔在苏联之旅中也目睹了这些情况。

[23] 希尔顿·克莱默在《现代艺术博物馆重新开放;后现代时期的现代艺术博物馆》("MOMA Reopened: The Museum of Modern Art in the Postmodern Era")中赞许地引用了巴尔的鉴赏力,载《新标准》特刊(1984年夏季刊),第14页。实际上,克莱默对新现代艺术博物馆布置和开幕展的全部批评,都建立在他认为当前博物馆官员未能像巴尔一样充分而明智地训练鉴赏能力。例如,他谴责"近期绘画与雕塑全球性研究"展览,"博物馆带给我们的是最令人难以置信的混乱",因为事实上"没有任何类似鉴赏或批评的痕迹"。

[24] 现代艺术博物馆的独立部门所产生的问题,在1973年通过艺术论坛与现代艺术博物馆专业行政人员协会(PASTA MOMA)成员的采访中得到明确表达。当时这个协会的成员正在罢工:"无论如何,现代艺术博物馆是允许艺术间不断增长的交流的最后地点。如果你在廷巴克图(Timbuctoo)经营一家博物馆,可能有更好的机会那样做。'在纽约存在什么障碍?'部门主管将这些部门视为领地进行操作。尽管这些学科是建立在同一屋檐下,但部门之间的相互关系却被忽略,因为(阿尔弗雷德·巴尔)看到了艺术之间的关系,这样他们就能互相促进。实际上,这个地方扮演了一群充满嫉妒,各自独立的博物馆,彼此相互阻碍……绘画和雕塑部会不会接纳电影或摄影作品呢? 当然,结果证明电影和摄影部门无论如何也不会接纳画家和雕塑家的作品,因为他们认为其美学手法不同。结果我们一事无成,而你会发现欧洲的博物馆正在忙于收集出色的艺术作品而无视它们的媒介。我记得两年前出现许多关于博物馆重组的交谈,试图打破部门结构,这是一种很类似的事情。我引用了两年前的一封'请求信',谈到的问题之一是需要使它成为更加灵活的机构,这也是我们没有做到的事。"[《现代罢工》,载《艺术论坛》第4期(1973年12月),第47页]

[25] 事实上,布赫洛关于现代艺术史上这一非常具体时刻的讨论并未提及阿尔都塞的《列宁与哲学》(Althusser's *Lenin and Philosophy*),但是他对艾伦·瑟库拉(Allan Sekula)和弗雷德·罗尼迪尔(Fred Lonidier)当代政治化作品的讨论提及此书。布赫洛指出:"如果阿尔都塞关于美学产生于意识形态之中的论证是正确的,那么这些艺术家实践的本质是什么,正如我们所提出的,这些艺术家们

实际上是在努力发展在意识形态装置内外部都有效的实践吗？当然,对这类作品提出控诉的第一个论点是,它不能被简单称为'艺术'……"[布赫洛,《自从现实主义存在》("Since Realism There was"),第8页]"第一个论点"恰恰是克莱默用来攻击汉斯·哈克及其他政治艺术家的。

[26] 克莱默,《现代艺术博物馆重新开幕》("MOMA Reopened"),第42页。

[27] 克莱默关于巴尔与苏联前卫派相遇的版本几乎与布赫洛的一致,甚至指出巴尔把艺术从推动艺术发展的政治中切断。当然,不同之处在于,布赫洛认为这种分离恰恰是巴尔无法理解"艺术家和理论家们带来的这种激变"所导致的,克莱默只是重复了巴尔的失败。

[28] 克莱默,《现代艺术博物馆重新开幕》,第42页。

[29] 关于这个问题的详细讨论,见布赫洛《从图像的表面特性到纪实图像》("From Faktura to Factography")。

[30] 事实上,这个过程属于重新转换,自从宣传鼓动开始转换广告技术用于政治目的,参见布赫洛《从图像的表面特性到纪实图像》,第96—104页。

[31] 克莱默,《现代艺术博物馆重新开幕》,第43—44页。

[32] 同上,第44页。

[33] 迈克尔·布伦森(Michael Brenson),《现代艺术博物馆的在世艺术家展》("A Living Artists Show at the Modern Museum"),载《纽约时报》,1984年4月21日,第11页。

[34] 同上。但是展出的大约30位成名于20世纪70年代中期的艺术家们的作品,完全掩盖了这一规定标准。展览中的五位艺术家被列入目录文献,因为他们在1977年之前已经在现代艺术博物馆中举行过个展。无论是《近期绘画与雕塑的国际调查展》(An International Survey of Recent Painting and Sculpture)还是《时代精神》都没有留意女性艺术家的成就,165名入选的艺术家中只有14位是女性。由女性艺术核心组织(Women's Caucus for Art)举行的抗议示威没有引起博物馆官员任何公开回应。必须看到与20世纪70年代早期针对不公平的博物馆政策的各种示威所形成的鲜明对比,至少,MOMA做出的反应足以与不满情绪进行公开对话。但是,如果说女性在现代主义博物馆重新开幕展上的表现不尽如人意,很大一部分原因是她们都集中于参与替代性实践。同意让她们参展将会承认传统绘画和雕塑不是最重要的,当然不是唯一的当下艺术实践形式。

[35] 《近期绘画与雕塑的国际调查展》的导言(纽约:现代艺术博物馆,1984),第12页。这篇只有两页纸,而且无人署名的引论让人不禁怀疑现代艺术博物馆如何严肃地看待当代艺术。《泰晤士报》(the Times)引用麦克夏恩的话,他说:"这次展览是希望的标志,这是当代艺术应该得到认真对待的标志,标志着博物馆将恢复当代艺术和艺术史之间的平衡,是现代艺术博物馆独一无二的部分。"

[引自布伦森的《在世艺术家展》("A Living Artists Show"),第 11 页]但如果是这样的话,为什么这次展览的策展人觉得没有义务对所选艺术家和当代艺术展中提出的问题进行批判性的讨论呢?相比之下,博物馆即将举办的第一场历史展——20 世纪艺术的原始主义(*Primitivism in Twentieth Century Art*),这次展览目录为两卷,包括 15 位学者和评论家的 19 篇长文。也许答案可以在国际调查展导言的最后一段找到:"有人相信,这次展览的参观者会理解艺术是关于看,而不是用来读或者是听。"

[36] 参见威廉·鲁宾、劳伦斯·阿洛威(Lawrence Alloway)和约翰·科布兰斯(John Coplans)的文章《对话威廉·鲁宾:博物馆的概念并非没有边界》("Talking with William Rubin: The Museum Concept is Not Infinitely Expandable"),载《艺术论坛》第 2 期(1974 年 10 月),第 52 页;以及同期登载的文章《绘画的终结》("The End of Painting")。在这次访谈中,鲁宾试图辩驳博物馆并没有忽视当代艺术。他认为博物馆是高雅艺术的殿堂,所以当代艺术在这没有容身之所。当然,这个观点与克莱默不谋而合。然而,他永远不会承认,忽视这些不在博物馆收藏范围之内的艺术形式(无论是历史前卫还是当代前卫派的作品),必定会歪曲历史观。

[37] 理查德·奥德博格(Richard E. Oldenburg),《近期绘画与雕塑的国际调查展》序言,第 9 页。

[38] 克莱默,《现代艺术博物馆重新开幕》,第 43 页。

[39] 1984 年 9 月,据《纽约时报》报道,美国政府计划在年底之前将萨尔瓦多驻军的战斗直升机数量翻一番:"在过去几周,已有 10 架全新休伊直升机被派往萨尔瓦多,计划到年底将增派 10 至 15 架……根据该时间表,萨尔瓦多的战舰数量在六个月内将从 24 艘增加到 40 艘。"[詹姆斯·勒莫因(James LeMoyne),《美国为萨尔瓦多提供直升机:计划年底前将战舰数量翻倍,让拉丁人对叛乱分子运用新战术》("U. S. Is Bolstering Salvador Copters: Plans to Double Fleet by End of Year to Let Latins Use New Tactic on Rebels"),载《纽约时报》,1984 年 9 月 19 日,A1 页]该文章继续说:"这批直升机就是当年美军在越战中的主力。如果萨尔瓦多军队掌握这些战术,他们就能从过去两年无法用武力打击叛军的颓势中力挽狂澜。"据《国家》(*Nation*)10 月份报道,斯科特·华莱士(Scott Wallace)这样描述美国直升机对萨尔瓦多人民的影响:"虽然美国官员否定直升机空降突击将被用来恐吓那些支持当地游击队的平民,但是政府军已经开始演练作战。8 月 30 日,休伊直升机运抵萨尔瓦多之时,立马发动对反叛势力控制地区——查拉特南戈省(Chalatenango)的拉斯布埃尔塔(Las Vueltas)和圣何塞斯拉斯弗洛雷斯(San José Las Flores)的直升机攻击。发动袭击的十天之后,抵达现场的记者被当地农民告知,至少有 37 名民众包括妇女、儿童和老人在这次袭击中丧生。根据村民的说法,直升机承载着萨尔瓦多军队,由美国训

练的埃克莱克托军队(Atlactl Battalion)带领,跟踪了由一小股游击队护送的数百名农民。当他们看到直升机空降部队在山顶上将自己包围,切断去路,农民们描述了他们的迷惑不解、惶恐不安。士兵们步步逼近,一些惊慌失措的人们急忙跳入湍急的 Gualsinga 河中,好几位溺亡。其他人倒在机枪扫射之下或锒铛入狱。"[斯科特·华莱士,《休伊直升机在萨尔瓦多:为战争进一步激化作准备?》("Hueys in EI Salvador: Preparing for a Stepped-Up War?"),载《国家》,1984 年 10 月 20 日,第 337 页]

[40]《奇妙的现代艺术博物馆》("Marvelous MOMA"),载《纽约时报》1984 年 5 月 13 日,第 4 节,第 22 页。

## 9. 后现代博物馆

[1] 马库斯·吕佩尔茨(Markus Lüpertz),《艺术与建筑》("Art and Architecture"),载《德意志联邦共和国的新博物馆建筑》(*New Museum Buildings in the Federal Republic of Germany*, Frankfurt am Main, 1985),第 31、33 页(译文有修改)。

[2] 展览目录扉页的对面是此展的赞助商名单,全部是德国的公司,紧随其后的是以下通知:"展览通过联邦外交部获得了德意志联邦共和国政府的慷慨资助。皇家艺术学院也感谢女王陛下政府根据 1980 年国家遗产法对展览进行赔偿。"参见《20 世纪德国艺术展》(*German Art in the 20th Century*),克里斯托·M. 约阿希米德(Christos M. Joachimides)、诺曼·罗森塔尔(Norman Rosenthal)及威兰·施米德(Wieland Schmied)主编(London and Munich, 1985)。

[3] 这次展览的副标题,"1905—1985 年的绘画和雕塑"(*Painting and Sculpture 1905—1985*),这表明其中一个理由,对于这个展览而言并非独一无二,因为它排除了更公然的政治实践,或者说任何可能使展览的表现主义主题成为问题的实践:当然,哈特菲尔德(Heartfield)的作品是蒙太奇拼贴照片,不是绘画或雕塑,虽然展览包括了少量汉娜·霍克(Hannah Höch)和拉乌尔·豪斯曼(Raoul Hausmann)的蒙太奇拼贴照片,在展览中,马克斯·恩斯特(Max Ernst)的绘画和柯特·希维特斯(Kurt Schwitters)的非典型绘画性作品欺骗性地代表了德国达达。结合伦敦展览,组织了一次座谈会,讨论展览及其目录。会议记录收录于《分裂的遗产:德国现代主义的主题和问题》(*The Divided Heritage: Themes and Problems in German Modernism*),艾里特·罗格夫(Irit Rogoff)主编(Cambridge, England: Cambridge University Press, 1991),特别参见罗莎琳·杜乌奇(Rosalyn Deutsche),《表现柏林:城市意识形态和审美实践》("Representing Berlin: Urban Ideology and Aesthetic Practice"),第 309—340 页。

[4] 卡尔·马克思,《路易·波拿巴的雾月十八日》(*The 18th Brumaire of Louis Bonaparte*)(New York: International Publishers, 1963),第 15 页。

[5] 吕佩尔茨,《艺术与建筑》,第 32 页。
[6] 卡尔·弗里德里希·冯·鲁莫尔(Carl Friedrich von Rumohr),《意大利研究》(Italienische Forschungen)第 3 卷(柏林及什切青,1827—1831)(Berlin and Stettin)。参见之后编辑的版本,导论题为《作为晚近艺术研究奠基人的卡尔·弗里德里希·冯·鲁莫尔》("Carl Friedrich von Rumohr als Begründer der neueren Kunstforschung"),尤利乌斯·冯·施洛塞尔(Julius Schlosser)著(Frankfurt am Main,1920)。
[7] 卡尔·弗里德里希·冯·鲁莫尔,《烹饪艺术的精神》(Geist der Kochkunst, Leipzig,1822;reprinted Frankfurt am Main,1978)。
[8] "如果说,思辨的法哲学,这种关于现代国家(它的现实还是彼世,虽然这个彼世不过只在莱茵河彼岸)的抽象的、脱离生活的思维只在德国才有可能产生,反过来说,德国人之所以有可能从现实人抽象出现代国家的思想形象,也只是因为现代国家本身是从现实人抽象出来的,或者只是以纯粹幻想的方式满足所有人。德国人在政治上考虑过的正是其他国家做过的事情。"[卡尔·马克思,《黑格尔法哲学批判导论》("Critique of Hegel's Philosophy of Right. Introduction")(1843—1844),收入《卡尔·马克思:早期著作》(Karl Marx: Early Writings),罗德尼·利文斯通(Rodney Livingstone)和格雷戈尔·本顿(Gregor Benton)译(New York:Vintage Books,1975),第 250 页(原文为斜体)]
[9] 《意大利研究》原版超过一半的篇幅,专门论述两篇美学论文:《艺术家庭》("Haushalt der Kunst"),第 1—133 页;《艺术与美的关系》("Verhältnis der Kunst zur Schönheit"),第 134—154 页。
[10] 冯·鲁莫尔,《意大利研究》,第 13 页;引用迈克尔·帕德罗(Michael Podro)译本,《重要的艺术史学家》(The Critical Historians of Art, New Haven: Yale University Press,1982),第 28 页。
[11] "但是在艺术理论中,经常使用'想法'一词,反之,非常优秀的艺术鉴赏家对这个表达特别敌视。最近,最有趣的例子是冯·鲁莫尔在其著作《意大利研究》中的论战。它始于对艺术的实际的兴趣,从不涉及我们所谓的想法,把这个想法与不确定的想法和熟悉的抽象的、缺乏特征的、平凡的理想的理论和艺术流派相混淆——理想与自然的形式完全相反,在真相中被完全描绘和确定;并且他将这些形式与他们的优势形成鲜明对比,想法和抽象理想应该是艺术家根据自己的资源为自己构建的。根据这些抽象概念来生产艺术作品当然是错误的——正如思想家在模糊思想中思考,在他的思想中不能超越完全模糊的主题一样令人不满意。但是从这样的责备来看,我们所说的'理念'这个词在各方面都是自由的,因为想法本身就是完全具体的,具有总体特征,而且只有当具有足够的客观性才是美的。"[G. W. F. 黑格尔,《美学:美术讲座》第 1 卷(G. W. F. Hegel, Aesthetics: Lectures on Fine Art, vol. 1, T. M. Knox, Oxford: The

Clarendon Press，1975)，第 107 页］

[12] 黑格尔区分了两种艺术知识模式,即实证的学术和抽象的理论,后者已经过时了:"只有艺术史的学术才能保持其持久的价值……它的任务和天职包括对个别艺术品的审美欣赏以及对外部艺术作品的历史环境的认识……这种对待主体的方式不是严格意义上的理论化,尽管它可能确实经常涉及抽象的原则和类别,并且可能无意中落入其中,但如果有人不让此阻碍他,而是在他眼前只有那些具体的呈现,它确实提供了一种艺术哲学,其中包含有形的例子和证明,以及哲学无法进入的历史特定细节。"(同上,第 21 页)正是因为对于黑格尔来说,这个理念存在于具体的细节,他既拒绝抽象的普遍理想的概念,又重视实证的学术,如冯·鲁莫尔的研究,他对意大利绘画的讨论很大程度上取决于冯·鲁莫尔。特别参见《美学》(*Aesthetics*),第 2 卷,第 875 页。

[13] 参见保罗·赛德尔(Paul Seidel),《柏林博物馆的前史:1797 年第一个计划》["Zur Vorgeschichte der Berliner Museen: der erste Plan von 1797", *Jahrbuch der Preussischen Kunstsammlungen* 49(1928),增刊 1,第 55—64 页]。

[14] 例如,参见弗里德里希·施托克(Friedrich Stock)对《鲁莫尔写给本生的信:论柏林博物馆之所得》的介绍["Rumohr's Briefe an Bunsen: Über Erwerbungen für das Berliner Museum", *Jahrbuch der Preussischen Kunstsammlungen* 46 (1925),增刊,第 1—76 页]。在 1829 年选择威廉·冯·洪堡(Wilhelm von Humboldt)领导博物馆委员会之前,弗里德里希·威廉三世(Friedrich Wilhelm III)曾考虑过冯·鲁莫尔担任此职位;参见 R. 舍内(R. Schöne),《皇家博物馆的组建》("Die Gründung und Organisation der Königlichen Museen"),载《柏林皇家博物馆的历史:1880 年 8 月 3 日博物馆 50 周年庆典纪念文集》[*Zur Geschichte der Königlichen Museen in Berlin: Festschrift zur Feier ihres fünfzigjährigen Bestehens am* 3, *August* 1880(Berlin, 1880),第 31—58 页]。

[15] 对于冯·鲁莫尔对自己角色的描述,参见其《三游意大利》(*Drey Reisen nach Italien*, Leipzig, 1832),第 258—302 页。柏林博物馆的许多特殊方面之一,就是由其创始人中的专业艺术史学家发起(这也是由艺术家和/或国家官僚创立的特殊的,最早期的博物馆),来代表完整的艺术史。为此,通过收购两个主要的私人收藏品,1815 年的朱斯蒂尼亚尼(Giusstiniani)和 1821 年的索利(Solly),以及冯·鲁莫尔的个人购买,丰富了普鲁士王室藏品。1830 年柏林博物馆开幕布置的最终精选品中,677 件绘画来自索利收藏,73 件来自朱斯蒂尼亚尼收藏,346 件来自国王的各个宫邸,111 件是特别为博物馆新收购的。因此,普鲁士王室藏品不到绘画藏品总量的三分之一。

[16] G. W. F 黑格尔,《法哲学批判》(*Philosophy of Right*),T. M 诺克斯(T. M. Knox)译(London: Oxford University Press, 1967),第 13 页。

[17] 正是苏尔皮·博伊塞雷(Sulpiz Boisserée)赋予阿尔滕斯泰因"哲学部长"(der

philosophierende Minister)的称号。阿尔滕斯泰因的职位准确地说是精神、课程及医疗事务部长（Minister für Geistliche-, Unterrichts-, und Medizinangelegenheiten）。

[18] 古斯塔夫·弗里德里希·瓦根(Gustav Friedrich Waagen),《关于休伯特和扬·凡·艾克》(*Über Hubert und Jan van Eyck*, Breslau,1823)。

[19] 参见阿尔弗雷德·沃尔特曼(Alfred Woltmann),《古斯塔夫·弗里德里希·瓦根小传》("Gustav Friedrich Waagen, eine biographische Skizze"),载《古斯塔夫·弗里德里希·瓦根》,《短篇文集》(*Kleine Schriften*, Stuttgart, 1875),第1—52页。

[20] 阿洛伊斯·希尔特(Alois Hirt),《冯·鲁莫尔的意大利研究第三部分》("Italienische Forschungen von C. F. von Rumohr. Dritter Theil"),载《科学批评年鉴》(*Jahrbücher für wissenschaftliche Kritik*)(Berlin),112—114(1831年11月),第891—911页。

[21] 古斯塔夫·弗里德里希·瓦根,《作为研究者的霍夫拉兹·希尔特先生,研究他对冯·鲁莫尔先生的意大利研究第三部分评论之回应中的新材料》(*Der Herr Hofrath Hirt als Forscher über die neuere Malerei in Erwiderung seiner Recension des dritten Theils der italiensichen Forschungen des Herrn C. F. von Rumohr*)(柏林及斯德丁,1832年版)。希尔特以自己的著作《作为艺术鉴赏家的瓦根先生和冯·鲁莫尔先生》(*Herr Dr. Waagen und Herr von Rumohr als Kunstkenner*)来回应瓦根的书(柏林,1832年版)。

[22] 希尔特曾是博物馆委员会的创始成员,但经过一系列冲突,尤其是有关1823年申克尔计划的冲突,他最终于1826年4月被委员会除名;其继任者是瓦根。

[23] 参见保罗·奥尔特温·拉韦(Paul Ortwin Rave),《卡尔·弗里德里希·申克尔。柏林,第一部分：为了艺术的建造,教堂,纪念碑维修(终生事业)》[*Karl Friedrich Schinkel. Berlin, erster Teil: Bauten für die Kunst, Kirchen, Denkmalpflege*(Lebenswerk)](柏林,1941),第55页。参见贝亚特·维斯(Beat Wyss),《冲突中的古典主义和历史哲学。阿洛伊斯·希尔特和黑格尔》,载于《黑格尔在柏林期间的艺术经历和艺术政策》,《黑格尔研究》,奥托·波格勒和安内马里·盖特曼-希费特主编,增刊22卷("Klassizismus und Geschichtsphilosophie im Konflikt. Aloys Hirt und Hegel", in *Kunsterfahrung und Kulturpolitik im Berlin Hegels*, *Hegel Studien*, ed. Otto Pöggeler and Annemarie Gethmann-Siefert, supplement 22)(波恩,1983年版),第117页。我的论点对维斯(Wyss)的文章以及整卷的各个方面都具有特别责任。本期特刊《黑格尔研究》(*Hegel Studien*)收集了1981年在柏林举办的一个研讨会上发表的论文,该研讨会由柏林黑格尔展览会组织,在黑格尔逝世150周年之际,由国家图书馆普鲁士文化遗产(Staatsbibliothek Preussischer Kulturbesitz)、波鸿

鲁尔大学黑格尔档案馆(Hegel-Archiv der Ruhr Universität Bochum)和杜塞尔多夫哥德博物馆(Goethe-Museum Düsseldorf)联合举办。

［24］"FRIDERICVS GVILELMVS III STVDIO ANTIQVITATIS OMNIGENAE ET ARTIVM LIBERALIVM MVSEVM CONSTITVIT MDCCCXXIII."我的英文版是希尔特自己的德语翻译,他原本打算用拉丁语:"弗里德里希·威廉三世为了研究所有类型的古代之物以及自由的艺术建造了这座博物馆。"《霍夫拉兹·希尔特在1827年12月21日向他的国王陛下所作的报告,关于柏林皇家博物馆的碑文》,载于《申克尔手稿 旅行日记、书信和格言》,第三卷,阿尔弗雷德·冯·沃尔措根编,柏林,1863,第277页)

［25］与铭文有关的文件出自载于沃尔措根(Wolzogen)著《申克尔手稿》(*Aus Schinkels Nachlass*),第3卷,第271—283页。

［26］同上,第275—276页。

［27］"正如人们现在所读到的那样,人们自然地将属格antiquitatis omnegenae et liberalium artium与工作室(studio)联系在一起,之后人们会很惊讶地遭遇到博物馆……人们不确定以前的属格是属于它,或者工作室,或者应该依赖于博物馆……而且,如果在这里应该将antiquitatis只是用于古董,那么omnegenae就无法遵循它。如果人们要理解这个术语,而不是古董物品,那么必须使用复数形式的antiquitates,单数形式的antiquitas是不正确的。"《斯塔特拉兹·休文关于1827年10月15日博物馆碑文的鉴定意见》("Gutachten des Staatsraths Süvern uber die Inschrift am Museum vom 15. October 1827"),沃尔措根著,《申克尔手稿》,第3卷,第273页。

［28］《弗里德里希·威廉三世针对那些绘画作品于1829年建造的和平纪念碑》("Friedrich Wilhelm III., denen Werken Bildender Kuenste, ein Denkmal des Friedens, erbauet im Jahre 1829"),《路德维希·蒂克关于碑文的鉴定意见》("Gutachten Ludwig Tiecks über die Inschrift"),沃尔措根著,《申克尔手稿》,第3卷,第274页。

［29］"Fridericus Guilelmus III. Rex signis. tabulisque arte. vetustate. eximiis. collocandis thesaurum exstruxit. A. MDCCCXXVIII",《1827年12月21日研究院历史学—语音学类别对于博物馆碑文的鉴定意见》("Gutachten der historisch-philologishen Klasse der Academie vom 21. December 1827 wegen der Inschrift am Museum"),沃尔措根著,《申克尔手稿》,第3卷,第282页。

［30］"博物馆这个词被古人定义为,不同领域的学者们在闲暇时及共同交流中共同研究科学的机构。亚历山大的托勒密学院(Ptolemy of Alexandria)是这样的研究机构,是当今学术社团和学院的典范。除了国王的宫邸和非常好的图书馆,还有广阔的供学会会员使用的公寓楼、大型礼堂、柱廊和花园。"《霍夫拉特·希尔特的报告》("Bericht des Hofrath Hirt"),沃尔措根著,《申克尔庄园》,第3

卷,第 277 页。

[31] "在所有的古迹中,只有那些致力于科学和科学研究的地方被这个术语指定,从来没有被定义为考古和艺术品的存放处。拥有这个名字的最古老和最伟大的公共机构亚历山德里亚,是一个独特的机构,在此居住着一定数量的学者,并以公费维持他们的开支。他们在那里不受干扰地生活,在伟大的图书馆的支持下追求科学,因此,成为一种学院。"《斯塔特拉兹·休文的鉴定意见》("Gutachten des Staatsraths Süvern"),沃尔措根著,《申克尔庄园》,第 3 卷,第 272 页。

[32] 参见维斯,《古典主义与历史哲学》("Klassizismus und Geschichtsphilosophie"),第 116 页。

[33] 参见卡尔·马克思,《黑格尔法哲学批判导言》("Critique of Hegel's Philosophy of Right"),第 243—257 页,《论犹太人问题》("On the Jewish Question"),《卡尔马克思:早期著作》,第 211—241 页。

[34] 参见拉韦,《卡尔·弗里德里希·申克尔》(*Karl Friedrich Schinkel*),第 14 页。

[35] 同上,第 13 页。

[36] 参见保罗·奥尔特温·拉韦,《柏林申克尔博物馆或古典博物馆的理念》,载《博物馆通讯》("Schinkels Museum in Berlin oder die klassische Idee des Museums", *Museumskunde*)(柏林)29, no. 1(1960 年版),第 8 页。

[37] 关于计划及成本的详细描述,参见《申克尔 1823 年 1 月 8 日给国王陛下的报告》("Schinkels Bericht an Seine Majestät den König vom 8. Januar 1823")及《以五页图纸描绘在皇家花园建造新博物馆,对此项目的解释》("Erläuterungen zu dem beifolgenden Projekte in fünf Blatt Zeichnungen für den Bau eines neuen Museums am Lustgarten"),沃尔措根著,《申克尔手稿》,第 3 卷,第 217—232 页。

[38] 参见《博物馆建造委员会于 1823 年 2 月 4 日的会议记录》("Konferenz-Protokoll der Museums-Bau-Commission, vom 4. Februar 1823"),载于沃尔措根著,《申克尔手稿》,第 3 卷,第 235—240 页。

[39] 《霍夫拉特·希尔特 1823 年 2 月 4 日关于皇家花园里国王博物馆新计划的鉴定意见,作为委员会今日协商记录的附件》("Gutachten des Hofraths Hirt, vom 4. Februar 1823, über den neuen Entwurf des Königlichen Museums in dem Lustgarten; als Beilage zu dem Protokoll der heutigen Verhandlung der Commission"),沃尔措根著,《申克尔手稿》,第 3 卷,第 241—243 页。

[40] 有关在博物馆中加入石膏模型的辩论及讨论,参见 G. 普拉茨-霍斯特(G. Platz-Horster),《柏林石膏模型收藏史》,载《柏林与古代世界》展览目录("Zur Geschichte der Berliner Gipssammlung", in *Berlin und die Antike*)(exhibition catalogue)(Berlin, 1979)。古代藏品陈列室(Antikenkabinet)和艺术收藏室(Kunstkammer)在柏林博物馆藏品的形成中没有发挥核心作用,这一事实掩盖

了我们所知道的艺术博物馆是从早期类型的藏品例如好奇柜(cabinets des curiosités)及多宝阁(Wunderkammern)演变而来。对于早期收藏机构的标准讨论被理解为现代博物馆的原型,参见朱利叶斯·施洛瑟(Julius Schlosser),《文艺复兴晚期的艺术与多宝阁,关于收藏品历史的论文》(*Die Kunst-und Wunderkammern der Spätrenaissance. Ein Beitrag zur Geschichte des Sammelwesens*)(莱比锡,1908年版)。有关柏林艺术收藏室的形成和内容的描述,参见克里斯汀·托伊尔考夫(Christian Theuerkauff),《柏林的勃兰登堡艺术收藏室》,载《博物馆的起源:16世纪和17世纪欧洲的好奇柜》,奥利弗·英庇(Oliver Impey)及亚瑟·麦格雷戈(Arthur MacGregor)主编("The Brandenburg *Kunstkammer* in Berlin", in *The origins of Museums*: *The Cabinet of Curiosities in Sixteenth-and Seventeenth-Century Europe*,Oxford:The Clarendon Press,1985),第110—114页。

[41] 参见《申克尔在1823年2月5日对霍夫拉特·希尔特鉴定意见的判定》("Schinkels Votum vom 5. Februar 1823 zu dem Gutachten des Hofraths Hirt"),沃尔措根著,《申克尔手稿》,第3卷,第244—249页。

[42] 同上,第244页。

[43] 《希尔特1824年5月15日向国王的报告》("Hirts Bericht an den König vom 15. Mai 1824"),沃尔措根著,《申克尔手稿》,第3卷,第253页。

[44] 关于希尔特的建筑理论,参见阿洛伊斯·希尔特,《按照古老原则的建筑艺术》(*Die Baukunst nach den Grundsätzen der Alten*),第3卷(柏林,1809年版)。

[45] 关于申克尔与希尔特对功能主义的争论,参见汉斯·考夫曼(Hans Kauffmann),《实用建筑和纪念碑:论柏林皇家公园的弗里德里希·申克尔博物馆》,载于《致恩斯特·赫尔穆特·维茨的学术赠礼》,格哈德·赫斯编辑["Zweckbau and Monument: Zu Friedrich Schinkels Museum am Berliner Lustgarten", in *Eine Freundesgabe der Wissenschaft für Ernst Hellmut Vits*, Gerhard Hess (Frankfurt am Main,1963)],第135—166页。

[46] 卡尔·弗里德里希·申克尔,《格言》("Aphorismin"),载于沃尔措根著,《申克尔手稿》,第2卷,第207页,引自考夫曼,《实用建筑和纪念碑》("Zweckbau und Monument"),第138页。

[47] 沃尔措根著,《申克尔手稿》,《对于历史学-语音学类别的鉴定意见》("Gutachten der historishe-philolgischen Klasse"),第3卷,第283页。

[48] 参见怀斯(Wyss),《古典主义与历史哲学》("Klassizismus und Geschichtsphilosophie"),第126—127页。

[49] 黑格尔,《美学》(*Aesthetics*),第1卷,第517页;引用怀斯(Wyss),《古典主义与历史哲学》("Klassizismus und Geschichtsphilosophie"),第126页。

[50] 《黑格尔论艺术》(*Hegel on the Arts*)(《美学》删节本)(an abridgement of the

Aesthetics），亨利·保鲁西（Henry Paolucci）译（New York：Frederick Ungar，1979），第37—38页。

[51]《申克尔1823年2月5日的判定》（"Schinkels Votum vom 5. Februar 1823"），沃尔措根著，《申克尔手稿》，第3卷，第244页。

[52]《申克尔和瓦根论柏林美术馆的任务》(1828)，("Schinkel und Waagen über die Aufgaben der Berliner Galerie")（1828），弗里德里希·斯托克（Friderich Stock），《柏林博物馆前史证物》，载《普鲁士艺术收藏年鉴51》（1930）（"Urkunden zur Vorgeschichte des Berliner Museums"，*Jahrbuch der Preussischen Kunstsammlungen* 51)（1930），第206页。

[53] 事实上，尽管瓦根和冯·鲁莫尔都企图还原艺术作品的历史特殊性，他们的艺术理论，沉浸于德国唯心主义中，与其目标相矛盾。参见海因里希·迪利（Heinrich Dilly），《作为习俗的艺术史：学科史研究》（*Kunstgeschichte als Institution：Studien zur Geschichte einer Disziplin*，Frankfurt am Main：Suhrkamp，1979）。

[54] 黑格尔，《美学》，第1卷，第10页。

[55] 同上，第11页。

[56] 会议论文载于《艺术杂志》第46期，no.4(1987年冬)。

[57] 弗雷德里克·詹姆逊(Fredric Jameson)，打印文件，1986年；詹姆逊的评论并未在《艺术杂志》上发表。

[58] 彼得·比格尔，《先锋派理论》(*Theory of the Avant-Garde*)，迈克尔·肖（Michael Shaw），(Minneapolis：University of Minnesota Press，1984）。

[59] 事实上，詹姆逊对唯心主义和唯物主义之间简单对立的反对，其根源在于他对唯物主义在他所谓的辩证史学中的作用的观念，这是他用来描述曼弗雷多·塔夫里（Manfredo Tafuri）项目的术语，但我认为他也是打算作为自己后现代主义工作的指导原则。在他关于塔夫里的文章中，有一段类似于他对我的论文的批评："现在，'唯物主义'的口号再次成为马克思主义的一种非常流行的委婉说法。我有自己的理由在这种特殊的意识形态方式上倾向于今天离开：轻率和不诚实作为马克思主义和女权主义之间非常真实的紧张关系的一种流行前线解决方案，作为'历史唯物主义'本身的同义词，这个口号在我看来也极为误导，因为'唯物主义'的概念是资产阶级启蒙运动（后来的实证主义）概念，并且致命地传达了'身体的决定论'的印象。比起真正辩证的马克思主义者，'生产方式的决定论'。"[弗雷德里克·詹姆逊，《建筑与意识形态批判》，载《建筑批评的意识形态》，琼·奥克曼主编（"Architecture and the Critique of Ideology"，in *Architecture Criticism Ideology*，ed. Joan Ockman，Princeton：Princeton Architectural Press，1985），第60页]

[60] 弗雷德里克·詹姆逊，《后现代主义，晚期资本主义的文化逻辑》

("Postmodernism, or The Cultural Logic of Late Capitalism"),载《新左派评论》(*New Left Review*, no. 146)(1984 年 7—8 月),第 53—92 页。本文的早期版本是"后现代主义和消费社会"("Postmodernism and Consumer Society"),载《反美学:后现代文化论文集》(*The Anti-Aesthetic: Essays on Postmodern Culture*),哈尔·福斯特(Hal Foster)主编(Port Townsend, Wash.: Bay Press, 1983),第 111—125 页。参见其论文《汉斯·哈克和后现代主义的文化逻辑》("Hans Haacke and the Cultural Logic of Postmodernism"),载《汉斯·哈克:未完成的事业》("Hans Haacke: Unfinished Business"),布莱恩·沃利斯(Brian Wallis)主编(Cambridge, Mass.: The MIT Press, 1986),第 38—51 页。

[61] 迈克·戴维斯(Mike Davis),《城市复兴和后现代主义的精神》("Urban Renaissance and the Spirit of Postmodernism"),载《新左派评论 151》(*New Left Review*, no.151)(1985 年 5—6 月),第 107—108 页。

[62] 丹拉·蒂默(Dan Latimer),《詹姆逊与后现代主义》("Jameson and Post-Modernism"),载《新左派评论》148(1984 年 11—12 月),第 127 页。

[63] 詹姆逊(Jameson),《文化逻辑》("Cultural Logic"),第 57 页。

[64] 詹姆逊,《建筑和意识形态的批判》("Architecture and the Critique of Ideology"),第 59 页。

[65] 詹姆逊,《文化逻辑》,第 54 页。

[66] 同上,第 53 页。亦参见詹姆逊,《建筑和意识形态的批判》,第 75 页。

[67] 詹姆逊,《后现代主义和消费社会》("Postmodernism and Consumer Society"),第 114 页。

[68] 柏林达达代表了现代主义美学实践中最彻底政治化的时刻之一;哈特菲尔德通过正好将他的作品放在反法西斯斗争中,从这种做法中得出了最激进的结论。因此,左派文化批评家不要将达达视为"微不足道的不敬"至关重要。参见詹姆逊,《汉斯·哈克》("Hans Haacke"),第 38 页。

[69] 奥里奥尔·博依霍斯(Oriol Bohigas),《转折点》("Turning Point"),载《建筑评论》(*The Architectural Review* 176, no. 1054)(1984 年 12 月),第 36 页。

[70] 埃米利奥·安柏兹(Emilio Ambasz),《受欢迎的万神殿》("Popular Pantheon"),载《建筑评论》176, no. 1054(1984 年 11 月),第 35 页。

[71] 唐纳德·库斯比(Donald Kuspit),《来自"激进派"的抨击:反对当前德国绘画的美国案例》("Flak from the 'radicals': The American Case against Current German Painting"),载于《德国新艺术》(*New Art from Germany*, St. Louis: The Saint Louis Art Museum, 1983),第 46 页。

[72] 卡尔·马克思及弗雷德里克·恩格斯(Frederick Engels),《德意志意识形态》(*The German Ideology*, New York: International Publishers, 1970),第 61 页。

[73] 参见艾伦·科尔克霍恩(Alan Colquhoun),《民主纪念碑》("Democratic Monument"),载《建筑评论》176,no. 1054(1984年11月),第19—22页。

[74] 菲利普·约翰逊(Philip Johnson),《申克尔与密斯》("Schinkel and Mies"),载《方案》(*Program*, Columbia School of Architecture, Spring 1962),第14—34页。

[75] 菲利普·约翰逊,《第三帝国建筑》("Architecture in The Third Reich"),《猎犬与号角》(*Hound and Horn*)第7期(1933年10—12月),第137页、第139页。

[76] 詹姆逊,《汉斯·哈克》,第39页。

# 索 引

本索引中的页码是指原版页码,即本书边码。斜体数字为原版插图页码。

Activist art 激进主义艺术,21—23,241—243
Adams, Ansel 安塞尔·亚当斯,68,71—72
Adorno, Theodor 西奥多·阿多诺,44
Advertising, and art 广告和艺术,122,135,267—269,280n
Aesthetics. See Idealist aesthetics; Materialist aesthetics 美学 参见唯心主义美学;唯物主义美学
*Aesthetics*(Hegel)《美学》(黑格尔),301—302
*After Daguerre: Masterworks from the Bibliotheque Nationale*(exhibition)"达盖尔之后:国立图书馆的杰作"(展览),79
AIDS, and art 艾滋病和艺术,21—24
Altamira cave paintings 阿尔塔米拉洞穴壁画,91,97,98
Altenstein, Karl von 卡尔·冯·阿尔滕斯泰因,292

Altes Museum, Berlin. *See* Berlin Museum 老博物馆,柏林。参见柏林博物馆
Althusser, Louis 路易斯·阿尔都塞,185n, 266, 279n
*American Painting: The Eighties*(exhibition)"美国绘画:80年代"(展览),88—91, *89*, 114
Anderson, Laurie 劳丽·安德森,111
Andre, Carl 卡尔·安德烈,64n, 155, 157
"Appropriating Appropriation"(Crimp)《挪用挪用》(克林普),6, 10
Appropriation 挪用,4—10, 27, 58, 118—124, 126—136, 260
Aragon, Louis 路易斯·阿拉贡,84
Architecture 建筑,168
  and postmodernism 与后现代主义,127—129, 282—318
Art 艺术
  autonomy of 自律的,13—16, 19—

306

20，75—78，84，98，240，250—251，256，303

history 历史，13，48，98，111，263—265，292，320—321n（see also Revisionism）（参见修正主义）

human element of 人为因素，69，91—95，113，117，157

in situ 原位，97—98，103（see also Site specificity）（参见场域特定性）

and politics 与政治，85，88，156，169—173，182，256—260，267，275，284，287

and social practice 与社会实践，17—27，30—31n，241—243，247—250，256，287

"Art and Architecture"（Lüpertz）《艺术与建筑》（吕佩尔茨），284

Art & Ideology（exhibition）"艺术与意识形态"（展览），261，277n

"Art and Politics"（Kramer）《艺术和政治》（克莱默），261

Artistic genius（art historical concept）艺术天才（艺术历史观），69—70，272，284—286

Artists Call against U.S. Intervention in Central America 艺术家呼吁反对美国对中美洲的干涉，258，273

Artists' studios 艺术家工作室，210，294—295

Art of the Twenties（exhibition）"20 年代艺术"（展览），66—68，67，77

Asher, Michael 迈克尔·亚瑟，155

AT&T 美国电话电报公司，272

Atget, Eugène 尤金·阿杰特，113

Aura 灵晕，58，95，111—117，134，248
    of photographs 摄影，112—117，124

Authenticity. See Aura 真实性 参见灵晕

Avant-garde 前卫，19—21，69—71，261—269，279n，303

Barr, Alfred 阿尔弗雷德·巴尔，66，261—269，279n

Barthes, Roland 罗兰·巴特，115，119，126

Bartlett, Jennifer 詹妮弗·巴特列特，90

Baselitz, Georg 乔治·巴塞利兹，286

Baudelaire, Charles 查尔斯·波德莱尔，212

Baumgarten, Lothar 洛泰尔·鲍姆嘉通，286

Bazin, André 安德烈·巴赞，66

Beardsley, John 约翰·比亚兹利，174

Beato, Felice 菲利斯·贝亚托，74

Becher, Bernd 伯尔尼·贝歇，286

Becher, Hilla 希拉·贝歇，286

Benjamin, Walter 瓦尔特·本雅明，18，21，56，108，111—115，201—205，210—214，216，218—220，230n，238，248

Berlin Block for Charlie Chaplin（Serra）《柏林立方体, 致查理·卓别林》（塞拉），184n，282，285

Berlin Museum 柏林博物馆，18，289，290—302，297，298，299，316，321n

Between 4（exhibition）《介于 4》（展览），214

Beuys, Joseph 博伊斯，约瑟夫，232n

Bicycle（Rauschenberg）《自行车》（劳森伯格），58

Bird of Paradise（Mapplethorpe）《天堂鸟》（梅普尔索普），132

Bisson Frères 比森兄弟，74

Boice, Bruce 布鲁斯·博伊斯，69—70，78

Borges, Jorge Luis 豪尔赫·路易斯·

博尔赫斯,222

Bouguereau, Adolphe William 威廉·阿道夫·布格罗,45

Boullée, Etienne-Louis 艾蒂安-路易斯·布雷,127

*Bouvard and Pecuchet*(Flaubert)《布瓦尔和佩居谢》(福楼拜),50—54

Brancusi, Constantin 康斯坦丁·布朗库西,66

Braque, Georges 乔治·布拉克 102

*Break-Through*(Rauschenberg)《突破》(劳森伯格),58

*Broadness and Diversity of the Ludwig Brigade*(Haacke)《路德维希兵团的广泛性与多样性》(哈克),276n

Brodovich, Alexei 阿列克谢·布罗多维奇,267

Broodthaers, Marcel 马塞尔·布达埃尔, 20, 200—201, 205—228, 231—232n,233n,234n, 248,287

Burger, Peter 彼得·比格尔, 19—22, 302

Buchloh, Benjamin 本雅明·布赫洛, 207, 231n, 232n, 244, 261—266, 279n

Buren, Daniel 丹尼尔·布伦, 64n, 84—88, 86, 92, 94, 103—105, 104, 155—156, 210, 244, 287

*Cabinets des curiosités* 好奇柜,18,225,323n

Caillebotte, Gustave 古斯塔夫·卡耶波特 63n

Capa, Robert 罗伯特·卡帕,74

Capitalism 资本主义,304—305

Carjat, Etienne 伊特恩·卡加,74

Cartier-Bresson, Henri 亨利·卡蒂埃-布列松,75

Categorization 分类,52—54,74,77—79,220—223,265

*Centennial Certificate, Metropolitan Museum of Art*《大都会艺术博物馆百年纪念》(劳森伯格)(Rauschenberg),58,60,61

*Charles*(Mapplethorpe)《查尔斯》(梅普尔索普),9

Charnay, Désiré 德西雷·沙尔奈,74

Christian Democrats (Germany) 基督教民主党(德国), 169—175, 183n, 184—185n, 313

Cincinnati Contemporary Arts Center (辛辛那提当代艺术中心),7

*Circuit*(Serra)《电路》(塞拉),160,*161*

Cladders, Johannes 约翰内斯·克拉德斯,207

Collaborative Projects, Inc. (Colab) 合作项目,公司(实验室),241

Collections 收藏品, 18, 200—205, 223—226,295,323n

Collectors, countertype of 收藏家,相等物 201—205,216

Commodification 商品化, 122—123, 155,159,164,167,212,231n,253,272

Conceptual art 概念艺术,85,87,270—271. *See also* Broodthaers, Marcel 参见马塞尔·布达埃尔

Connoisseurship 鉴赏力, 111—117, 263—265,278—279n

Coppola, Francis Ford 弗朗西斯·福特·科波拉,273

Corcoran Gallery of Art (Washington, D.C.) 科克伦美术馆(华盛顿特区),7

Courbet, Gustave 居斯塔夫·库尔贝,209

*Crocus*(Rauschenberg)《番红花》(劳森

伯格），58

Dada 达达，263，325n

*Danny*（Kybartas）《丹尼》（卡巴塔斯），24

Darboven, Hanne 汉纳·道波温，286

David, Jacques-Louis 雅克·路易·大卫，209

Davis, Douglas 道格拉斯·戴维斯 76，82—83n

Davis, Mike 迈克·戴维斯，304—305

*Dejeuner sur I' Herbe*（Manet）《草地上的午餐》（马奈），50

Degas, Edgar 埃德加·德加，2—5

Delacroix, Eugene 欧仁·德拉克洛瓦，74

Delaroche, Paul 保罗·德拉罗什，92

*Delineator*（Serra）《描绘器》（塞拉），160

*Delta series*（Ryman）《三角洲系列》（雷曼），94

Deutsches Architekturmuseum（Frankfurt）德国建筑博物馆（法兰克福），284

Diamond, William J. 威廉·J. 戴蒙德，183n，186n

Dior, Christian 克里斯汀·迪奥，74

"Discourse of Others: Feminism and Postmodernism"（Owens）《他者的话语：女性主义者与后现代主义》（欧文斯），5

Disderi, Adolphe-Eugene 阿道夫-尤金·迪斯德里，79

*Documenta* 5（exhibition）《第5届卡塞尔文献展》，212，226—228

*Documenta* 6（exhibition）《第6届卡塞尔文献展》，169

*Documenta* 7（exhibition）《第7届卡塞尔文献展》，5，238—241，244—250，269

Donato, Eugenio 尤金尼奥·多纳托 52，63n

*Double Negative*（Heizer）《双重否定》（海泽），165

Drexler, Arthur 亚瑟·德莱克斯勒，273

Du Camp, Maxime 马克西姆·杜坎，53—54

Duchamp, Marcel 马塞尔·杜尚，66，69—71，92，105，218，220，263，265

Duchenne de Boulogne, Guillaume 纪尧姆·杜胥内·德·波洛涅，74

Earthworks 大地艺术，87，165，271

*Eight Contemporary Artists*（exhibition）《当代艺术八人展》（展览），84，86，90

*Elevator*（Serra）《升降机》（塞拉），160，161

EI Salvador 埃尔萨尔瓦多，281n

Engels, Friedrich 弗里德里希·恩格斯，230n

Ernst, Max 马克思·恩斯特，319n

Evans, Walker 沃克·埃文斯，5

Exhibition spaces. 展览空间 *See also* Museums 参见博物馆

　autonomy of 自治，240—241，244—247，286，300

　critique of 批评，160—164，247—248，253

Expressionism 表现主义，286，307

Fashion Moda（New York）时尚文化节（纽约），239，241

Feininger, Andreas 安德烈斯·法宁格，119

Feminism 女性主义，5，13，29n

Flaubert, Gustave 古斯塔夫·福楼拜，50—54，56

Flavin, Dan 丹·弗莱文, 99, 157

Foucault, Michel 米歇尔·福柯, 50—52, 95—97, 200, 218
   archeological method of 考古学的, 22—23, 27, 47—48, 63n, 220—222, 234n, 287

*Fountain* (Duchamp)《泉》(杜尚), 218

Frankfurt School 法兰克福学派, 21, 30n

*Frank Stella: The Black Paintings*(exhibition)"弗兰克·斯特拉：黑色绘画"(展览), 100

Frederick II, monument to 弗雷德里克二世，纪念碑, 236, *237*, *245*, 248

Fried, Michael 迈克·弗雷德, 62n

Firth, Francis 弗兰西斯·弗里斯, 74—75

*From Here to There* (Lawler)《从这里到那里》(劳勒), 49

Fuchs, Eduard 爱德华·福克斯, 201

Fuchs, Rudi 鲁迪·福克斯, 238—241, 244—250, 255, 270

"Function of the Museum" (Buren)《博物馆的功能》(布伦), 87

Galerie Saint-Laurent (Brussels) 圣劳伦斯画廊（布鲁塞尔）, 200

Galleries, function of 画廊的功能, 160—164

Gehry, Frank 弗兰克·盖里, 126—129, *130*

*Geist der Kochkunst* (von Rumohr)《烹饪艺术的精神》(冯·鲁莫尔), 291

*German Art in the 20th Century* (exhibition)"20世纪德国艺术"展览, 286

Gerome, Jean Leon 让·莱昂·格罗姆, 45, 79

Gilly, Friedrich 弗里德里希·基利, 295

Goethe, Johann Wolfgang von 约翰·沃尔夫冈·冯·歌德, 97—98

Goldstein, Jack 杰克·戈德斯坦, 111

Gopnik, Adam 亚当·古普尼克, 30—31n

Goya Lucientes, Francisco Jose de 弗朗西斯科·何塞·德·戈雅, 45

Gramsci, Antonio 安东尼奥·葛兰西, 325n

Grandville, Jean-Ignace-Isidore-Gerard 格兰维尔，让·尼古拉·阿蒂尔·兰波, 209—212, 213, 231n

*Granite* (Normandy)(Ruckriem)《花岗岩》（诺曼底）（若克瑞恩）, 282, *285*

Graves, Michael 迈克尔·格雷夫斯, 126—129, *131*

Greenberg, Clement 克莱门特·格林伯格, 75

*Guirlandes, Les* (Buren)《花环》(布伦), *245*

Haacke, Hans 汉斯·哈克, 20, 155, 232n, 247—253, 258—260, 276n, 286, 287

Haus der Deutschen Kunst, Das (Munich) 德国艺术之家（慕尼黑）, 314, *317*

Hausmann, Raoul 拉乌尔·豪斯曼, 319n

Heartfield, John 约翰·哈特菲尔德, 286, 307, 319n, 323n

Hegel, Georg Friedrich Wilhelm 格奥尔格·威廉·弗里德里希·黑格尔, 203, 290—292, 295, 300—302, 306, 320n

Heizer, Michael 迈克尔·海泽, 165

Helicopters 直升机, 273—275, 281n

Helms, Jesse 杰西·赫尔姆斯, 6—7, 10, 12, 28n

Hennessy, Richard 李察·轩尼诗, 93—96, 102

*High and Low: Modern Art and Popular Culture* (exhibition) "高级与低级:现代艺术与流行文化"(展览), 30—31n

Hine, Lewis 路易斯·海因, 74

Hirt, Alois 阿洛伊斯·赫特 231n, 290—302 各处, 321n

Historical materialism. *See* Materialist aesthetics 历史唯物主义 参见 唯物主义美学

*History of Sexuality, The* (Foucault) 《性史》福柯, 27

Hoch, Hannah 汉娜·霍克, 319n

Hodsell, Frank 弗兰克·霍德塞尔, 278n

Holzer, Jenny 珍妮·霍尔泽, 239, 241

Homeless people 无家可归的人, 241, 276n

Homoeroticism, 同性恋 6—7, 12—13

Homosexuality, and art 同性恋,艺术 7—13, 25, 28n

Huillet, Danièle 丹尼尔·于耶, 126

Humboldt, Wilhelm von 威廉·冯·洪堡, 298

Huyssen, Andreas 安德里亚斯·胡塞恩, 22

Idealist aesthetics 唯心主义美学, 13—17, 154—155, 212, 301—304, 307, 320n

*Information*(exhibition) 信息展, 270

Ingres, Jean-Auguste-Dominique 让·奥古斯特·多米尼克·安格尔, 209

*International Survey of Recent Painting and Sculpture, An* (exhibition) "近期绘画与雕塑的国际调查"(展览), 269—272, 280n

*Invention du cinéma* (Sadoul) 《电影的发明》(萨杜尔), 215

*Isolation Box, Grenada. See U.S. Isolation Box, Grenada* 《隔离箱,格林纳达》参见《美国隔离箱,格林纳达》

*Italienische Forschungen* (von Rumohr) 《意大利研究》(冯·鲁莫尔), 291

James, Henry 亨利·詹姆斯, 109, 111

Jameson, Fredric 弗雷德里克·詹姆逊, 302—307, 318

Jeu de Paume (Paris) 国家网球场现代美术馆, 215

Joachamides, Christos 克里斯托·乔查麦兹, 250—253, 256

Johnson, Philip 菲利普·约翰逊, 314—318

Judd, Donald 唐纳德·贾德, 99, 151, 157, 258, 260

Kardon, Janet 珍妮特·卡尔顿, 10

Kiefer, Anselm 安塞姆·基弗, 286

Klucis, Gustav 古斯塔夫·克鲁西斯, 267

Knowledge and power 知识与权力, 48, 71, 153, 226, 228, 233n, 234n

Koch, Edward 爱德华·科赫, 242

Kohl, Helmut 赫尔穆特·科尔, 313

Kramer, Hilton 希尔顿·克莱默, 12—13, 25, 29n, 44—47, 54, 90, 255—263, 266—269, 273, 277n, 279n

Krauss, Rosalind 罗莎琳·克劳斯, 30n

Krims, Les 克里姆斯·莱斯, 119

Kunstgewerbemuseum (Berlin) 柏林装

饰艺术博物馆(柏林),250—251,252
Kunsthistorishes Museum(Vienna)维也纳艺术史博物馆(维也纳),225
Kunstmuseum(Dusseldorf) 美术馆(杜塞尔多夫),215
*Kunst - und Wunderkammern der Spätrenaissance*(von Schlosser)《文艺复兴晚期艺术品与多宝阁》(冯·施洛塞尔),223—225
Kuspit, Donald 唐纳德·库斯比,313
Kybartas, Stashu 斯塔舒·卡巴塔斯,24

Lachaise, Gaston 加斯东·拉雪兹,29n
Lamartine, Alphonse de 阿尔封斯·德·拉马丁,93
*Large Glass*(Duchamp)《大玻璃》(杜尚),66
Lawler, Louise 路易斯·劳勒,4—5,12,20,27,116,120,134,239,241,287
Lebeer, Irmeline 艾米林·利波,88
Le Corbusier 勒·柯布西耶,314
Ledoux, Claude - Nicolas 克劳德·尼古拉斯·勒杜,127
Leider, Philip 菲利普·李德,102
*Lenin and Philosophy*(Althusser)《列宁与哲学》(阿尔都塞),261
Leo Castelli Gallery (New York)利奥·卡斯特里画廊(纽约),150,162
LeSecq,Henri 亨利·勒塞克,74
Levine, Sherrie 谢莉·莱文,5—7,27,118—119,126,128—134,287
LeWitt,Sol 索尔·勒维特,99
Libraries 图书馆,50—52,73—74,78
Lieberman, William S. 威廉·S.利伯曼,66
Lifson,Ben 本·里弗森,29n
Lipman, Samuel 塞缪尔·利普曼,257,278n
Lissitsky,El 利西茨基,269
Lo Giudice Gallery (New York)洛·朱迪切画廊(纽约),157
Longo,Robert 罗伯特·朗哥,111,272
Lonidier, Fred 弗雷德·洛尼蒂尔,279n
Louvre(Paris)卢浮宫(巴黎),44,97,112,215
Lowell, Edward J. 爱德华·J.洛厄尔,236
Lüpertz, Markus 马库斯·吕佩尔茨,284—290,307,313
Lynes, George Platt 乔治·普拉特·莱茵斯,129

*Ma collection*(Broodthaers)《我的收藏》(布达埃尔),216
McShine, Kynaston 基纳斯顿·麦克夏恩,269—272,280n
Magritte,Rene 雷尼·马格利特,18,220
Malevich, Kasimir 卡西米尔·马列维奇,265
Malraux, Andre 安德烈·马尔罗,54—56,58,98
Mandel, Ernest 欧内斯特·曼德尔,304—305
Manet, Edouard 爱德华·马奈,45,46,48—50,62n,74,79
*Many Colored Objects Placed Side by Side to Form a Row of Many Colored Objects*(Weiner)《许多彩色物体并排放置,形成一排多彩的物体》(韦纳),246,247
"Mapping the Postmodern" (Huyssen)《勾勒后现代》(胡塞恩),22
Mapplethorpe,Robert 罗伯特·梅普尔索普,6—7, 10—12, 25—27, 29n,

126—129

Marey, Etienne‑Jules 艾蒂安-朱尔斯·马雷, 74

*Marily Monroe—Greta Garbo*（Serra）《玛丽莲·梦露——葛丽泰·嘉宝》（塞拉）, 160

Marx, Karl 卡尔·马克思, 30n, 184n, 231n, 290, 295, 313—314

Materialist aesthetics 唯物主义美学, 2, 17—18, 153—157, 204—205, 238, 302—304, 324—325n

Matisse, Henri 亨利·马蒂斯, 265

Meier, Richard 理查德·迈耶, 284

Meissonnier, Jean‑Louis‑Erneste, 让-路易斯-欧内斯特·梅索尼埃, 209

*Meninas, Las*（Velázquez）《宫娥图》（委拉斯开兹）, 95—97

Mercer, Kobena 科贝拉·默瑟, 27

Merinoff, Dimitri 季米特里·梅里诺夫, 134

Merz, Mario 马里奥·莫兹, 251

Metropolitan Museum of Art（New York）大都会艺术博物馆（纽约）, 44—45, 54, 58, 60, 79

*Michael Reed*（Mapplethorpe）《迈克尔·里德》（梅普尔索普）, 9

Michals, Duane 杜安·迈克尔斯, 119

Michelangelo Buonaroti 米开朗基罗·博纳罗蒂, 54

Michelson, Annette 阿尼特·麦克尔逊, 227n

Mies van der Rohe, Ludwig 路德维希·密斯·凡·德·罗, 282, 314—315

*Miller v. California* 米勒 v. 加利福尼亚决议, 28n

Minimal art 极简艺术, 16—17, 85, 92, 108, 114, 154—155, 157

Miro, Joan 胡安·米罗, 66

Modernism 现代主义, 20—22, 45—46, 87, 97, 108, 260—263, 271, 303—307
　and architecture（现代主义）与建筑, 127—128
　and photography（现代主义）与摄影, 2—6, 76

*Mona Lisa*（Leonardo）《蒙娜丽莎》（莱昂纳多）, 112

Mondrian, Piet 彼埃·蒙德里安, 66

*Monogram*（Rauschenberg）《交织文字》（劳森伯格）, 62n

*Moonrise, Hernandez, New Mexico*（Adams）《月升》《赫尔南德斯》《新墨西哥》（亚当斯）, 68

Morley, Malcolm 马尔科姆·莫利, 255

Morris, Robert 罗伯特·莫里斯, 99, 150

Munch, Edvard 爱德华·蒙克, 307

Murray, Elizabeth 伊丽莎白·默里, 69, 78

*Musée d'Art Ancienne, Département des Aigles, Galerie du XXème Siècle*（exhibition）"古代艺术博物馆, 鹰部, 20世纪画廊"（展览）, 228

*Musée d'Art Moderne, Département des Aigles*（exhibition）"现代艺术博物馆之鹰部"（展览）, 205—228, 231—232n
　Section Cinéma 电影部, 215—216
　Section des Figures 图像部, 216—226, 219, 221, 224
　Section XIXème Siècle 19世纪部, 205—215, *208*
　Section XVIIème Siècle 17世纪部, *208*, 214
　Section Financière 财务部, 216, 217
　Section Littéraire 文学部, 211, 212—214
　Section Publicité 广告部, 226

Musee d'Orsay（Paris）奥赛博物馆（巴

黎),215

Museo del Barrio(New York)德尔巴里奥博物馆(纽约),273

Museum Fridericianum(Kassel)弗里德里希美术馆(卡塞尔),18,238,247,250

Museum für Kunsthandwerk(Frankfurt)工艺美术博物馆(法兰克福),284

Museum of Modern Art(New York)现代艺术博物馆(纽约),24,30n,66—68,77,84—85,263—275,264,268,274,279n

Museums 博物馆
  development of(博物馆)的发展,223—235,290—300
  exclusionary practices of(博物馆)的排他性实践,7—13,256,263—272,281n,287,303
  function of(博物馆)的功能,17—18,44—50,85—87,97—98,164,204,210,215,248,287,293—294,320n
  and heterogeneity 博物馆与异质性,14,52—58,134—135,295

*Museum without Walls*(Malraux)《无墙的博物馆》(马尔罗),54—56,58,59

Museum Wormianum(Copenhagen)沃姆博物馆(哥本哈根),*227*

Muybridge,Eadweard 爱德沃德·麦布里奇,74

Nadar,Gaspard - Felix - Tournachon 纳达尔·戈斯帕德-费利克斯-图尔纳雄,74

Nahl, Johann August 约翰·奥古斯特·纳尔,*245*,248

National Endowment for the Arts 国家艺术基金会,7,28n,257,277—278n

Nazism 纳粹,313—315

Neue Nationalgalerie(Berlin)新国家艺术画廊(柏林),282

Neue Staatsgalerie(Stuttgart)斯图加特国立美术馆新馆(斯图加特),282—288,*283*,288,307—314,*308*,*310*—*312*

*New Criterion*《新标准》,257

Newman,Barnett 巴内特·纽曼,286

New Museum of Contemporary Art(New York)纽约现代艺术博物馆(纽约),261

New York Public Library 纽约公共图书馆,73—74,78

Nixon, Nicholas 尼古拉斯·尼克松,24—25

Nochlin,Linda 琳达·诺克林,301

*Oelgemaelde, Hommage a Marcel Broodthaers*(Haacke)《油画,向马塞尔·布达埃尔致敬》(哈克),247—248,*249*

Offenbach,Jakob 雅各布·奥芬巴赫,212

*Olympia*(Manet)《奥林匹亚》(马奈),48,50

"On the Museum's Ruins"(Crimp)《在博物馆的废墟上》(克林普),2,14,134,282,287

*Order of Things, The*(Foucault)《事物的次序》(福柯),27,95,220—222

*Other Criteria*(Steinberg)《另类准则》(施坦伯格),47

*Overcast III*(Rauschenberg)《阴天-III》(劳森伯格),58

Owens,Craig 克雷格·欧文斯,5

*Pablo Picasso：A Retrospective*(exhibi-

tion)"巴勃罗·毕加索:回顾展"(展览),68—69
Painting 绘画,84,87—88
 essence of(绘画)的本质,91,97—98
 hegemony of(绘画)的霸权,66,248,269—270,319n
 and postmodernism(绘画)与后现代主义,44—48
 references to and sources of(绘画)的来源及参考,48—50,254
 revival of(绘画)的复苏,16,87—91,93—95,102—105,114
 status of(绘画)的地位,99—105
Palais des Beaux Arts(Brussels)美术馆(布鲁塞尔),205—206
*Paris—A Rainy Day*(Caillebotte)《巴黎的街道——雨天》(卡耶博特),55
Pasolini,Pier Paolo 皮埃·保罗·帕索里尼,150
*Passagen-Werk*(Benjamin)《拱廊街计划》(本雅明),201—202
PASTA MOMA(union)意大利现代艺术博物馆(联盟),279n
Patronage. *See also* National Endowment for the Arts
 corporate,参见国家艺术基金会企业赞助 228,272,319n
 Governmental(国家艺术基金会)政府赞助,257—258,286
*Pencil of Nature*,*The*(Talbot)《自然的铅笔》(塔尔博特),3
Penn,Irving 欧文·佩恩,74
*Pepito*(Goya)《佩皮托肖像》(戈雅),45
Performance art 行为艺术,109
Perreault,John 约翰·佩罗,90
Philosophy of Right(Hegel)法哲学原理(黑格尔),292
Photography 摄影,92—93,248

 function of(摄影)的功能,13—16,24,27
 meaning and interpretation of(摄影)的意义和解释,2—13
 as modernist enterprise 作为现代主义事业的(摄影),2—6,14—16,72—7,114—117,128—136,265—266
 and presence 摄影与在场,111—124
 as surrogate 作为替代物的摄影,54—56
Picasso,Pablo 巴勃罗·毕加索,68—71,265
Picture plane,flatbed 平台式画面,47—48
"Pictures"(Crimp)《图画》(克林普),108
Pincus-Witten,Robert 罗伯特·平卡斯-威腾,62n
Pluralism 多元主义,18,108
 and postmodernism(多元主义)与后现代主义,78—79
*Political Unconscious*,*The*(Jameson)《政治无意识》(詹姆逊),303
Pollock,Jackson 杰克逊·波洛克,91,97,98,286
Porter,Eliot 艾略特·波特,119
Portland Public Services Building(Graves)波特兰市政厅(格雷夫斯),127,*131*
"Positive/Negative"(Crimp)《正片/负片》(克林普),2—3
Postmodernism 后现代主义,18—19,22,45—48,108,271,304—307,318
 and architecture(后现代主义)与建筑,127—128,282—318passim
 and photography(后现代主义)与摄影,2—13,56—58,76—78,111—124,128—136
 pluralist view of(后现代主义)的多元观点,78—79

315

"Postmodernism, or the Cultural Logic of Late Capitalism" (Jameson)《后现代主义,或晚期资本主义的文化逻辑》(詹姆逊),304

Poststructuralism 后结构主义,22—23

Praxiteles 普拉克西特列斯,118—119

Presence and absence 在场与不在场,58,66,108—111,119,124

*Primitivism in 20th Century Art* (exhibition) "20 世纪艺术中的原始主义"(展览),280n

Prince, Richard 理查德·普林斯,122—124, *123*, 135

*Prop* (Serra)《道具》(塞拉), *152*

Proust, Marcel 马赛尔·普鲁斯特,44

Public, status of 大众的身份,180—181

Public art 公共艺术,159—162,168—182

Puvis de Chavannes, Pierre 彼埃·毕维·德·夏凡纳,209

*Pygmalion and Galatea* (Gerome)《皮格马利翁与加拉泰亚》(格罗姆),45

*Rat Patrol* (Rupp)《老鼠巡逻》(拉普), *242*, *243*

Rauschenberg, Robert 罗伯特·劳森伯格,14,47—48,56—60,57,77,114,134—136

Ray, Man 曼·雷,128

Re, Edward D. 爱德华·D. 雷,180—181

Readymades 现成品,70—71,218,220

Reagan, Ronald 罗纳德·里根,247—248,258,260

"Redefining Site Specificity" (Crimp)《重新定义场域特定性》(克林普),18

Reff, Theodore 西奥多·雷夫,62n

Reinhardt, Ad 艾德·莱因哈特,92

Rembrandt van Rijn 伦勃朗·凡·莱因,112

Representation 描绘,13,53,96,109—111,119

Reproduction, mechanical 机械复制,54—58,95,98,112—115,248

Revisionism 修正主义,44—45,79,114

Richardson, John 约翰·理查森,70

Richter, Gerhard 格哈德·里希特,88,99

Riis, Jacob 雅各·里斯,74

*Robert Mapplethorpe: The Perfect Moment* (exhibition) "罗伯特·梅普尔索普:完美的时刻"(展览),7

Rodchenko, Alexander 亚历山大·罗德琴科,265—267

*Rokeby Venus* (Velázquez)《镜前的维纳斯》(委拉斯开兹),48,58

Rose, Barbara 芭芭拉·罗斯,84—91,94—95,102,114—115

Rosenblum, Robert 罗伯特·罗森布鲁姆,63n,253—256

Rosenthal, Norman 诺曼·罗森塔尔,250—253,256

Rothko, Mark 马克·罗斯科,102,286

Ruens, Peter Pau 彼得·保罗·鲁本斯,1,48,54,214

Rubin, Gayle 盖尔·鲁宾,29n

Rubin, William 威廉·鲁宾,30n,85—87,90,271,281n

Ruckriem, Ulrich 尤瑞·若克瑞恩,282,286

Rumohr, Carl Friedrich von 卡尔·弗里德里希·冯·鲁莫尔,290—293,302,320n

Rupp, Christy 克里斯缇·拉普,241—242

Ruscha, Ed 埃德·拉斯查,78—79

Ryman, Robert 罗伯特·雷曼, 64n, 94

Salle, David 大卫·萨利, 126, 253
Salzmann, Auguste 奥古斯特·萨尔兹曼, 74
Schinkel, Karl Friedrich 卡尔·弗里德里希·申克尔, 290—302 passim
"Schinkel and Mies" (Johnson)《申克尔与密斯》(约翰逊), 314
Schleiermacher, Friedrich 弗里德里希·施莱尔马赫, 294, 300—301
Schloss Ambras 阿姆布拉斯宫, 225
Schlosser, Julius von 朱利叶斯·冯·施洛塞尔, 223—225
Schnabel, Julian 朱利安·施纳贝尔, 255
Schwitters, Kurt 库尔特·施维特斯, 319n
Sculpture 雕塑, 150—182. See also Minimal art and postmodernism 参见极简艺术与后现代主义, 16—18
Segal, George 乔治·西格尔, 174—175
Sekula, Allan 阿伦·塞库拉, 29n, 227n, 279n
Senkin, Sergei 谢尔盖·先金, 267
Serra, Richard 理查德·塞拉, 18, 30n, 150—182, 183—184n, 282, 287
*Shards IV* (Stella)《碎片 4》(斯特拉), 101
Sherman, Cindy 辛迪·舍曼, 5, 122, 135, 287
*Shift* (Serra)《移动》(塞拉), 165
*Sight Point* (Serra)《视点》(塞拉), 168, 184n
Simmons, Laurie 劳丽·西蒙斯, 135
site specificity 场域特定性, 17, 150—182 passim
*Sketch for a Geography Lesson* (Sekula)《地理课速写》(塞库拉), 277n

*Slice* (Serra)《切片》(塞拉), 160, 162, 163
Smith, Roberta 罗伯塔·史密斯, 90
Smithson, Robert 罗伯特·史密森, 155, 165
Sobieszak, Robert 罗伯特·索比扎克, 11, 25—27
Social Democrats (Germany) 社会民主党(德国), 169, 173, 203—204
*Span* (Serra)《跨度》(塞拉), 160
Spectator. *See* Viewer 旁观者 参见观察者
*Spiral Jetty* (Smithson)《螺旋形防波堤》(史密森), 165
*Splashing* (Serra)《飞溅》(塞拉), 151—156, *152*
Städtische Kunsthalle (Düsseldorf) 市政艺术厅(杜塞尔多夫), 214, 216
Stedelijk Museum (Amsterdam) 阿姆斯特丹市立博物馆, 168
*Steelmakers* (Segal)《钢铁工人》(西格尔), 175
*Steelmill/Stahlwerk* (Serra and Weyergraf)《钢铁厂/钢厂》(塞拉与维尔格拉夫), 184n
Steinberg, Leo 列奥·施坦伯格, 47—48, 277n
Stella, Frank 弗兰克·斯特拉, 64n, 88, 99—105
*Step* (Serra)《梯级》(塞拉), 160
Stiechen, Edward 爱德华·斯泰肯, 128
Stieglitz, Alfred 阿尔弗雷德·施蒂格里茨, 77, 92
Still, Clyfford 克莱福德·斯蒂尔, 102
Stirling, James 詹姆斯·斯特林, 282—290, 307—314
Straub, Jean-Marie 让-马丽·斯特劳布, 126

Strauss, Franz Josef 弗朗茨·约瑟夫·施特劳斯, 312

*Strike* (Serra)《罢工》(塞拉), 157—160, *158*

Style (art historical concept) 风格(艺术史概念), 54—55, 98, 117, 127—129, 255—256, 277n, 306

Subjectivity 主体性, 4, 12—13, 25—27, 113

   of artist 艺术家主体性, 15, 17, 24, 70—74, 95—96, 117, 154

   of viewer (*see* Viewer) 观众主体性 (参见观众)

Sublation 扬弃, 20—22, 300

*Surrender* (Longo)《投降》(朗哥), 111

Syberberg, Hans Jurgen 汉斯-约根·西贝尔伯格, 126

Szarkowski, John 约翰·沙科夫斯基, 71—72, 74—75, 77

Szeemann, Harald 哈拉尔德·泽曼, 226

Tafuri, Manfredo 曼弗雷多·塔夫里, 324n

Talbot, William Henry Fox 威廉·亨利·福克斯·塔尔博特, 3

Taxonomy. *See* Categorization 分类学参见分类

*Temptation of St. Anthony* (Flaubert)《圣安东尼的诱惑》(福楼拜), 50

Tenth Street school 第十街学校, 90

*Terminal* (Serra)《终点站》(塞拉), 169—174, *170*, 183n

Theatricality 戏剧化的风格, 108

*Théorie des figures* (Broodthaers)《图像理论》(布达埃尔), 216

*Theory of the Avant-Garde* (Burger)《先锋派理论》(比格尔), 19

*Thomas and Amos* (Mapplethorpe)《托马斯与阿摩斯》(梅普尔索普), 132

Tieck, Ludwig 路德维希·蒂克, 295

*Tilted Arc* (Serra)《倾斜之弧》(塞拉), 30n, 151—154, 175—182, *177—178*, 183n, 186n

Titian 提香, 48

*To Encircle Base Plate Hexagram, Right Angles Inverted* (Serra)《环绕六角星形的底座》《倒置的直角》(塞拉) 165—167, *166*

*Trahison des images, La* (Magritte)《对图像的背叛》(马格利特), 218

*Transom* (Rauschenberg)《横梁》(劳森伯格), 58

*Triumph of Art for the Public, The* (Holt)《公共艺术的胜利》(霍特), 203

Troost, Paul Ludwig 保罗·路德维希·特鲁斯特, 314

"Turning Back the Clock: Art and Politics in 1984" (Kramer)《时光倒流: 1984年的艺术与政治》(克莱默), 257

*Twentysix Gasoline Stations* (Ruscha)《26个加油站》(拉斯查), 78, *80—81*

*Twins* (Serra)《双胞胎》(塞拉), 160

*Two Fencers* (Goldstein)《两位击剑者》(戈德斯坦), *110*, 111

Ungers, Oswald Mathias 奥斯瓦尔德·马蒂亚斯·翁格尔斯, 284

*Untitled* (Mapplethorpe)《无题》(梅普尔索普), *26*

*Untitled* (Sherman)《无题》(舍曼), *121*

*Untitled* (After Alexander Rodchenko: 3) (Levine)《无题》(向亚历山大·罗德琴科致敬), *133*

*Untitled* (After Edward Weston) (Levine)《无题》(向爱德华·韦斯顿致

敬)(莱文),5—6,*8*

*Untitled*(After Ilya Chasnick)(Levine)《无题》(向伊利亚·查什尼克致敬)(莱文),*133*

*U. S. Isolation Box*,*Grenada*(Haacke)《美国隔离箱,格林纳达》(哈克)258—260,*259*

Valery,Paul 保罗·瓦莱里,44

Van Bruggen,Coosje 库斯杰·范·布鲁根,244

Van Gogh,Vincent 文森特·梵高,11,70,307

Van Haaften,Julia 茱莉亚·凡·哈费腾,73—74

Varnedoe,Kirk 柯克·瓦恩多,30—31n

Velázquez,Diego 迭戈·委拉斯开兹,48,95—97

*Venus at Her Toilet*(Rubens)《维纳斯对镜梳妆》(鲁本斯),48

*Venus of Urbino*(Titian)《乌尔比诺的维纳斯》(提香),48

Viewer,role of 观众的角色,17,25—27,47,95—96,109,154

Waagen,Gustav Friedrich 古斯塔夫·弗里德里希·瓦根,293—294,301,321n

Wallace,Scott 斯科特·华莱士,281n

*Wall to wall*(Serra)《墙到墙》(塞拉),160

Warhol,Andy 安迪·沃霍尔,64n,77,114

*Waxing Arcs*(Serra)《蜡弧》(塞拉),160

Weiner,Lawrence 劳伦斯·韦纳,155,247

Wesleyan University 卫斯理大学,168

Weston,Edward 爱德华·韦斯顿,5—6,118—119,128—129

*Whitney Biennial 1979*(exhibition)"1979 惠特尼双年展"(展览),99

Wide White Space Gallery(Cologne)宽白空间画廊(科隆),216

*Winsor* series(Ryman)《温莎》系列(雷曼),55

*Woman with a Parrot*(Manet)《女人与鹦鹉》(马奈),45

Women's Caucus for Art 女性艺术核心组织,280n

Workers,status of 工人的地位,173—175,185n

*X Portfolio*(Mapplethorpe)《X 作品集》(梅普尔索普),7—11,25

*Zeitgeist*(exhibition)"时代思潮"(展览),250—255,269

*Zeitgeist Painting* series(Salle)《时代思潮绘画系列》(萨尔),253

# 译后记

2019年7月6日清晨,突然得知美国艺术史学家、批评家及策展人道格拉斯·克林普(Douglas Crimp,1944—2019)因病去世的消息,我有些惆怅。虽然未曾谋面,自2015年秋着手翻译克林普先生的著作《在博物馆的废墟上》,转眼已近四年。书中的文字犀利、艰涩而强悍,不料他却罹患顽疾。正值中译本即将出版之际,先生病逝,实属遗憾!

道格拉斯·克林普是罗切斯特大学(University of Rochester)艺术史系范妮·纳普·艾伦(Fanny Knapp Allen)讲席教授,是视觉文化研究专家。他也是美国后现代批评家及艾滋病活动家,对后现代艺术、体制批判(institutional critique)、酷儿理论(queer theory)的理论构建均有学术贡献,后期其研究兴趣转向舞蹈,其综合了芭蕾舞、现代舞和后现代表演历史的著作即将出版。1977年他在艺术家空间(Artists Space)策划的展览"图像"(*Pictures*)对美国当代艺术走向产生了重要影响。1977年至1990年担任《十月》(*October*)杂志的编辑,并成为该杂志的核心人物。他著有《在博物馆的废墟上》(*On the Museum's Ruins*,1993)、《忧郁症与道德主义:艾滋病和酷儿政治随笔文选》(*Melancholia and Moralism-Essays on AIDS and Queer Politics*,2002)、《我们的电影:安迪·沃霍尔的影像》(*"Our Kind of Movie": The Films of Andy Warhol*,

2012)以及《图像之前》(Before Pictures,2016)等。①

## 传奇人生②

道格拉斯·克林普的人生颇为传奇,他出生并生长在美国爱达荷州的科达伦(Coeur d'Alene)镇,这里曾是白人至上主义的中心地区之一。他的父亲是杂货店主,母亲则是主妇,祖父母都信奉保守的加尔文教。在这个连书店都难找到的小镇,他结识了玛丽莲·萨默斯·罗宾逊(Marilynne Summers Robinson)③和戴维·萨默斯(David Summers)④兄妹,并成为密友。克林普受当时正在布朗大学(Brown University)求学的戴维·萨默斯的影响,立志成为一位建筑师。他幸运地获得杜兰大学(Tulane University)的奖学金,顺利前往美国南部路易斯安那州新奥尔良求学。新奥尔良是灵魂乐的发源地,居民以非裔美国人为主,有成熟的酷儿文化(queer culture),迥异于克林普的故乡。进入杜兰大学后不久,克林普很快从建筑转到艺术史专业。由于杜兰大学的艺术学院和艺术史系合二为一,他结识了很多艺术家,游走于艺术圈与酷儿世界之间,并对当代艺术产生浓厚兴趣。1968年,他原本打算在纽约大都会博物馆找份工作,却在第五大道偶遇古根海姆博物馆的人事专员,后者正在为前哥伦布时期的秘鲁艺术展(Pre-Columbian Peruvian art)寻找策展助理。杜兰大学以拉丁美洲考古挖掘著称,而克林普的导师恰巧是研究前哥伦布时期艺术的专家。古根海姆博物馆于1959年开放,那时能

---

① 参见 https://www.artforum.com/news/douglas-crimp-1944-2019-80228.
② 参见 ACT UP Oral History Project Interview of Douglas Crimp,by Sarah Schulman,May 16,2007,https://brooklynrail.org/2016/10/art/douglas-crimp-with-jarrett-earnest.
③ 玛丽莲·萨默斯·罗宾逊(1943— ),美国小说家和散文家。在她的写作生涯中,获得包括2005年的普利策小说奖,2012年的国家人文奖章,以及2016年美国国会图书馆美国小说奖。2016年,罗宾逊被《时代》杂志评选为100位最有影响力的人物。
④ 戴维·萨默斯(1941— ),弗吉尼亚大学艺术史学者及文艺复兴时期艺术专家,代表作为《真实空间:世界艺术史和西方现代主义的兴起》(Real Spaces: World Art History and the Rise of Western Modernism)。

在该馆任职的几乎都来自上层阶级。展览之后,克林普表示自己的兴趣在于现代及当代艺术。凭借努力和难以置信的好运气,他成为古根海姆博物馆的研究助理,进入到当代艺术的核心圈子。1971年,克林普离开古根海姆博物馆,开始为《艺术新闻》(Art News)和《艺术国际》(Art International)撰写评论,对极少主义产生浓厚兴趣。他最初关注埃斯沃兹·凯利(Ellsworth Kelly)①并为艾格尼丝·马丁(Agnes Martin)②做展览。1971年至1976年,克林普在视觉艺术学院(The School of Visual Arts)任教,之后就读于纽约市立大学研究生院,师从罗莎琳·克劳斯(Rosalind E. Krauss)学习当代艺术理论。1976年,罗莎琳·克劳斯、安妮特·迈克尔逊(Annette Michelson)和杰里米·吉尔伯特-罗尔夫(Jeremy Gilbert-Rolfe)联合创办《十月》杂志。次年,克林普成为编辑,并逐渐成为该杂志的核心人物。上世纪90年代,克林普的兴趣转向艾滋行动主义,在编辑有关艾滋问题的《十月》特刊过程中,与其他"十月学派"成员产生分歧,于1990年离开该杂志,之后一直任教于罗切斯特大学艺术史系,从事视觉文化研究。

## 在博物馆的废墟上

克林普在上世纪80年代的研究成果主要体现在1993年出版的《在博物馆的废墟上》论文集中。这些论文大都写作于他担任《十月》杂志编辑期间,并在该杂志上首发。它们十分契合《十月》杂志把理论关注纳入当时艺术实践的宗旨。全书包括十篇论文,按主题分为四部分:第一部分"现代主义终结时期的摄影"可视为全书的导论;第二部分"博物馆里的摄影",包括《在博物馆的废墟上》《博物馆的旧主题,图书馆的新主题》

---

① 埃斯沃兹·凯利(1923—2015),美国画家、雕塑家和版画家,从事硬边绘画、色域绘画和极少主义艺术创作,作品强调线条色彩和形式。
② 艾格尼丝·马丁(1912—2004),出生于加拿大的美国抽象画家。她自称为表现主义者,1998年获得国家艺术基金会颁发的国家艺术奖章。

《绘画的终结》《后现代主义的摄影活动》《挪用挪用》五篇论文;第三部分以《重新定义场域特定性》一文,阐述"雕塑的终结"论题;最后一部分为"后现代史",题为《这不是艺术博物馆》《艺术展览》《后现代博物馆》的三篇文章重新检视艺术博物馆机构及展览体制。正如克林普所言:"这些论文的总体观点是一件艺术作品的意义的形成与构建它的机构的设立条件相关。"[1]克林普在导论中自述写作此书时引入一系列的对立:比如,后现代主义与现代主义,"考古学"与艺术史,摄影与绘画,混合性与整体性。这些对立被修正为,抵制后现代主义与顺应后现代主义,历史唯物主义与历史相对论,实践与作品,偶然性和自主性。每篇论文表现出一种平衡、并置与解释——为解释艺术品、机构、展览、批评话语、历史而并置在一起。按年代顺序,对应于本书的三个部分,这些论文根据三种批评形式可以分为:(1)对作者身份和真实性的后结构主义批判,(2)对审美唯心主义的唯物主义批判,(3)对前卫艺术的体制化批判。

其中,《在博物馆的废墟上》一文统领全书主旨,阐释建立在福柯博物馆考古学基础上的后现代主义视觉艺术理论。此文从希尔顿·克莱默对大都会博物馆安德鲁·梅耶陈列室19世纪艺术展中包括沙龙绘画的批评谈起,讨论了现代主义晚期博物馆面临的危机。阿多诺在《瓦莱里、普鲁斯特与博物馆》中认为博物馆(museum)与陵墓(mausoleum)的联系不仅在于语音上的相似,前者就是艺术品的家族陵墓,他将博物馆的终结归因于陷入文化矛盾的体制;相反,克莱默坚信杰作永恒,能对艺术品自律性造成威胁的,仅仅是艺术品的"不恰当"展示。克林普不同意克莱默的观点,对博物馆在后现代主义艺术实践中展示艺术品的作用提出质疑。首先,他以列奥·施坦伯格在《另类准则》中率先将"后现代主义"这个术语用于讨论罗伯特·劳森伯格的"平台式画面"为例,所谓的"平台"是"能接受大量与前现代或现代主义绘画领域中的作品无法相容

---

[1] Douglas Crimp, *On the Museunm's Ruins*, 1993 MIT, p. viii.

的、异质文化图像和手工制品"①的平面,这样的画面导致"艺术主题从自然转向文化的最激进的转变。"②克林普认为劳森伯格的"平台式画面"是米歇尔·福柯"知识考古学"在艺术实践中的体现,"施坦伯格借用图像来呈现福柯所谓的不同历史阶段的不相容性,正如在一个桌子上,知识被罗列出来"③。艺术史上现代主义的开端通常以1860年代初马奈创作的作品为标志,福柯在《图书馆幻想曲》中认为马奈以老大师作品为原型的《草地上的午餐》和《奥林匹亚》是最早的博物馆绘画,与博物馆及艺术史存在相互依赖的关系;克林普援引福楼拜《布瓦尔和佩居谢》的喜剧,反映出建立在从古典时期就沿袭下来的考古学和博物学基础上的博物馆,从建立之初就令人怀疑。"博物馆学的历史则是一部不断试图否定博物馆异质性、使之成为统一系统或系列的历史。"④在1970至1980年代,对现代主义早期作品的重新布置,打破了现代主义时期博物馆中审美对象秩序的标准,博物馆陈列的连贯性随之被打破。二战后,安德烈·马尔罗在《无墙的博物馆》中提出,摄影使事物产生同质性,因而建构出一座虚构的博物馆。克林普认为马尔罗的论断的错误在于《在博物馆的废墟上》所讨论的问题,不仅是博物馆不承认摄影的异质性,也包括这种异质性已经进入博物馆的事实。他把劳森伯格的丝网印刷作品认定为后现代主义的,既是因为它们通过摄影图像破坏了绘画的整体性又与之混合,从而使异质性得以实现。

  本书的第二部分"博物馆里的摄影",写作于1980年至1982年之间,探讨作为现代主义和后现代主义分水岭的摄影及其对博物馆的影响。"试图从不同的侧重点,以建立从现代主义到后现代主义转变的理论依据为目标,寻求以下现象的相互关系:(1)对摄影进行重新分类,使其事实上成为一种艺术形式,及随之产生的'博物馆化',(2)摄影的重新

---

① Douglas Crimp, *On the Museunm's Ruins*, 1993 MIT, p. 47.
② 同上,p. 47.
③ 同上,p. 47.
④ 同上,p. 54.

分类,对传统的现代主义媒介以及承担主导地位的美学理论所带来的威胁,(3)拒绝作者身份和真实性原则的新摄影实践出现,导致摄影被重新理解。"①在《博物馆的旧主题,图书馆的新主题》中,克林普对比了为纽约现代艺术博物馆建立50周年庆的三个展览:"20年代艺术展","毕加索:回顾展"和"安塞尔·亚当斯摄影展,批评保守的艺术形式在1970年代复苏"。他认为对毕加索那样的"天才艺术家"的追捧是迷信艺术神话的"陈词滥调",偏离了激进艺术运动。现代主义时期,前卫艺术中的现成品及立体主义拼贴的影响被忽略,而杜尚的现成品体现出这样的主张:"艺术家没有创造任何东西,他或她只是对历史所提供的(一切)加以使用、处理、置换、重新组织和重新定位。这并不是剥夺艺术家介入的权力,改变或是扩大话语,而只是为了排除那种权力来自于历史和意识形态之外的自我存在的谎言。那些现成品使得艺术家不能制造(make),而只能摄取(take)已经存在的东西。"②绘画和摄影之间的本体差异,恰恰是制造和摄取的区别。亚当斯和萨科夫斯基持本体论立场,实质上是现代主义自律性理论在摄影领域的重复,使摄影获得与绘画相同的地位,进入博物馆收藏。克林普提出摄影对现代主义有两种误用:消极的方式和积极的方式。

摄影对现代主义误用的消极方式是进入博物馆和图书馆的艺术部。比如,茱莉亚·凡·哈费腾,时任纽约公共图书馆艺术与建筑部图书馆管理员,把图书馆藏书中19世纪以来的摄影作品,以摄影艺术家来重新分类,并组织展览,使这些摄影作品重新获得价值。另一种积极的误用方式是建立起全新的、激进的艺术实践。克林普认为这些激进的艺术实践"玷污了作为现代主义独立类别的绘画和雕塑的纯洁性。"③1960年代,劳森伯格和安迪·沃霍尔以丝网印刷的方式把照片印在画布上那一刻,现代主义艺术的自律性就不断受到摄影的威胁,摄影使后现代主义

---

① Douglas Crimp, *On the Museunm's Ruins*, 1993 MIT, p. 15.
② 同上,p. 71.
③ 同上,p. 76.

艺术的产生成为可能。在本文末尾，克林普指出，将后现代主义与多元主义混淆的问题在于："这种观点把现代主义终结的症候与积极取代现代主义的新事物归纳在同一范畴内。"①比如，埃德·拉斯查的《26个加油站》被误编到与汽车、公路相关的图书馆分类中，显然是由于后现代主义所带来的重构。

19世纪早期博物馆的创建伴随着摄影术的发明。现代主义时期，作为博物馆艺术主要形式的绘画的地位，受到摄影的威胁。1839年，路易·雅克·曼德·达盖尔（Louis-Jacques-Mandé Daguerre）发明摄影术时，法国学院派画家保罗·德拉罗什（Paul Delaroche）就曾断言："从今天起，绘画已经死亡。"在《技术可复制时代的艺术作品》中，瓦尔特·本雅明认为艺术作品从根本上一直是可复制的，复制技术对艺术作品产生改变，从而使艺术作品"真切性丧失、气息（Aura）凋敝"。②"随着第一种真正革命性的复制手段摄影的兴起，艺术觉察到危机的迫近……艺术作品的技术可复制性在世界历史上第一次把艺术作品从它对仪式的寄生状态中解放出来……艺术生产的真切性尺度失效之际，艺术总的社会功能也发生了翻转。它不再立足于仪式，转而立足于另一种实践，即立足于政治。"③《绘画的终结》延续对上述话题的讨论，1974年在纽约现代艺术博物馆举办的"当代艺术八人展"，艺术家们的作品引起艺术史家及批评家芭芭拉·罗斯的强烈不满，她认为这些极少主义及观念作品从审美角度看平淡无奇，"极少及观念艺术的激进主义从根本上讲是政治性的，其隐含的目的是彻底败坏占统治地位的资产阶级文化的形式和机构"④。她的不满尤其针对丹尼尔·布伦之后被称为体制批判的艺术实践：蔓延于艺术博物馆墙面及建筑的、挑战绘画边界的那些条纹作品，这样的"在

---

① Douglas Crimp, *On the Museunm's Ruins*, 1993 MIT, p. 80.
② 参见瓦尔特·本雅明《技术可复制时代的艺术作品》，赵千帆译，《20世纪西方艺术批评文选》，沈语冰、张晓剑主编，p. 26—48。
③ 同上，p. 29—30。
④ Douglas Crimp, *On the Museunm's Ruins*, 1993 MIT, p. 85.

场"作品,探索绘画与建筑之间的关系,颠覆绘画作品的尺寸,使美术馆机构也得服从这种形式关系。纽约现代艺术博物馆绘画与雕塑部主任威廉·鲁宾认为:"博物馆本质上是由资产阶级民主创造的折衷机构,用来协调大众与精英私人赞助范围内的艺术的关系。这种状况可能即将结束,使得博物馆与当代艺术实践无关。"①而当时大地艺术、观念艺术以及相关的创作,的确超越了博物馆空间的限制,另一方面摄影获得了与绘画同等的位置,被博物馆收藏,导致绘画势微,面临被终结的危机。

在《后现代主义的摄影活动》一文中,克林普认为"摄影推翻了艺术的审判席",影响到博物馆、艺术史等艺术体制衡量艺术品的标准。摄影获得灵晕而对绘画造成威胁,是为争夺博物馆的预算和墙面空间所进行的真正的竞争。他敏锐地发现1974年以来"图像一代"艺术家以摄影、影像、行为等作为媒材创作的新动向以及与极少主义雕塑剧场性的关系,并以"后现代主义"来概括杰克·戈德斯坦、罗伯特·朗哥、谢莉·莱文、辛迪·舍曼等艺术家的作品。"通过摄影模式,尤其是复制、拷贝、拷贝的拷贝等与摄影相关的各个方面,来触及再现的问题……通过不在场的特殊在场,通过其与原作的形式、甚至与可能的原作的不可逾越的距离生效。"②这样的在场被克林普概括为"后现代主义的摄影活动"。1970年代中期,各种恢复艺术品"灵晕/气息"的企图,体现在表现主义绘画的复苏和摄影作为艺术的胜利这两种互相矛盾的现象中,却被博物馆同时接纳。

《挪用挪用》是克林普为宾夕法尼亚大学当代艺术研究所举办的"图像清理者:摄影(1982.12.8—1983.1.30)"展而作的评论文章。在艺术领域里,挪用是利用预先存在的对象或图像,对它们不进行转换或稍加转换之后用于新的创作。在视觉艺术领域,挪用意味着对人造视觉文化的整体或部分样本进行适当地采用、借用或循环利用。③ 克林普认为"挪

---

① Douglas Crimp, *On the Museunm's Ruins*, 1993 MIT, p. 78.
② 同上, p. 111.
③ 参见维基百科"挪用"词条。

用"已经扩展到文化的各个方面:时尚、娱乐、建筑及艺术,成为重要的文化转向标志。不能单纯从挪用这一现象来论断艺术实践的进步或后退。继而以建筑师格雷夫斯和盖里著名的建筑实践为例,对两种挪用进行区分。由于格雷夫斯挪用建筑风格,根据需要模仿、并列各不同历史时期重要的建筑风格,被视为后现代主义挪用。盖里的实践挪用材料和单个元素,仍然保留现代主义的历史经验,属于现代主义挪用。当"挪用"运用于摄影时,克林普对比罗伯特·梅普尔索普和谢丽·莱文的摄影:"梅普尔索普的照片,无论是肖像、裸体或静物,挪用了战前摄影工作室风格。它们的构图、姿势、灯光、甚至主题(社交名人,冰冷的裸体,郁金香),使人回忆起那个历史时刻"①;而莱文仅仅通过翻拍,工具性地挪用摄影甚至绘画。然而,当摄影作为博物馆艺术被大规模接受,在克林普看来,这是摄影实践运用挪用策略而产生的作用。劳森伯格挪用摄影图像之后接下来的几年,他的作品确实真正地瓦解了艺术与非传统艺术之间的界限——一套全新的审美活动的确发生了。这些活动不能被博物馆空间所包含,或被博物馆话语系统所解释。

## 重新定义场域特定性

1950年代末至1960年代初,艺术界对"极少主义"艺术的定义并不明确。1965年10月,美国批评家芭芭拉·罗斯在《美国艺术》上发表《ABC艺术》,她认为这样的艺术是"否定和放弃的负面艺术",得出极少主义艺术"既是先验的又是消极的"结论。1967年,美国艺术史家及批评家迈克尔·弗雷德在《艺术与物性》中写道:"以极简艺术、初级艺术、基本结构与特殊物品等等说法而著称的事业,主要是意识形态的(ideological)",他将其称为"实在主义(Literalist)艺术"。② 极少主义艺术中"非

---

① Douglas Crimp, *On the Museum's Ruins*, 1993 MIT, p.128.
② [美]迈克尔·弗雷德(Michael Fried)著:《艺术与物性:论文与评论集》,张晓剑、沈语冰译,江苏美术出版社,2013年版,第155页。

艺术的条件",即"既非绘画也非雕塑的东西",被弗雷德称为物性。他进而提出,物性不过是"对新型剧场的一种追求,而剧场如今已成为对艺术的否定。"① 与芭芭拉·罗斯和迈克尔·弗雷德对极少主义艺术的批评相反,克林普认为:

> 整个1960年代,极少主义雕塑对艺术家和艺术品的特权发起攻击,转而把特权赋予观众,观众对极少主义雕塑与其放置场所的相互关系的自我感知,使作品产生意义。极少主义艺术品由现成的工业材料组装而成的事实(但不限于这样的事实),是艺术家自己影响力降低的例证。因此,通常作为艺术家主体性标准的手工性被放弃,观众所经历的是自己的主体性经验。在此接受条件下,意义是由作品及其展览场域的关系所产生的,被称为场域特定性。场域特定性的激进性不仅在于观众主体替代艺术家主体,而且在于通过艺术作品与特定环境的结合来确保这样的替代。在现代主义艺术的唯心主义中,艺术客体内部及本身被认为具有固定的和跨越历史的意义,决定客体的无地方性(placelessness),其归属不在特定之处,此种无地方(no-place)在现实中是博物馆——真实的博物馆和作为传播体系代表的博物馆,包括艺术家的工作室、商业画廊、藏家之家、雕塑花园、公共广场、公司总部大厅、银行金库……场域特定性通过对循环流动性(circulatory mobility)的拒绝,对特定场域的归属,来反对唯心主义,揭示被遮蔽的物质系统。②

论文集的第三部分《重新定义场域特定性》主要围绕极少主义雕塑家理查德·塞拉的创作经历及公共雕塑《倾斜之弧》展开论述。这是"公共艺术"话题中的经典案例。1981年夏,艺术家受美国总务署建筑中的艺术项目委托,将《倾斜之弧》永久性地安装在曼哈顿下城区的雅各

---

① [美]迈克尔·弗雷德(Michael Fried)著:《艺术与物性:论文与评论集》,张晓剑、沈语冰译,江苏美术出版社,2013年版,第161页。
② Douglas Crimp, *On the Museum's Ruins*, 1993 MIT, P17.

布·贾维茨联邦大楼广场上。1985年,新上任的总务署地区行政官威廉·戴蒙德,任命自己为听证会主席,并选择委员会成员,根据证词来做出是否会迁移这件作品的决定。在听证会的证词中,艺术家、博物馆官员以塞拉的断言"移动作品意味着毁灭作品"所暗示的场域特定性作为辩护。然而,作品最终在1989年遭到拆除和毁坏。克林普在此篇论文中使用马克思主义作为其诠释结构,认为:"正是特定的这个词,将对现代主义的中断起到完全的决定性意义。对于极少主义雕塑家,艺术作品被插入的语境,通常只造成现场本身的审美领域的扩展。甚至作品不能从一个位置移动到另一个位置……只有当艺术家们承认艺术的现场的社会特性,他们才开始用唯物主义反对唯心主义,而这种唯物主义不再是现象学的,而是唯心地建立在物质或主体基础上的。这种发展将再次被作为后现代主义的定义。"①当场域特定雕塑的激进美学被重新阐释为政治行动现场时,公共雕塑所获得的新成就是重新把作品的场域定义为政治斗争的现场,因此,理查德·塞拉揭示的真正的场域特定性始终是政治特定性。

## 后现代史

到1980年代中期,后现代主义几乎不被认为是对现代主义的批判,而被认为是对现代主义自身关键部分的抛弃。这样的认识,为"怎么都行"的多元主义提供了合法性。"后现代主义一词描述了一种情况,在此状态下,现在和过去都可以摆脱所有的历史决定(因素)和冲突。艺术机构广泛地接受这个立场,以此重建艺术,甚至重建所谓的自律的、普遍的、永恒的后现代主义艺术。"②对此,克林普在本书最后部分的三篇论文《这不是艺术博物馆》《艺术展览》《后现代博物馆》中,运用马克思主义理论,尤其是本雅明的理论和历史编纂学方法,来反对肯定的后现代主义中的折衷主义以及修正主义的历史相对论。

---

① Douglas Crimp, *On the Museum's Ruins*, 1993 MIT, p. 17—18.
② 同上,p. 18.

在《这不是艺术博物馆》中,克林普引用本雅明的"收藏者的等同者"这一概念:"对本雅明而言,真正的收藏者,也就是他所谓的收藏者的等同者,通过渲染他所收藏之物的'无用性'来抵制资本的需求;因此,收藏者的等同者能够解开他所积攒之物的隐秘历史意义。"①以此来分析马塞尔·布达埃尔的杜撰博物馆艺术实践。克林普认为布达埃尔通过假定博物馆馆长的"等同者"——来纪念"收藏者的等同者"这一失落的过时人物。从"十九世纪部"开始,布达埃尔在当时政治观念的压力之下,建立起他的现代艺术博物馆之鹰部。这一看似微不足道的发明,与1968年法国发生的"五月风暴"事件密切相关,仅仅在1968年5月之后的几个月,这个"博物馆"就开幕了。当时,布达埃尔与其他艺术家、学生和政治激进分子共同参与了占领布鲁塞尔美术馆的行动。为了声援整个欧洲和美国发生的政治示威运动,占领者们宣称他们对博物馆的接管,是为了对抗始终受到比利时官方机构控制的文化,同时,也是对仅仅把文化视为资本主义消费的另一种形式的体系进行谴责。

《艺术展览》追溯卡塞尔及卡塞尔文献展的历史,分析和批判了展览体制中的权力话语及霸权。一方面,对艺术体制化的批判愈演愈烈(比如从汉斯·哈克等体制批判艺术家的作品中可见一斑),加深了与现代主义的决裂;另一方面,社会保守力量包括文化官僚机构、博物馆机构、公司董事会、艺术市场共同压制激进艺术实践,并重建传统美术类别。这是在新一代创业艺术家们的共谋下完成的,他们无视当时的艺术史和政治现实,完全是愤世嫉俗的。那些保守的作品,对于收藏具有商业价值艺术品的新贵阶层收藏者们来说,可以满足他们"对于温和的色情刺激、浪漫陈词滥调的渴望,也便于参考过去的'杰作'以及精美的装饰"②。

1980年代,艺术界出现否定1960年代至1970年代的政治化、唯物主义的实践,"重新发现"民族或历史谱系,返回到博物馆艺术中的倾向。

---

① Douglas Crimp, *On the Museum's Ruins*, 1993 MIT, p. 202.
② 同上,p. 272.

适合博物馆空间的艺术死灰复燃,以吕佩尔茨的德国新表现主义,架上绘画和铸铜雕塑的回归,建筑大师建筑的复兴等为代表。在《后现代博物馆》中,克林普重新检视艺术机构本身,博物馆代表的历史及代表自己历史的方式。他发现随着从古到今的连续演变,博物馆历史和艺术史很相似。把博物馆的起源定位为收藏和保护人类审美遗产的普遍冲动,其历史从未被知识所阻断。他以三个"起源"机构,文艺复兴后期的多宝阁、卡塞尔的弗里德里希美术馆和柏林的老博物馆为例作为考察对象,不是为了揭示它们的真实历史,而是观察它们如何被当代博物馆学的历史相对论所利用。当时大兴土木地建设、扩张和重组博物馆,目的是为了创造无冲突的艺术史呈现,同时,抹杀或收编对抗性的艺术实践。

对抗性实践及其与后现代主义定义和理论的关系问题,是本书的核心。克林普怀疑前卫的"终结"被视为后现代主义可能性的条件这一论题。他认为的后现代主义实践,类似于未完成的前卫事业的延续:"事实上,战前前卫通过一种批判现代主义的后现代主义视角出现,几乎就像后现代主义的前卫一样。"①在这点上,克林普与彼得·比格尔的《先锋派理论》中的观点和而不同。根据比格尔的理论,随着彻底的为艺术而艺术的现代主义的出现,使艺术的自律体制化,因此,前卫既寻求对艺术作为体制的质疑又赋予了艺术一个社会目的:

> "艺术作为体制"的概念……指的是艺术生产和分配的机制,以及在一定时期内盛行的艺术观念,它们决定作品的接受。前卫转而反对以下两方面——艺术品所依赖的分配机制,以及由自律概念所定义的资产阶级社会中的艺术的地位。只有追随艺术,19世纪的唯美主义才把自己从生活实践中完全分离,才能"纯粹地"发展美学。但是自律性的另一方面,艺术缺乏对社会的影响,也显而易见。前卫派的抗议,其目的是使艺术重新融入生活实践,揭示了自律性与

---

① Douglas Crimp, *On the Museum's Ruins*, 1993 MIT, p. 19.

无任何后果之间的联系。

　　当前卫派要求艺术再次成为实践,他们的意思并不是说艺术作品的内容应该具有重大的社会意义。这一要求也不在于提高个人作品内容的水平。相反,它把自身引向艺术的社会功能方面,这一过程确定影响作品的效果及特定内容……前卫派提出艺术的扬弃——黑格尔意义上的扬弃:艺术不是简单地被摧毁,而是转移到生活的实践中,尽管改变了形式,它将会被保留下来。①

然而,比格尔认为,艺术对生活实践的扬弃并未发生,"并且可能不会发生在资产阶级社会中,除非它是对自律艺术的虚假扬弃"。在对自律艺术作品的干预中,前卫艺术的失败显而易见。在原先项目的消亡之后,采用前卫技术,"使前卫艺术体制化,从而真实地否定前卫艺术者的意图"。这是比格尔所谓的新前卫的功能。

克林普与比格尔的战后前卫(他的新前卫)观点不同。他认为,艺术作为体制的挑战是,是否有任何明确的,超过比格尔援引的达达和超现实主义的艺术实践,克林普以马塞尔·布达埃尔、汉斯·哈克或路易斯·劳勒的作品为例。同时,体制对挑战性作品的收编和抵消能力也被艺术和批评领域所公认。他试图揭示伪造现代主义体制历史所必需的证伪,无论是历史的还是当代的,使现代主义免于前卫艺术所带来的冲突的影响。

另一方面,对于战后前卫,克林普与比格尔又有相同的立场。比格尔将前卫的失败归于"无法使艺术返回社会本位,而且认为这个失败是由资产阶级霸权的延续性决定的"。同样,克林普把后现代主义实践的有效性限制为对艺术作为体制的批判,仅仅暗示了艺术融入社会实践的明显停滞的可能性。他认为:

　　这将错误地表明,揭示艺术的体制化并不是具有实际后果的社会实践。更严重的是,这表明,一旦社会本身已经彻底改变了,艺术

---

① Douglas Crimp, *On the Museum's Ruins*, 1993 MIT, p. 19—20.

只能在社会中扮演一个有用的角色，假设艺术仅仅是反映而不是产生社会关系。比格尔和我的立场都受制于以现代主义激进主张为核心的前卫主义。从这个意义上说，我的后现代主义理论存在内部的矛盾的，既有现代主义的断裂，也有现代主义最显著的特征之一——连续性。①

比格尔援引法兰克福学派谴责大众文化的观点，仍然称文化工业是前卫的对立面，因为它带来了"消除艺术与生活之间的距离的假象。"克林普借助瓦尔特·本雅明的著作，在这方面的立场不那么僵化，他的论文中并没有分析后现代主义对绝对区分"高雅"和"低俗"文化进行的挑战，或博物馆在继续加固这样的区分所扮演的角色。

综上所述，克林普对博物馆批判的目标是形式主义，通过消除艺术中所有的社会背景，形式主义不可避免地对艺术产生影响。但批判本身并没有完全摆脱形式主义——这是一种替代艺术机构的形式主义。对现代主义的形式主义真正的后现代批评，不仅仅是"超越包含这些不连续的艺术作品的机构所设定的条件"，机构并不只是发挥它使艺术作品从生活实践中消除的负面力量，同时也积极地使艺术品和观众之间产生一种特定的社会关系。克林普希望这本书对博物馆的批判，能够提供关于知识客体的话语的有用分析。而关于知识主体的话语分析，则是由米歇尔·福柯的著作，从《事物的次序》（《词与物》）到《性史》发展而来，这一轨迹可称为具有从现代主义考古学向后现代主义理论发展的特征。克林普批评的原创性在于，他认为，接受摄影作为艺术中重要的表达媒介，"取消"或至少扰乱了艺术界的现代主义话语。借重马克思主义批判理论，尤其是本雅明以及福柯的哲学著作，建构了博物馆与展览的唯物主义考古学。

《在博物馆的废墟上》英文版图书的图文排版尤其值得一提（中文版对此进行了最大化的保留——编者注）。路易斯·劳勒的摄影作品分布在整书中，不仅是作为插图，而且也有助于对全书论点作进一步的阐述。

---

① Douglas Crimp, *On the Museum's Ruins*, 1993 MIT, p. 21.

她的摄影作品分为三类:为阐述论文而特别拍摄的,与论文适合的现成图片,为本书创作但与特定论文无关的摄影,它们为理论话语和观点提供参照。作为文章配图的照片就像书中其他来源的插图一样。然而,作为"艺术品"的与论文无关的照片,每页一张,周围有大量的空白,配有展签似的、简短的描述性文字。这是一种典型的"高级"艺术展示手法,以明显的差异强化了现代主义的艺术拜物教,暗示了图书与艺术品、图书馆与博物馆之间的联系。

《在博物馆的废墟上》的中译本是我在浙江大学美学所就读期间的博士生导师沈语冰教授主持翻译的凤凰文库艺术理论研究系列之一。这也是道格拉斯·克林普著作的第一部中译本。在此,我要真诚地感谢沈语冰老师,是他指引我走上艺术理论翻译和研究的道路。同时,感谢台湾新竹交通大学的指导教授刘纪蕙老师,在台交大交流期间,她的批判理论课程使我对西方马克思主义理论及福柯的思想有了更为清晰的认识,有助于对本书的理解和翻译。此外,感谢浙江大学的王毅先生,通读其中五篇译稿,并对译文文字方面提出一些修改意见;感谢浙江大学人文学院哲学系王俊教授,校译了书中的德文部分;感谢河北大学王志亮副教授仔细审读全书,对书中的概念、术语提出中肯的修改意见和建议;感谢"西西弗斯艺术小组"的师友在翻译过程中的鼓励;感谢1990年代带我去四川美术学院逛美术馆、看展的川美学友们,是他们把我从外企拖来混艺术圈,使我产生圆青春时期艺术梦想的冲动;最后,我要特别感谢父母和家人,如果没有你们的理解和支持,我根本无法在中年走上求学、研究之路。

翻译过程历时近四年,实属不易。囿于学识水平,此书的译文难免存在理解上的偏差及遗憾,恳请读者、师友批评指正。

汤益明
2019 年 8 月 1 日于重庆黄花园嘉陵江畔

# 凤凰文库｜本社已出版书目

## 一、凤凰文库·艺术理论研究系列

1. 《弗莱艺术批评文选》 [英]罗杰·弗莱 著　沈语冰 译
2. 《另类准则：直面20世纪艺术》 [美]列奥·施坦伯格 著　沈语冰 刘凡 谷光曙 译
3. 《当代艺术的主题：1980年以后的视觉艺术》 [美]简·罗伯森 克雷格·迈克丹尼尔 著　匡骁 译
4. 《艺术与物性：论文与评论集》 [美]迈克尔·弗雷德 著　张晓剑 沈语冰 译
5. 《现代生活的画像：马奈及其追随者艺术中的巴黎》 [英]T. J. 克拉克 著　沈语冰 诸葛沂 译
6. 《自我与图像》 [英]艾美利亚·琼斯 著　刘凡 谷光曙 译
7. 《博物馆怀疑论：公共美术馆中的艺术展览史》 [美]大卫·卡里尔 著　丁宁 译
8. 《艺术社会学》 [英]维多利亚·D. 亚历山大 著　章浩 沈杨 译
9. 《云的理论：为了建立一种新的绘画史》 [法]于贝尔·达米施 著　董强 译
10. 《杜尚之后的康德》 [比]蒂埃利·德·迪弗 著　沈语冰 张晓剑 陶铮 译
11. 《蒂耶波洛的图画智力》 [美]斯维特拉娜·阿尔珀斯 [英]迈克尔·巴克森德尔 著　王玉冬 译
12. 《伦勃朗的企业：工作室与艺术市场》 [美]斯维特拉娜·阿尔珀斯 著　冯白帆 译
13. 《新前卫与文化工业》 [美]本雅明·布赫洛 著　何卫华 史岩林 桂宏军 钱纪芳 译
14. 《现代艺术：19与20世纪》 [美]迈耶·夏皮罗 著　沈语冰 何海 译
15. 《前卫的原创性及其他现代主义神话》 [美]罗莎琳·克劳斯 著　周文姬 路珏 译
16. 《德国文艺复兴时期的椴木雕刻家》 [英]麦克尔·巴克桑德尔 著　殷树喜 译
17. 《神经元艺术史》 [英]约翰·奥尼恩斯 著　梅娜芳 译
18. 《实在的回归：世纪末的前卫艺术》 [美]哈尔·福斯特 著　杨娟娟 译
19. 《大众文化中的现代艺术》 [美]托马斯·克洛 著　吴毅强 陶铮 译
20. 《重构抽象表现主义：20世纪40年代的主体性与绘画》 [美]迈克尔·莱杰 著　毛秋月 译
21. 《艺术的理论与哲学：风格、艺术家和社会》 [美]迈耶·夏皮罗 著　沈语冰 王玉冬 译
22. 《分殊正典：女性主义欲望与艺术史写作》 [英]格丽塞尔达·波洛克 著　胡桥 金影村 译
23. 《女性制作艺术：历史、主体、审美》 [英]玛莎·麦斯基蒙 著　李苏杭 译
24. 《知觉的悬置：注意力、景观与现代文化》 [美]乔纳森·克拉里 著　沈语冰 贺玉高 译
25. 《神龙：美学论文集》 [美]戴夫·希基 著　诸葛沂 译
26. 《告别观念：现代主义历史中的若干片段》 [美]T. J. 克拉克 著　徐建 等译
27. 《专注性与剧场性：狄德罗时代的绘画与观众》 [美]迈克尔·弗雷德 著　张晓剑 译
28. 《在博物馆的废墟上》 [美]道格拉斯·克林普 著　汤益明 译
29. 《六十年代的兴起》 [美]托马斯·克洛 著　蒋苇 邓天媛 译
30. 《短暂的博物馆：经典大师绘画与艺术展览的兴起》 [英]弗朗西斯·哈斯克尔 著　翟晶 译
31. 《作为模型的绘画》 [美]伊夫-阿兰·博瓦 著　诸葛沂 译
32. 《西方绘画中的视觉、反射与欲望》 [美]大卫·萨默斯 著　殷树喜 译
33. 《18世纪巴黎的画家与公共生活》 [美]托马斯·克洛 著　刘超 毛秋月 译

## 二、凤凰文库·设计理论研究系列

1. 《设计教育·教育设计》 [德]克劳斯·雷曼 著　赵璐 杜海滨 译　柳冠中 审校
2. 《对抗性设计》 [美]卡尔·迪赛欧 著　张黎 译
3. 《设计史：理解理论与方法》 [挪威]谢尔提·法兰 著　张黎 译
4. 《设计史与设计的历史》 [英]约翰·A. 沃克 朱迪·阿特菲尔德 著　周丹丹 易菲 译

5.《思辨一切:设计、虚构与社会梦想》 [英]安东尼·邓恩 菲奥娜·雷比 著 张黎 译
6.《公民设计师:论设计的责任》 [美]史蒂芬·海勒 薇若妮卡·魏纳 编 滕晓铂 张明 译
7.《宜家的设计:一部文化史》 [瑞典]莎拉·克里斯托弗森 著 张黎 龚元 译
8.《设计的观念》 [美]维克多·马格林 [美]理查德·布坎南 编 张黎 译
9.《设计与价值创造》 [英]约翰·赫斯科特 著 尹航 张黎 译
10.《约翰·赫斯科特读本》 [英]克莱夫·迪诺特 编 吴中浩 译
11.《唯有粉红》 [英]彭妮·斯帕克 著 滕晓铂 刘禽然 译
12.《设计研究》 [美]布伦达·劳雷尔 编著 陈红玉 译
13.《批判性设计及其语境:历史、理论和实践》 [英]马特·马尔帕斯 著 张黎 译
14.《设计与历史的质疑》 [澳]托尼·弗赖 等著 赵泉泉 张黎 译
15.《恋物:情感、设计与物质文化》 [英]安娜·莫兰 等著 赵成清 鲁凯 译
16.《世界设计史1》 [美]维克多·马格林 著 王树良 等译
17.《世界设计史2》 [美]维克多·马格林 著 王树良 等译
18.《设计的政治》 [荷兰]鲁本·佩特 编 朱怡芳 译
19.《数字设计理论》 [美]海伦·阿姆斯特朗 编 吴中浩 译
20.《平面设计理论》 [美]海伦·阿姆斯特朗 编 刘禽然 译
21.《泡沫之中:复杂世界的设计》 [英]约翰·萨卡拉 著 曾乙文 译
22.《设计、历史与时间》 [英]佐伊·亨顿 [英]安妮·梅西 著 梁海育 译

### 三、凤凰文库:视觉文化理论研究系列
1.《图像的领域》 [美]詹姆斯·埃尔金斯 著 [美]蒋奇谷 译
2.《视觉文化:从艺术史到当代艺术的符号学研究》 [加]段炼 著